ANDRE ALBA
JULES ISAAC
JEAN MICHAUD
CH. H. POUTHAS

Les Révolutions

collection
marabout université

Avertissement

Aujourd'hui, alors que le débat sur l'enseignement de l'histoire a quitté les amphithéâtres et les bureaux ministériels, et que les médias s'en sont emparés avec une ampleur sans précédent, il a semblé que la réédition du livre d'histoire qui a formé quatre générations de Français correspondait à une demande de plus en plus vive.

Le «Malet-Isaac» présente en effet au lecteur un récit chronologique clair et précis, un texte solidement charpenté et d'une lecture agréable. Autant de qualités qui font que cet ouvrage prend naturellement place dans une collection de poche à large diffusion. Il allie la saveur de l'image d'Epinal à la rigueur du cours : références essentielles et récits vivants s'y côtoient.

Ce classique de la vie culturelle française demeure donc un irremplaçable ouvrage de référence.

C'est en 1902, sur la recommandation de l'historien Ernest Lavisse, alors au faîte de sa carrière, qu'Albert Malet se vit confier par les éditions Hachette la rédaction d'un nouveau manuel d'histoire. Quatre ans plus tard lui fut adjoint un jeune agrégé, Jules Isaac.

A la mort de Malet, Isaac continua et enrichit l'œuvre de son prédécesseur.

C'est lui qui fit du «Malet-Isaac», plus qu'une réussite exceptionnelle dans le domaine de l'édition, une véritable institution.

Le «cours Malet» était né des programmes du 31 mars 1902. L'étude de l'histoire était alors divisée en deux cycles. De la sixième·à la troisième, les lycéens étudiaient l'histoire de l'Egypte ancienne à 1889, date du premier centenaire de la Révolution française. De la seconde à la terminale, les élèves reprenaient l'étude des époques moderne et contemporaine.

Le «Malet-Isaac» proprement dit est issu des programmes mis au point en 1923 et 1925. Aux deux cycles se substituait un cycle unique : de la sixième à la terminale, les élèves suivaient le fil chronologique, en partant des périodes les plus reculées pour aboutir aux plus récentes.

De 1923 à la mort de Jules Isaac en 1963, plusieurs réformes et plusieurs éditions de l'ouvrage se succédèrent. De nombreux historiens de renom y collaborèrent : André Alba, Antoine Bonifacio, Jean Michaud, et Charles H. Pouthas.

La présente édition reproduit les volumes des classes de cinquième et de quatrième de l'édition de 1958 (sous le titre «ROME ET LE MOYEN-AGE»), le volume de troisième de l'édition de 1958 («L'AGE CLASSIQUE»), le volume de seconde de 1960 («LES REVOLUTIONS»), et le volume de première de l'édition de 1961 («LA NAISSANCE DU MONDE MODERNE»).

Pour répondre aux exigences d'une édition populaire en format de poche et pour simplifier la lecture, les illustrations, les documents et la cartographie ont été supprimés et les notes allégées. Le texte n'a subi que quelques modifications de détail (suppression des chapitres XXI, XXVII, XXIX et XXX du livre de première).

Cette édition, fidèle à l'esprit du texte original, met ainsi à la disposition du public un instrument de culture générale introuvable depuis des années.

La France en 1789

I. — L'organisation politique et administrative

Ancien Régime et Révolution

On appelle aujourd'hui Ancien Régime l'organisation politique, administrative, économique, sociale, religieuse de la France aux XVIe, XVIIe, XVIIIe siècles. Or, en 1789 la très grande majorité des Français n'étaient pas satisfaits de ce régime. Les paysans étaient ceux qui en souffraient le plus, mais pauvres, illettrés, d'ailleurs dociles, ils ne pouvaient se faire entendre. Ce n'est pas d'eux que vint l'attaque, mais des nobles et des bourgeois.

Les nobles voulaient remplacer la monarchie absolue par une monarchie aristocratique dans laquelle ils auraient imposé au roi leur volonté. C'est dans cette intention qu'ils avaient contraint Louis XVI, en 1788, à convoquer les États Généraux pour le début de 1789. Les bourgeois, eux aussi, demandaient la disparition de la monarchie absolue, mais à leur profit et pour appliquer les idées exprimées par les Philosophes du XVIIIe siècle. Ce furent eux, on le verra, qui l'emportèrent.

La destruction de l'Ancien Régime et la création par la bourgeoisie d'un régime politique et social inspiré du pro-

gramme des Philosophes, voilà ce qu'on appelle la *Révolution de 1789* ou la *Révolution française*.

Le Royaume de France en 1789

En 1789 le territoire de la France était à peu près tel qu'il est aujourd'hui. Il comptait en plus quelques places fortes au Nord-Est et au Nord : Sarrelouis, Landau, Philippeville, Marienbourg — les trois dernières enclavées en territoire étranger. En revanche il ne comprenait ni la Savoie et le Comté de Nice qui appartenaient au roi de Sardaigne ; ni le Comtat Venaissin et la principauté d'Avignon, possessions du pape ; ni Montbéliard, possession du duc de Wurtemberg ; ni Mulhouse, petite république alliée aux Cantons suisses.

Hors de France, le roi possédait : cinq villes dans l'Inde ; l'île Bourbon et l'île de France dans l'océan Indien ; quelques comptoirs au Sénégal ; la Guyane ; la moitié de l'île Saint-Domingue, la Guadeloupe, la Martinique, Tabago et Sainte-Lucie ; enfin les îlots de Saint-Pierre et de Miquelon près de Terre-Neuve. Ce domaine colonial était peu étendu et peu peuplé (750 000 habitants), mais il jouait un grand rôle dans le commerce extérieur de la France.

La royauté absolue

L'Ancien Régime politique, c'était *la royauté absolue de droit divin*. Le roi ne tenait sa couronne que de Dieu et n'était responsable que devant Dieu. Son autorité ne pouvait être ni contrôlée ni limitée par personne sur la terre.

Aussi les sujets n'avaient-ils que des devoirs, dont le premier était l'obéissance aux ordres du roi. Nul livre, nul journal ne pouvait paraître sans l'autorisation de la *censure*. Le Catholicisme étant la religion du roi, les Français n'avaient pas le droit d'en pratiquer une autre. Par la *confiscation*, le roi pouvait s'emparer des biens de ses sujets ; par un ordre appelé *lettre de cachet* il pouvait, sans qu'il y ait eu jugement rendu, faire emprisonner qui bon lui semblait aussi longtemps qu'il le voulait. Les Français vivaient sous le *régime de l'arbitraire*.

Cependant le souverain était tenu d'observer les règles traditionnelles que l'on appelait *lois fondamentales du royaume.* En vertu de ces lois, les femmes étaient exclues du trône ; le roi devait être catholique ; il n'avait pas le droit d'abdiquer. D'autre part *la multiplicité des privilèges et franchises* dont jouissaient la noblesse, le clergé, les villes, les provinces, étaient autant de barrières à l'omnipotence royale. Enfin l'autorité du roi était limitée en fait par *les prétentions des Parlementaires.* Du droit qu'ils avaient de présenter au roi des remontrances, ils en arrivaient à vouloir partager avec lui le pouvoir législatif. Ils refusent l'enregistrement, se mettent en grève. En 1771 le chancelier *Maupeou,* en 1788 le garde des sceaux[1] *Lamoignon* avaient tenté en vain de briser l'opposition parlementaire.

Ainsi la puissance absolue du roi était plus théorique que réelle.

La Cour

L'une des institutions les plus caractéristiques de l'Ancien Régime et l'une de celles qui ont le plus contribué à sa chute, tant elle était impopulaire, était la *Cour.* Depuis 1680 environ, le roi vivait au château de *Versailles,* entouré d'une Cour brillante et nombreuse, 17 000 ou 18 000 personnes, dont 16 000 environ attachées au service du roi — formant sa *Maison* civile ou militaire — ou au service de sa famille, et 1 000 à 2 000 courtisans sans fonctions définies.

L'entretien de la Cour coûtait très cher, même après les «retranchements» réalisés sous le règne de Louis XVI. Le gaspillage était extraordinaire. D'ailleurs aux dépenses des Maisons civile et militaire, s'ajoutaient les pensions accordées par le roi à ses deux frères (*Monsieur,* le futur Louis XVIII, le le *comte d'Artois,* le futur Charles X), à la reine et à des familles de proie comme les *Polignac.* Le total des dépenses de la Cour prévu pour 1789 s'élevait à 35 millions de livres[2], soit le quinzième de l'ensemble des revenus de l'État.

---

[1]. Quand un magistrat était nommé *chancelier,* il gardait ce titre toute sa vie. S'il était disgracié, le roi nommait à sa place un *garde des sceaux,* toujours amovible. Maupeou, nommé chancelier en 1770, fut disgracié en 1774 et ne mourut qu'en 1790. De 1774 à 1790 il n'y eut donc au Ministère de la Justice que des gardes des sceaux.

[2]. Il n'existait pas de pièces d'une livre, et la livre — appelée aussi franc — était seulement une monnaie de compte. Sa valeur avait été fixée en 1726, à celle de quatre grammes et demi d'argent. Les pièces en cours étaient surtout le *louis* d'or (24 livres), l'*écu* d'argent (3 livres) et les monnaies de billon : le *sou* (un vingtième de livre) et le *denier* (un douzième de sou).

Le gouvernement central

La France de 1789 était une monarchie centralisée. Le gouvernement central était toujours formé du roi, des ministres et des conseils. Les six ministres étaient le *Chancelier*, chef de la Justice, le *Contrôleur général des finances* et les *Secrétaires d'État de la Marine*, de la *Guerre*, des *Affaires Étrangères* et de la *Maison du roi*. Les quatre conseils étaient le *Conseil d'en Haut*, où se discutaient surtout les affaires de politique étrangère, le *Conseil des finances*, le *Conseil des dépêches*, où on lisait les dépêches (c'est-à-dire les rapports) des intendants, enfin le *Conseil d'État*[1] qui rédigeait les lois et était en même temps un tribunal supérieur.

L'administration

«Le royaume, disait en 1789 un député aux États Généraux, est divisé en *diocèses* sous le rapport ecclésiastique; en *gouvernements* sous le rapport militaire; en *généralités* sous le rapport administratif; en *bailliages* sous le rapport judiciaire.» On comptait 148 diocèses: certains, au Nord et à l'Est, n'étaient que la continuation en France de diocèses étrangers, dirigés par des prélats étrangers. Il y avait 40 gouvernements militaires et environ 430 bailliages.

Les 33 généralités avaient chacune à sa tête un *intendant* nommé par le Contrôleur général. Elles étaient subdivisées en circonscriptions ou *élections* dirigées par un *subdélégué* nommé et révoqué par l'intendant. Au-dessous on trouvait les *villes*, administrées, d'ordinaire très mal, par une oligarchie de riches, et les *villages*, qui venaient de recevoir une administration municipale composée du seigneur, du curé et des paysans les plus fortunés.

Les intendants du règne de Louis XVI furent en général

---

[1] Appelé aussi *Conseil du roi* ou *Conseil des parties* (les «parties», dans un procès sont les adversaires en présence) C'est parmi les membres du Conseil d'État que le roi choisissait ses ministres, ses secrétaires d'État et ses intendants.

d'excellents fonctionnaires qui avaient un vif souci de l'intérêt de leurs administrés. Cependant, on les accusait souvent de «despotisme» et on leur reprochait d'être les hommes du roi. Sous la pression de l'opinion publique, le gouvernement de Louis XVI consentit à associer les sujets à l'administration du royaume : en 1787 il créa dans un certain nombre de généralités des *Assemblées provinciales*, formées de membres de la Noblesse, du Clergé et du Tiers-Etat. Ces assemblées n'avaient d'ailleurs le droit que de présenter des vœux à l'intendant. Aussi l'opinion, déçue, demanda-t-elle l'extension à tout le royaume d'Etats provinciaux.

On appelait *États provinciaux* des Assemblées formées de représentants des trois Ordres, qui avaient le droit de discuter avec l'intendant du montant des impôts directs, puis de les lever et d'en conserver une partie pour les dépenses locales. Au début du règne de Louis XVI on n'en trouvait plus que dans certaines régions de France, dites *Pays d'États*, en particulier la Provence, le Languedoc, la Bourgogne et la Bretagne. Les États avaient considérablement accru leurs pouvoirs au cours du XVIIIe siècle : ceux de Bretagne avaient pratiquement réduit à rien l'autorité de l'intendant de Rennes. En 1788 Louis XVI s'était engagé à établir des États provinciaux dans toute la France.

Absence d'unité

Centralisée en droit, l'administration n'était pourtant pas uniforme. L'*absence d'unité* caractérisait l'Ancien Régime. Certaines lois ne s'appliquaient qu'à certaines régions ; les poids et les mesures variaient de nom et de valeur selon les lieux ; les impôts ne pesaient pas de la même façon sur tous les Français ; dans les Pays d'Etat les impôts directs étaient répartis et leves par les États — ailleurs ils l'étaient par les agents du roi Aujourd'hui il n'y a de lignes de douanes qu'aux frontières ; en 1789, dans plus de la moitié du royaume, les marchandises payaient des droits à chaque fois qu'elles passaient d'une région à l'autre. Aujourd'hui les tribunaux appliquent dans toute la France le même code ; en 1789 les Français du Midi étaient jugés d'après le droit ecrit ou droit romain, ceux du Nord d'après des coutumes (d'ailleurs mises par écrit) — on en comptait plus de 300.

Ce manque d'unité empêchait les Français de se sentir citoyens d'une même patrie : il arrivait qu'on fût Béarnais ou Provençal avant d'être Français. On comprend le mot de Mirabeau définissant le France «*un agrégat inconstitué de peuples désunis*».

Les impôts

Les abus qui caractérisaient l'administration de l'Ancien Régime se montrent nettement dans l'organisation des finances. Les impôts étaient répartis de la façon la plus arbitraire et le déficit était constant.

Les impôts directs étaient au nombre de trois : la *taille*, la *capitation* et les *vingtièmes*. La *taille* était l'impôt roturier par excellence. Dans les *pays de taille réelle*, elle était levée sur toutes les terres roturières, même si celles-ci étaient possédées par des privilégiés. Dans les *pays de taille personnelle*, elle était levée sur les personnes, et ne frappait que les roturiers. Mais nombre de roturiers s'étaient fait exempter de la taille : bas officiers de justice et de finance, bourgeois de certaines villes, laquais des riches, etc. Or la taille était un *impôt de répartition*, c'est-à-dire que le gouvernement en fixait chaque année le montant : dès lors, plus grand était le nombre des exemptés et plus lourd était le poids de l'impôt pour ceux qui le payaient.

La capitation et les vingtièmes auraient dû peser sur tous les habitants, privilégiés ou non. En fait le Clergé (qui acquittait d'ailleurs des impôts spéciaux) était dispensé des vingtièmes et il s'était racheté à peu de frais de la capitation ; les Pays d'États payaient une somme invariable, très inférieure à celle qu'ils auraient dû verser ; enfin les nobles étaient considérablement dégrevés.

Aux impôts directs s'ajoutaient les impôts indirects : la *gabelle*, monopole de la vente du sel, les *aides*, prélevées surtout sur les boissons, les *traites* ou droits de douane à l'intérieur du royaume. La gabelle était levée par une Compagnie de financiers, la *Ferme générale*, à qui le roi en «affermait» la perception : les fermiers et leurs innombrables commis étaient universellement détestés.

Les contrôleurs généraux, les intendants, les Assemblées provinciales avaient à plusieurs reprises tenté de rendre plus équitables et moins lourdes la répartition et la levée des impôts : ils avaient toujours échoué devant les menaces des privilégiés. Les classes laborieuses, particulièrement les paysans, continuaient à être écrasées. Plus encore que le gaspillage, cette mauvaise fiscalité explique le *déficit*, trait constant des finances royales sous l'Ancien Régime. Pour le combler on avait recours aux emprunts. Le résultat, c'était l'accroissement perpétuel de la *Dette* : le service des intérêts absorbait près des deux tiers des recettes annuelles.

La justice

Les abus n'étaient pas moins nombreux dans l'organisation judiciaire. Outre la justice royale, il existait des milliers de justices seigneuriales ; il y avait une *justice* d'Église dont les tribunaux, ou *officialités*, connaissaient des causes relatives aux sacrements ; enfin une multitude de *juridictions administratives spéciales* (Cours des Aides ; juridictions des traites ; maîtrises des eaux et forêts).

La hiérarchie des tribunaux royaux comprenait les tribunaux de *bailliages* et *sénéchaussées*, puis les *présidiaux*, enfin les 13 *parlements*. Les parlements n'étaient pas seulement tribunaux d'appel ; ils jugeaient en première instance certaines causes où étaient partie des nobles ou des ecclésiastiques. Le ressort du Parlement de Paris comprenait environ un tiers de la France ; celui du Parlement de Rouen était limité à la Normandie ; celui du Parlement de Metz à Metz et sa banlieue.

Les magistrats qui siégeaient dans ces divers tribunaux n'étaient pas nommés par le roi. En vertu du principe de la *vénalité des charges* judiciaires, ils étaient *propriétaires de leurs charges*, soit qu'ils les eussent achetées, soit qu'elles leur fussent venues par héritage. Ils étaient trop nombreux, parce que le roi trouvait profit à vendre des offices. D'autre part, étant propriétaires de leurs charges, ils se sentaient très indépendants à l'égard du gouvernement : ainsi s'explique l'audace de l'opposition parlementaire au XVIIIᵉ siècle.

En matière criminelle les lois étaient demeurées féroces. Un vol, un simple délit de chasse conduisaient aux galères à perpétuité ou à la potence. La torture n'avait été abolie (et encore à titre d'essai) qu'en 1788, mais les supplices (langue percée ou coupée, roue, écartèlement) restaient affreusement cruels.

Les abus et l'opinion publique

Il serait injuste de conclure que tout était mauvais dans les institutions de l'Ancien Régime. Et cependant comment ne pas être frappé par ce qui s'y trouvait d'oppression, d'arbitraire, d'inégalité et de confusion? En vain ces abus avaient-ils été dénoncés par les Philosophes au cours du XVIIIe siècle : ils existaient toujours. L'opinion publique s'en indignait et exigeait leur disparition définitive.

La France en 1789

II. — Le régime social

La population et les classes sociales

Le peuple français en 1789 ne se composait pas, comme de nos jours, de citoyens égaux devant la loi. L'*organisation sociale avait pour principe l'inégalité*. Les Français étaient officiellement répartis en trois ordres : le Clergé, la Noblesse, le Tiers État. Les deux premiers ordres étaient *privilégiés*, mais ils ne comprenaient qu'une infime minorité : 115 000 personnes environ pour le Clergé, 400 000 au plus pour la Noblesse. Tout le reste, 25,5 millions d'habitants sur 26[1] constituait le Tiers État.

Cette division en trois ordres ne correspondait pas à la réalité sociale. Le haut clergé était noble et le bas clergé roturier ; la petite noblesse de province était souvent plus pauvre que bien des roturiers ; enfin dans le Tiers État lui-même la bourgeoisie formait une catégorie privilégiée.

[1] La population de l'Europe s'élevait à 190 millions d'habitants environ. Là-dessus la Russie en comptait peut-être 40 ; la France 26, la monarchie des Habsbourg 25, l'ensemble des États italiens 17, la Grande-Bretagne et l'Irlande 13, l'Espagne 11, la Prusse 5 ½

Le Clergé. Ses divisions

On distinguait toujours le clergé séculier et le clergé régulier. Plus importante était l'opposition sociale entre *haut clergé* et *bas clergé*. Le premier comprenait les archevêques, les évêques, un certain nombre de chanoines, d'abbés et d'abbesses — en tout peut-être 6 000 personnes. Recruté uniquement dans la noblesse, il menait une vie souvent fastueuse. On pouvait lui reprocher l'absentéisme et le cumul des bénéfices[1].

Le bas clergé comprenait environ 2 000 membres des Congrégations séculières[2], 50 000 curés et vicaires et 57 000 religieux (20 000 hommes et 37 000 femmes). Recruté dans le Tiers État, il était fréquemment misérable par suite de l'abus appelé commende : nombre d'abbayes et de cures étaient données en *commende*, c'est-à-dire attribuées par le roi, comme une pension, à des nobles, qu'ils fussent ou non d'Église. L'abbé commendataire touchait le tiers des revenus de l'abbaye dont il confiait l'administration à un prieur. Le curé *gros décimateur* touchait le plus grosse part de la dîme et se faisait remplacer par un desservant à qui il abandonnait le reste. Aussi les curés étaient-ils souvent très hostiles au haut clergé.

En vertu du *Concordat* de 1516, les archevêques, les évêques et les abbés des abbayes les plus importantes étaient nommés par le roi, puis ils recevaient du pape l'*investiture canonique*, c'est-à-dire l'autorité religieuse qui leur permettait de remplir leur nouvelle fonction. Les curés étaient le plus souvent choisis non par l'évêque mais par le propriétaire du fief dont le seigneur avait jadis fondé l'église.

Le Clergé. Ses privilèges

Le Clergé était constamment représenté auprès du roi par *deux agents du Clergé*. Tous les dix ans une *Assemblée du Clergé* se réunissait pour voter les impôts spéciaux, appelés *décimes* et *don gratuit*, que le Clergé payait au roi ; elle délibérait aussi sur les intérêts du Clergé et la «défense de la foi». L'Église de

---

[1] Loménie de Brienne, archevêque Toulouse, était en même temps pourvu de sept abbayes quand il fut choisi ministre par Louis XVI en 1787

[2] A côté des Ordres religieux proprement dits (Bénédictins, Dominicains, Franciscains, Carmes, Chartreux) dont les membres prononcent des vœux solennels, on trouve des Congrégations séculières où l'on ne prête pas de vœux solennels les plus importantes en 1789 étaient les Frères des Écoles chrétiennes, les Oratoriens, les Sulpiciens, les Lazaristes

France avait ses tribunaux, les *officialités*.

Le Clergé possédait dans les villes de nombreux immeubles qu'il occupait ou qu'il louait et, dans les campagnes, un dixième peut-être du sol. Il levait la dîme sur les récoltes. Ces revenus servaient à faire vivre les ecclésiastiques (ceux-ci ne recevaient de l'État aucun traitement), à entretenir les édifices religieux, des maisons d'éducation et des hôpitaux, à payer au roi le don gratuit et les décimes, à verser au pape les *annates* (redevance que lui devait tout nouveau prélat).

Le Clergé et l'opinion publique

Malgré les nombreuses attaques lancées au cours du XVIIIe siècle contre l'Église catholique, particulièrement par Voltaire, la très grande majorité de la nation restait profondément attachée à ses curés. A l'égard des moines au contraire, elle se montrait peu favorable. Le clergé régulier souffrait d'ailleurs d'une grave crise de vocation et le nombre des moines déclinait. Une Commission des réguliers, qui avait siégé de 1765 à 1785, avait supprimé nombre de couvents presques vides et même aboli certains ordres.

La Noblesse. Ses divisions

La Noblesse était, elle aussi, très divisée. D'après l'origine, on distinguait la noblesse de race ou d'épée, dont les membres, aussi loin qu'on pût remonter, avaient toujours été nobles, — et les *anoblis*, c'est-à-dire ceux que la grâce du souverain avait élevés à la noblesse, par exemple en leur permettant d'exercer certaines charges militaires ou d'obtenir certains offices administratifs, financiers, ou judiciaires : cette seconde catégorie d'anoblis formait ce qu'on appelait la noblesse de robe.

D'après la situation sociale, on distinguait la haute noblesse ou *noblesse de Cour* (princes de sang, grands seigneurs, gentilshommes vivant ou admis à la Cour) et la *noblesse de province*. Celle-ci comprenait elle-même une grande diversité de conditions : magistrats possédant hôtel à la ville, château à la campagne et vastes domaines, ou bien petits hobereaux vivant chichement dans un vieux manoir, presque de la même vie que leurs paysans.

La noblesse d'épée dédaignait la noblesse de robe. La noblesse de province jalousait la noblesse de Cour qu'elle accusait d'accaparer les faveurs, et de lui «fermer tout accès à toute espèce de récompense». Mais tous les nobles, quels qu'ils fussent, constituaient l'*aristocratie* et ils se distinguaient des roturiers par de multiples privilèges.

Privilèges de la Noblesse

De ces privilèges les uns étaient purement *honorifiques* : tels le droit de porter certaines armoiries ou celui d'avoir une place spéciale à l'église ou de placer une girouette sur le toit de leur manoir. Mais beaucoup d'autres privilèges comportaient des avantages très substantiels.

Tous les nobles possédaient des *immunités fiscales* : ils étaient exempts de la taille, de la corvée royale, du logement des gens de guerre, et pour la capitation et les vingtièmes, leur quote-part était fort réduite. Tous avaient des *privilèges judiciaires*, par exemple celui de n'être jugés que devant un Parlement s'ils étaient accusés d'un crime, ou celui d'avoir la tête tranchée s'ils étaient condamnés à mort, les supplices de la potence ou de la roue étant considérés comme infamants et réservés aux roturiers.

Beaucoup de nobles étaient des seigneurs, c'est-à-dire qu'ils possédaient des terres sur lesquelles ils levaient des droits seigneuriaux— appelés aussi *droits féodaux*, parce qu'ils venaient des temps lointains de la féodalité. C'étaient le droit de *justice*, dont ils se servaient surtout pour infliger et percevoir de fructueuses amendes ; le droit exclusif de *chasse* ; le *champart*, redevance en nature, véritable dîme seigneuriale ; les *corvées* diverses, redevances en travail ; les droits de *péage*, c'est-à-dire de passage sur les routes et les ponts ; les droits de mutation, dit *lods* et *ventes*, qu'on levait sur les paysans lorsqu'ils achetaient ou vendaient des terres ; enfin les *banalités*, taxes perçues pour l'usage du moulin, du four et du pressoir dont le seigneur avait le monopole.

Enfin la haute noblesse avait seule accès aux charges de Cour et aux hautes dignités militaires, civiles et ecclésiastiques.

Appauvrissement de la Noblesse

La noblesse ne pouvait sans «déroger», c'est-à-dire sans déchoir, se livrer à une autre occupation que l'exploitation de ses propriétés, le grand commerce maritime, enfin le service du roi à la Cour, dans l'armée ou les hautes charges de l'État.

La haute noblesse possédait de vastes propriétés dont les revenus avaient fort augmenté au XVIIIe siècle par suite de la hausse des prix agricoles et des fermages. A ces revenus elle joignait ceux des charges qu'elle remplissait et les pensions qu'elle recevait du roi. Mais le train de vie qu'elle menait et surtout la folie du jeu exigeaient de telles dépenses que souvent les fortunes les plus considérables n'y pouvaient résister. Aussi, pour «redorer son blason», plus d'un grand seigneur entrait-il par mariage dans la famille d'un riche financier, ou bien il devenait actionnaire de houillères et de forges. Quant aux nobles de province, surchargés d'enfants et possesseurs de domaines souvent peu étendus, nombre d'entre eux vivaient dans la gêne ou même dans la misère.

La réaction nobiliaire

Ainsi s'explique l'âpreté avec laquelle les nobles se disputaient les moindres faveurs du roi, charges, bénéfices, pensions ou cadeaux, l'âpreté non moins grande avec laquelle ils défendaient et même renforçaient leurs privilèges financiers, de sorte qu'on vit se produire, dès la fin du règne de Louis XV, une véritable *réaction nobiliaire*.

Son principal effet fut d'*exclure systématiquement des carrières accessibles à la noblesse les roturiers et les bourgeois récemment anoblis*. En 1789 les ministres (sauf le Genevois Necker), les membres des Conseils, les évêques étaient nobles. Plusieurs Parlements avaient décidé de ne plus admettre que des nobles «à quatre quartiers», c'est-à-dire dont les quatre grands-parents étaient nobles. Le *Règlement militaire de 1781* exigeait qu'on certifiât de «quatre quartiers» de noblesse pour devenir officier d'emblée, sans passer par les grades subalternes.

La réaction nobiliaire se manifesta aussi par une *aggravation du régime seigneurial :* on fit revivre les droits anciens tombés en désuétude ; les droits existants furent perçus plus rigoureusement, parfois même relevés ; le seigneur usurpa une partie des biens communaux. De là des colères et des haines qui s'amassaient dans les campagnes et qui devaient faire explosion au début de la Révolution.

Le Tiers État. La bourgeoisie

Le Tiers État ne possédait pas plus d'unité que le Clergé et la Noblesse. On pouvait y distinguer les bourgeois, les artisans, les paysans : en fait trois classes séparées.

La bourgeoisie elle-même comprenait toutes sortes de catégories : la foule innombrable des *officiers* qui avaient acheté des charges de justice et de finance de second ordre : collecteurs d'impôts et receveurs, juges, notaires, greffiers, procureurs et sergents (nos avoués et nos huissiers), etc., qui étaient de véritables privilégiés, puisqu'ils étaient exempts de la taille et du logement des gens de guerre. Il y avait aussi ceux qui exerçaient ce qu'on appelle de nos jours les «professions libérales», médecins, avocats, hommes de lettres et artistes ; enfin les hommes d'affaires, banquiers, négociants, industriels.

Enrichissement de la bourgeoisie

Le développement remarquable du commerce, de l'industrie et de la finance, au moins jusque vers 1780, avait beaucoup enrichi la bourgeoisie.

Les villes de Bordeaux, Nantes, Le Havre, qui s'adonnaient surtout au *commerce des Antilles* (sucre de canne, indigo, café) et à la *traite des nègres,* étaient en pleine prospérité. Le port de Marseille avait le monopole du trafic avec l'empire ottoman. A l'intérieur de la France aussi, malgré toutes sortes d'entraves, le commerce avait progressé, grâce au développement des canaux et des grandes routes.

Aux progrès du commerce correspondaient les *progrès de l'industrie*. Les industries de luxe, favorisées par l'éclat de la civilisation et le prestige de l'art français travaillaient non seulement pour la France, mais pour l'Europe entière. Toutes les industries textiles, surtout la dernière venue, celle qui utilisait le *coton*, s'étaient développées, ainsi que les industries minières et métallurgiques. Dans la plupart des industries, le travail se pratiquait encore à l'ancienne mode, par petits ateliers groupant autour du maître quelques compagnons et apprentis. Parfois, mais bien rarement encore, on voyait apparaître, à côté des *manufactures royales*, la grande *usine* moderne, utilisant des machines, nécessitant de gros capitaux et concentrant plusieurs centaines d'ouvriers. Le machinisme était loin d'être aussi développé en France qu'en Angleterre : cependant il existait déjà au *Creuzot* ou à *Anzin*. Il y avait enfin dans les campagnes une *petite industrie rurale* : beaucoup de paysans filaient et tissaient la laine : un *négociant-entrepreneur* leur distribuait la matière première, puis leur achetait le produit fini.

L'abondance des capitaux, l'activité de la production et du négoce se traduisaient par l'*importance croissante des opérations financières*. La France possédait près de la moitié du numéraire existant en Europe et les affaires de Bourse se multipliaient. La plupart des banquiers étaient des bourgeois. D'ailleurs, comme dans les siècles précédents, les bourgeois enrichis utilisaient une partie de leurs capitaux à acheter des terres, surtout près des villes. Ils possédaient autant de terres que la Noblesse, soit environ un cinquième du sol.

Ambitions de la bourgeoisie

Les prétentions de la bourgeoisie s'accrurent avec sa fortune. *Étant la classe dirigeante au point de vue économique, elle aspirait à l'être au point de vue politique et social*. En ce sens l'enrichissement de la bourgeoisie fut une des causes profondes de la Révolution.

La bourgeoisie avait d'ailleurs des griefs précis contre le régime existant. C'était elle qui avait fourni au roi la majeure partie des sommes empruntées : *elle était donc directement atteinte par le désordre financier* et par la grave crise économique qui, on le verra, marqua la fin du règne de Louis XVI. De là, chez les bourgeois, le *désir d'une transformation politique* qui leur permît de surveiller l'administration et même de participer au gouvernement de l'État. Les bourgeois avaient en outre le sentiment de valoir, par leur culture et leur force de travail, les nobles qui leur interdisaient l'accès aux charges principales de l'État. De là, en même temps que le désir d'une réforme politique, le *désir d'une réforme sociale qui abolît les privilèges.*

Les artisans

Au-dessous de la bourgeoisie, on trouvait les artisans qui vivaient d'un métier manuel. On réunissait sous ce nom les *maîtres* et les *compagnons*, c'est-à-dire les petits patrons et leurs ouvriers. Bien que leur nombre eût augmenté, ils formaient à peine un dixième de la population de la France. La majorité des artisans étaient encore groupés dans les cadres des *corporations*, mais il y avait aussi de nombreux ouvriers en dehors des corporations.

Dans la plupart des métiers, il fallait peiner beaucoup pour gagner peu. La journée de travail était longue et le salaire très faible. On verra que la situation des ouvriers était particulièrement difficile en 1788 et 1789. Cependant, malgré les grèves fréquentes provoquées par l'insuffisance des salaires et la misère, *il n'y avait pas encore de question ouvrière :* les ouvriers n'étaient ni assez nombreux, ni assez fortement organisés.

Les paysans

Si la question ouvrière ne se posait pas encore, il y avait en revanche *une très grave question paysanne.* Les Français à cette époque étaient un peuple de paysans. Près des neuf dixièmes des habitants vivaient aux champs, du travail de la terre.

Le servage qui existait alors dans toute l'Europe centrale et orientale, avait à peu près disparu en France : les paysans étaient des hommes libres, à l'exception d'une infime minorité.

Certains d'entre eux étaient *propriétaires*; mais les charges qui pesaient sur eux étaient si lourdes qu'ils n'arrivaient pas toujours à vivre du produit de leur travail, d'autant que leurs champs étaient peu étendus, morcelés et mal cultivés. Ils devaient au roi des impôts directs (*taille, capitation, vingtième*) et les impôts indirects (*gabelles et aides*); ils étaient seuls astreints au service militaire de la *milice* et à la *corvée royale* pour la construction et l'entretien des routes. Ils devaient au curé la *dîme* et au seigneur les *droits féodaux*.

Mais la très grande majorité des paysans ne possédaient pas de terres. Ils s'engageaient alors comme *fermiers, métayers* ou *journaliers* sur le domaine que s'était réservé le seigneur : les premiers lui payaient un loyer en argent, les seconds qui livraient une partie de la récolte, les derniers se louaient à la journée comme des ouvriers agricoles. *Obtenir des terres, ne plus payer les droits féodaux*, tel était le vœu des paysans.

État arriéré de l'agriculture

Malgré l'amélioration du cheptel par l'importation d'Espagne des moutons mérinos et le développement des plantes fourragères, malgré l'introduction du navet, du maïs, de la pomme de terre, *l'agriculture et l'élevage n'avaient guère fait de progrès*. Comme le fondement de la nourriture du peuple était le pain, on continuait en 1789 à cultiver partout des céréales, ce qui épuisait le sol. Pour laisser la terre se reposer, on appliquait le système de la *jachère* et, chaque année un tiers du sol dans le Nord, la moitié dans le Midi, davantage encore dans l'Ouest restait inculte. La rareté des prairies réduisait l'élevage ; l'insuffisance du fumier, jointe à un outillage resté rudimentaire, explique les rendements médiocres. Dans les bonnes années la production suffisait à peine à nourrir la population. La moindre intempérie engendrait la *disette*. C'est pourquoi malgré l'avis des physiocrates qui demandaient la liberté des échanges, le gouvernement, soutenu d'ailleurs par l'opinion publique, restait partisan du *contrôle économique* : il contraignait les paysans à approvisionner les marchés, fixait parfois le prix du pain et interdisait en général l'exportation des blés.

Heureusement pour les paysans, les *communaux* étaient très étendus. Le pauvre y trouvait le bois dont il avait besoin. Il pouvait aussi, la moisson faite, glaner les champs qui, en général, n'étaient pas clôturés, y couper les chaumes qui servaient de litières et même y mener pâturer ses bêtes : c'est ce qu'on appelait le *droit de vaine pâture*. Enfin, on l'a vu, les paysans exerçaient souvent un métier : ils filaient et tissaient, fabriquaient de la quincaillerie. Il y avait ainsi en France une petite industrie paysanne très active qui a presque entièrement disparu aujourd'hui.

La situation du paysan n'en restait pas moins toujours précaire et elle empirait à la fin du XVIIIe siècle. D'une part, bien des nobles percevaient avec plus d'âpreté les droits féodaux ils usurpaient une partie des biens communaux, clôturaient leurs champs, privant ainsi les cultivateurs des droits de glanage et de vaine pâture. D'autre part, l'agriculture connaissait une grave crise depuis le début du règne de Louis XVI.

La France en 1789

III. — L'esprit public. La révolte des privilégiés. La convocation des États Généraux

La doctrine révolutionnaire

La Révolution de 1789 a eu pour cause profonde les vices du régime politique et social et pour cause immédiate une très grave crise financière. Mais cette crise elle-même ne prit une telle gravité et un tel développement que parce qu'il existait en France à cette époque *une doctrine et un état d'esprit révolutionnaires*, conséquence des écrits des *Philosophes* et de l'*opposition des Parlements*.

De tous les Philosophes c'est Jean-Jacques Rousseau qui a marqué le plus profondément les générations qui ont fait la Révolution. Il leur a inspiré non seulement une doctrine, mais encore la foi en cette doctrine, dont l'*Émile* et le *Contrat social* étaient l'Évangile. Deux idées surtout passionnèrent les Français de cette époque : la souveraineté du peuple et l'égalité des droits. Après la mort de Rousseau (1778) elles furent reprises par Mably et Condorcet.

L'*abbé Mably* (1709-1785) conseillait l'établissement d'une «monarchie républicaine» : une monarchie dont le chef ne serait que le délégué de la nation à l'exécutif, tandis que le pouvoir législatif, devenu le pouvoir prépondérant, appartiendrait à une assemblée formée des représentants du peuple souverain. La première Constitution qu'ait eue la France, celle de 1791, sera directement inspirée des idées de Mably.

Condorcet (1743-1794) définissait les droits de l'homme.

«Les droits de l'homme, écrivait-il, sont : 1° La sûreté de sa personne,... l'assurance de n'être troublé par aucune violence, [d'avoir] l'exercice indépendant et libre [de ses facultés] pour tout ce qui n'est pas contraire aux droits d'un autre. 2° La sûreté de la jouissance libre de sa propriété. 3° Le droit de n'être soumis... qu'à des lois générales, s'étendant à l'universalité des citoyens..., dont l'exécution soit confiée à des mains impartiales. 4° Le droit de contribuer, soit immédiatement, soit par des représentants, à la confection de ces lois et à tous les actes faits au nom de la société.»

Les adversaires des idées révolutionnaires les déclaraient inapplicables. Mais le *succès tout récent de la Révolution américaine* (1773-1783) montrait de façon éclatante qu'elles étaient réalisables. Les Français s'enthousiasmèrent pour la jeune république des États-Unis, considérée comme l'asile de la vertu et de la liberté. Il fallait, pensait-on, suivre l'exemple des Américains et appliquer au besoin le programme pratique d'action révolutionnaire qui leur avait si bien réussi.

Modération et enthousiasme

Si hardi que pût sembler leur programme, les Français éclairés n'en étaient pas moins le plus souvent d'esprit très modéré dans l'application. Malgré l'exemple des États-Unis, ils ne croyaient pas que l'on pût établir la république en France. Il y avait parmi eux des tendances républicaines, *il n'y avait pas de parti républicain*. Ils ne croyaient pas possible non plus d'appliquer intégralement les principes égalitaires et d'appeler à la vie politique les classes populaires, encore trop ignorantes. Tous les Français jouiraient des droits civils (droits de l'homme) mais *les droits politiques seraient réservés à une élite*.

Du moins tous les Français se laissaient-ils porter par une *immense vague d'optimisme*. Ils étaient persuadés que le temps de l'ignorance, des préjugés, de l'oppression était définitivement révolu et que les hommes, enfin instruits de leurs droits et délivrés de tous les jougs, allaient désormais connaître la justice et le bonheur. Les mots de liberté et d'égalité tournaient toutes les têtes depuis la jeune noblesse jusqu'au peuple. La vogue des journaux était telle, que des écrivains de talent, *Rivarol*, *Linguet*, *Brissot*, se spécialisaient dans le journalisme. Un peu partout se formaient des sociétés de lectures, où on lisait les livres, les journaux, les brochures. Les associations à tendances politiques ou philanthropiques se multipliaient : *loges de francs-maçons* dont le programme libéral et humanitaire attirait nombre de grands seigneurs et d'ecclésiastiques, *Club Constitutionnel* dont faisaient partie La Fayette, Condorcet, Mirabeau, *Société des amis des noirs* fondée par Brissot en 1788 pour la suppression de l'esclavage, etc.

Depuis que le roi avait annoncé, en août 1788, que les États Généraux allaient être réunis, la nation vivait dans l'attente de grands événements qui devaient, pensait-on, inaugurer une ère nouvelle. Attente d'autant plus fiévreuse que trop souvent déjà, depuis le début du règne, les espoirs de réforme avaient été déçus.

La triple crise de l'Ancien Régime

Il n'avait pas manqué en effet de ministres pour tenter de supprimer les abus les plus criants. Mais successivement Turgot, Necker, Calonne, avient échoué devant l'égoïsme de l'aristocratie qui se refusait à laisser porter atteinte à ses privilèges. Ainsi la crise dont souffrait l'Ancien Régime ne faisait que s'aggraver : crise économique, crise financière, crise d'autorité.

Le règne de Louis XVI fut marqué par la *disparition de la prospérité* que la France connaissait depuis 1730. Des récoltes trop abondantes amenèrent la mévente du blé et du vin ; à la suite d'une terrible sécheresse, en 1785, le fourrage manqua et il fallut abattre une partie du cheptel. En 1788 la récolte de blé fut hachée par la grêle dans une grande partie de la France ; puis ce fut un hiver exceptionnellement froid les rivières étant prises, les moulins cessèrent de tourner et la farine manqua. La crise agricole se doublait d'une *crise industrielle*. Certains pays comme l'Espagne se fermèrent à nos exportations de drap et de laine, d'autre part le traité de commerce signé en 1786 avec l'Angleterre ouvrit brusquement le marché français aux produits de l'industrie anglaise, alors très en avance sur la nôtre. De nombreuses entreprises françaises, incapables de supporter la concurrence, durent fermer leurs portes et des milliers d'ouvriers furent jetés au chômage. Ils se répandirent dans les campagnes, moitié mendiants, moitié brigands, créant des paniques appelées «peurs». Ils se répandirent aussi dans les villes, surtout à Paris où, sur une population d'environ 550 000 habitants, on comptait plus de 100 000 indigents. *C'est dans une France hantée par la vie chère, la disette et le chômage qu'éclata la Révolution.*

La crise économique accrut la *crise financière*. Celle-ci avait déjà été aggravée par les dépenses de la guerre d'Amérique. Les ministres usèrent de tous les expédients sans parvenir à rétablir l'équilibre budgétaire. Comment l'auraient-ils pu dans un pays appauvri et qui leur refusait sa confiance ? Ils n'osaient plus augmenter les impôts, sachant bien que les contribuables étaient dans l'impossibilité de payer davantage. *Le seul moyen de salut était la suppression des privilèges financiers et l'égalité de tous devant l'impôt.* Mais, pour imposer aux privilégiés cette révolution sociale, il eût fallu un gouvernement fort.

Or, la *crise d'autorité* était plus grave que jamais. Le gouvernement allait à la dérive. Les ministres étaient sans crédit. Louis XVI, honnête, désireux de faire le bien, tout ensemble brutal et hésitant, se montrait le plus souvent passif, incapable de prendre une décision et de s'y tenir. «Pour vous faire une idée de son caractère, disait le comte de Provence, imaginez des boules d'ivoire huilées que vous vous efforceriez vainement de retenir ensemble.» Sous un tel roi l'opposition parlementaire allait avoir beau jeu. Quant à la reine Marie-Antoinette, elle était profondément impopulaire depuis l'*affaire du collier* (1785)[1].

---

[1] Une aventurière persuada le cardinal de Rohan, évêque de Strasbourg, alors à demi disgracié, que, s'il procurait à la reine un riche collier de diamants, celle-ci interviendrait en sa faveur auprès du roi. C'était une simple escroquerie : les joailliers ne furent pas payés et le nom de la reine fut mêlé à l'affaire. Or le cardinal fut acquitté par le Parlement.

La révolte nobiliaire

Pour combler le déficit en contraignant les privilégiés à payer l'impôt, le ministre *Calonne* demanda en 1786 le remplacement des vingtièmes par une *subvention territoriale* qui pèserait sur tous les propriétaires, roturiers ou non. Une Assemblée des Notables repoussa le projet et obtint même de Louis XVI le renvoi du ministère (1787). Son successeur, l'archevêque *Loménie de Brienne*, reprit les plans de Calonne. Le Parlement de Paris rejeta à son tour le principe de la subvention territoriale sous le prétexte que seule la nation réunie dans ses États Généraux pouvait le consentir. *L'aristocratie espérait qu'elle dominerait les États Généraux et en prendrait occasion pour remplacer la Monarchie absolue par une monarchie aristocratique, où elle imposerait sa volonté au roi.*

Le refus du Parlement fut l'occasion d'un conflit d'une extrême violence entre le gouvernement et la noblesse de robe, soutenue par le reste de l'aristocratie. Louis XVI en vint à enlever aux Parlementaires le droit d'enregistrer ses édits. Les magistrats ripostèrent par des remontrances de plus en plus insolentes, bafouèrent les ordres du roi, firent eux-mêmes, devant l'opinion publique, le procès des abus de l'Ancien Régime, organisèrent au grand jour des émeutes dans la rue et poussèrent les troupes à faire cause commune avec les insurgés. Cette *révolte nobiliaire* plongea la France entière dans l'anarchie pendant plus d'un an (1787-1788). Les événements les plus graves eurent lieu en Dauphiné. A la suite de l'émeute connue sous le nom de Journée des Tuiles[1] (juin 1788) et à l'appel d'un juge, *Mounier* et d'un avocat, *Barnave*, la municipalité de Grenoble invita les habitants à exiger le rétablissement des États provinciaux du Dauphiné supprimés par Richelieu. Puis une Assemblée composée de représentants des trois ordres se réunit au *château de Vizille*, près de Grenoble, et décida qu'aucun impôt nouveau ne pourrait être levé s'il n'avait été, au préalable, voté par les États Généraux. Dans le même temps, l'Assemblée du Clergé refusait à Loménie de Brienne les sommes qu'il lui demandait et exigeait, elle aussi, la convocation des États Généraux.

Acculé à la banqueroute et incapable de rétablir l'ordre, Louis XVI capitula : il annonça que les États Généraux se

---

[1] A la suite de l'exil du Parlement de Grenoble, les ouvriers de la ville et les montagnards des environs se mirent à sac l'hôtel du commandant puis, du haut des toits, jetèrent des tuiles sur les troupes.

réuniraient le 1er mai 1789. Puis il renvoya Loménie de Brienne et rappela au pouvoir l'homme entre tous populaire, le Genevois *Necker* (août 1788).

Patriotes contre Aristocrates

Dans sa révolte contre la monarchie absolue, l'aristocratie avait été soutenue par la bourgeoisie. Mais, aussitôt connue la convocation des États Généraux, l'alliance se rompit. Entre les deux alliés de la veille des discussions passionnées s'élevèrent sur deux questions : combien de députés compterait le Tiers État ; comment voterait-on aux États Généraux.

D'un côté, il y eut la majeure partie des privilégiés, ceux que l'on appela les *Aristocrates* : parlementaires, haut clergé, presque toute la noblesse d'épée, pour qui les États Généraux devaient être «convoqués et composés, déclara un arrêt du Parlement de Paris, suivant la forme observée en 1614». Or, en 1614, les trois ordres avaient délibéré et voté séparément, *chaque ordre ayant à peu près le même nombre de députés et disposant d'une voix :* dans ces conditions, le Tiers État, qui représentait les 96 centièmes de la nation, risquait d'être mis en minorité par la Noblesse et le Clergé.

De l'autre côté il y eut les *Nationaux* ou *Patriotes*, composés essentiellement d'hommes du Tiers État et du bas clergé, auxquels s'adjoignirent quelques nobles libéraux. Désireux avant tout d'établir l'*égalité des Français par la suppression des ordres*, ils voulaient qu'aux États Généraux le Tiers État eût une double représentation, c'est-à-dire autant de députés à lui seul que les autres ordres réunis, que les délibérations eussent lieu en commun et que l'on comptât les votes par tête et non par ordre : *doublement du Tiers, délibération en commun, vote par tête,* tel fut le programme des Patriotes[1]. Organisés en un véritable parti, ayant à sa tête un comité directeur, la *Société des Trente,* où siégeaient La Fayette, Condorcet, Mirabeau, les Patriotes firent dans toute la France une propagande ardente ; ils répandirent d'innombrables brochures, dont une surtout, celle de l'abbé Sieyès : *Qu'est-ce que le Tiers État ?* eut un succès retentissant.

---

[1] Le doublement du Tiers et le vote par tête étaient déjà réalisés dans les Assemblées provinciales établies par Loménie de Brienne en 1787. L'Assemblée de Vizille avait demandé que l'on appliquât ce système dans les États provinciaux.

Sur les instances de Necker, le roi accepta, en décembre 1788, la réunion périodique des États Généraux, l'égalité de tous devant l'impôt, une réforme de l'administration, enfin des garanties de liberté individuelle. Il accepta également le doublement du Tiers (sans se prononcer sur la délibération en commun et le vote par tête).

L'aristocratie l'avait emporté en imposant au roi la convocation des États Généraux, maintenant le Tiers semblait l'emporter sur l'aristocratie. A l'enthousiasme populaire répondit la colère des privilégiés. Dans plusieurs provinces il y eut entre Aristocrates et Patriotes des conflits violents qui menaçaient de dégénérer en guerre civile.

Les élections

Les élections aux États Généraux eurent lieu de février à mai 1789, dans cette atmosphère troublée par les passions politiques, les haines déchaînées entre les privilégiés et le peuple, la misère ouvrière et paysanne.

Le gouvernement avait décidé que le *bailliage* servirait de circonscription électorale. Le droit de vote fut réglementé de façon libérale. Il ne fut pas uniforme. Tous les nobles furent électeurs et élurent directement leurs députés. Dans l'ordre du Clergé *les curés furent électeurs* au même titre que les prélats, ce qui assura la majorité au bas clergé séculier. Pour le Tiers, le droit de vote fut accordé à tous les Français âgés de vingt-cinq ans au moins et inscrits au rôle des impositions, mais le suffrage fut *à deux, trois ou quatre degrés :* par exemple dans les villes, les électeurs se réunirent par paroisses, quartiers ou corporations pour élire des délégués à l'Assemblée du Tiers de la ville ; cette Assemblée élut à son tour des délégués à l'Assemblée du Tiers du bailliage, qui élut enfin les députés du Tiers de ce bailliage aux États Généraux.

Il y eut à peu près 1 200 députés dont environ 600 pour le Tiers, 300 pour le Clergé et 280 pour la Noblesse ; l'abbé *Sieyès* et le comte de *Mirabeau*, rejetés par leur ordre, s'étaient fait élire par le Tiers État, le premier à Paris, le second à Aix. Dans la députation du Clergé, on comptait près de *deux cents curés*, tout prêts à s'entendre avec le Tiers contre les privilégiés ; dans celle de la Noblesse elle-même, il y avait une forte minorité de libéraux, parmi lesquels *La Fayette* et le *duc d'Orléans*, cousin du roi. *Les Patriotes, victorieux aux élections, étaient donc assurés d'avoir la majorité aux États Généraux.*

Les Cahiers

En même temps qu'ils procédaient aux élections, les électeurs de chaque ordre rédigeaient, conformément à la tradition constante des États Généraux, les *Cahiers*, c'est-à-dire l'exposé de leurs doléances et de leurs vœux, précieux témoignage sur les aspirations du peuple français à la veille de la Révolution.

Les trois ordres étaient d'accord pour réaliser une Révolution de la Liberté. Attribuant tous les maux de la nation «au pouvoir arbitraire» du roi, ils concluaient à la nécessité de «le resserrer dans de justes bornes», par l'établissement d'une *Constitution* qui définirait «les droits du roi et de la nation». Sur ce point, la volonté générale était si formelle que beaucoup d'électeurs interdisaient à leurs députés d'accorder un subside quelconque au roi, jusqu'à ce que les principes de la Constitution fussent promulgués. Les trois Ordres demandaient également la diminution du pouvoir des intendants et l'extension à tout le royaume des États provinciaux. La Constitution devrait aussi garantir à tous la *liberté individuelle*. Le Tiers et la Noblesse (mais non le Clergé) réclamaient en outre la suppression de la censure, c'est-à-dire la *liberté de la presse*.

En revanche l'unanimité disparaissait sur le grave problème de l'égalité. Si la majorité des membres du Clergé et de la Noblesse renonçaient en théorie à toute exemption financière, du moins y mettaient-ils certaines conditions, et tous prétendaient maintenir leurs droits honorifiques ainsi que les droits féodaux qui leur donnaient autorité sur les paysans.

Dans leur ensemble, les Cahiers, rédigés avec une extrême modération, témoignaient d'un ardent *loyalisme monarchique*. Toute la France exprimait en des termes souvent touchants un amour profond pour le roi qu'elle croyait acquis aux idées de réformes. *En fait Louis XVI ne renonçait pas à sa souveraineté de droit divin*. S'il acceptait de réunir les États Généraux, c'était uniquement pour les consulter et il était fermement décidé à ne point partager son autorité avec la nation. De là la prompte déception du Tiers et les accusations d'hypocrisie et de parjure lancées contre Louis XVI, accusations qui conduiront à sa déposition en 1792 puis à son exécution en 1793. Mais, pour le moment, toute la France était à la confiance et à la joie.

1789 : la chute de l'Ancien Régime

Le premier acte révolutionnaire du Tiers Etat

Les députés du Tiers, arrivés à Versailles pleins d'espérance, ne gardèrent pas longtemps leurs illusions. Le 5 mai 1789, dans la salle des Menus Plaisirs, non loin du Château, Louis XVI vint présider la séance d'ouverture des Etats Généraux, mais ni lui ni Necker ne dirent un mot de ce qui était le souci de tous : l'établissement d'une Constitution.

Le mécontentement s'accrut les jours suivants. Louis XVI avait ordonné le doublement du Tiers, mais n'avait pas décidé si les trois ordres délibéreraient séparément comme jadis, ou en commun. Dès le lendemain de la séance d'ouverture, quand il s'agit de *vérifier les pouvoirs* des députés (c'est-à-dire d'examiner s'ils avaient été élus régulièrement), le Tiers demanda aux députés de la Noblesse et du Clergé de se joindre à lui pour que la vérification se fît en commun dans la même salle. *C'était un moyen d'abolir en fait la distinction des ordres.* La Noblesse s'y refusa. Malgré la bonne volonté d'un certain nombre de membres du Clergé, on discuta un mois durant sans aboutir. Après bien des hésitations, et à l'instigation de Sieyes, le Tiers décida d'agir.

Le 17 juin 1789, considérant qu'ils représentaient «les qua-tre-vingt-seize centièmes au moins de la nation», les *membres du Tiers déclarèrent qu'à eux seuls ils suffisaient à former l'Assemblée Nationale*. Puis, par une décision audacieuse, ils firent acte de souveraineté en matière d'impôt.

Le premier acte révolutionnaire était accompli. En un point essentiel, les finances, la toute-puissance royale était abolie. Déjà le bloc des privilégiés s'effritait : le Clergé décidait de se réunir au Tiers.

Le Serment du Jeu de Paume et la séance du 23 juin

Malgré son apathie, Louis XVI ne pouvait laisser passer cette atteinte à son autorité. Il décida de tenir une séance royale pour y annuler les décisions du 17 juin. La grande salle des Menus Plaisirs, où se réunissaient les députés du Tiers, fut fermée pour qu'on pût y faire les travaux nécessaires.

Le 20 juin au matin les députés du Tiers trouvèrent donc portes closes. Déconcertés mais non découragés, ils s'instal-lèrent dans un jeu de paume voisin et là, sous la présidence de l'astronome *Bailly* et sur la proposition de *Mounier,* ils prê-tèrent tous (sauf un) le *serment* dit *du Jeu de Paume* : ils s'engagèrent «à ne jamais se séparer et à se rassembler partout où les circonstances l'exigeraient, jusqu'à ce que la Constitution du royaume fût établie et affermie sur des fondements solides».

Qu'allait-il se passer le 23 juin à la *séance royale ?* Le roi annonça des réformes, mais il cassa le décret du 17 juin, et signifia sa volonté de maintenir «en son entier l'ancienne dis-tinction des trois ordres de l'Etat». Puis il ordonna aux députés de se retirer. Ceux du Tiers ne bougèrent pas. Au marquis de *Dreux-Brézé*, grand maître des cérémonies, Bailly répondit : «Il me semble que la nation assemblée ne peut pas recevoir d'ordres» et Mirabeau s'écria, dit-on : «Allez dire à votre maître que nous sommes ici par la volonté du peuple et que nous n'en sortirons que par la force des baïonnettes.» *Moment décisif où, du choc entre les volontés adverses, celle du roi et celle des représentants de la nation, l'avenir du pays dépendait.*

Le peuple de Versailles acclamait le Tiers et les troupes n'é-
taient pas sûres. *Louis XVI capitula* : le 27 il ordonna à la
Noblesse et au Clergé de se joindre au Tiers. *Il n'y avait plus
d'Etats Généraux.* Peu après, l'Assemblée prit le nom d'*Assemblée Constituante* et elle commença à discuter un plan de
Constitution.

Vaine riposte du roi le 14 juillet

Pourtant Louis XVI ne s'avouait pas vaincu. A l'instigation de
ses frères, les comtes de Provence et d'Artois, et de la reine
Marie-Antoinette, il concentra autour de Versailles près de
20 000 soldats — surtout des régiments étrangers. Puis il *renvoya Necker*, le seul de ses ministres qui fût populaire (11 juillet), et forma un ministère de combat. Sans doute voulait-il
dissoudre les Etats Généraux. Les députés protestèrent. Mais
que pouvaient-ils faire ? A la force il fallait opposer la force.
C'est alors que, pour sauver l'Assemblée — et, avec elle, la
Révolution — *Paris se souleva*.
  Depuis plusieurs mois la population parisienne était en effer-
vescence : le peuple souffrait de la disette, les bourgeois
voyaient le cours des rentes baisser et craignaient une banqueroute qui les eût ruinés. A l'annonce du renvoi de Necker,
ce fut dans toute la ville une profonde indignation. Dans les
jardins du Palais-Royal des orateurs improvisés, tel le jeune
journaliste *Camille Desmoulins*, poussaient le peuple à s'armer
pour résister à une attaque éventuelle des troupes. La journée
du 13 juillet fut marquée par deux faits importants. D'une part
la formation d'une *nouvelle municipalité* : quelques notables
de Paris s'adjoignirent d'office au prévôt des marchands et aux
échevins qui formaient la municipalité légale. D'autre part,
pour maintenir l'ordre, la municipalité créa une milice où l'on
vit s'enrôler des nobles et même des ecclésiastiques : cette
milice prit, peu après, le nom de *Garde Nationale*.
  Le 14 juillet l'insurrection se développa, encouragée par l'attitude du régiment des gardes-françaises, qui s'était mutiné. La
foule, où l'on comptait beaucoup de bourgeois, *envahit l'Hôtel
des Invalides* pour y chercher des armes ; puis elle marcha sur la
forteresse de la *Bastille* pour y prendre également des fusils et

des canons. Après quatre heures de lutte, la Bastille fut prise. Son gouverneur, puis le prévôt des marchands et, peu après, l'intendant de Paris, accusés de trahison, furent massacrés. Le député *Bailly* devint chef de la municipalité et *La Fayette* fut nommé général en chef de la Garde Nationale.

Premières conséquences du 14 juillet

La victoire du peuple de Paris le 14 juillet entraîna *l'effondrement de tout l'Ancien Régime, politique et social.* Louis XVI renvoya de Versailles les troupes et rappela Necker. Puis, le 17 juillet, il se rendit à Paris à l'Hôtel de Ville. Il y fut accueilli par Bailly et reçut des mains de La Fayette une *cocarde* nouvelle, bleue, blanche et rouge : le blanc, couleur du roi, le bleu et le rouge, couleurs de Paris. C'est l'origine de notre drapeau tricolore.

Le comte d'Artois, des courtisans, des évêques, des parlementaires préférèrent quitter la France : c'était le début de l'*émigration.*

Toutes les villes, à l'exemple de Paris, se donnèrent une municipalité nouvelle et une garde nationale. Les intendants, les commandants militaires abandonnèrent leurs pouvoirs : *les autorités légales disparurent.*

Enfin le contrecoup le plus important du 14 juillet fut la *Grande Peur,* avec sa conséquence, la *Nuit du 4 août.*

La Grande Peur

Depuis la fin de l'année 1788, une dangereuse fermentation agitait les campagnes. Les paysans, affamés, pillaient les convois de blé, refusaient de payer les droits féodaux, arrachaient les clôtures des champs, reprenaient les biens communaux que les seigneurs avaient usurpés, détruisaient les *terriers,* c'est-à-dire les documents où se trouvaient inscrits les redevances à payer au seigneur ; parfois même ils brûlaient les châteaux. Le grand nombre de journaliers sans travail, d'ouvriers en chômage, rôdeurs à mine patibulaire qui exigeaient l'aumône sur un ton menaçant (on les appelait les «brigands») achevait d'effrayer la population.

Or, très vite, le bruit se répandit dans les campagnes que les «Aristocrates» allaient se servir des «brigands» et même de troupes étrangères pour dissoudre l'Assemblée et exercer d'impitoyables représailles. L'annonce du renvoi de Necker sembla justifier ces alarmes. De là, dans une grande partie du royaume, de la mi-juillet jusqu'au début août, un *déchaînement de paniques qu'on a appelé la Grande Peur.* Sur le moindre indice (le coup de fusil d'un garde-chasse, la poussière soulevée par un troupeau en marche), on annonçait la venue des brigands et des soldats étrangers : on s'armait alors fiévreusement, ou bien on s'enfuyait. Parfois, on donnait l'assaut aux châteaux.

 ## La Nuit du 4 août

L'Assemblée Constituante s'épouvanta de cette anarchie. Elle redouta une <u>jacquerie</u> contre les riches, qu'ils fussent nobles ou bourgeois. En effet, la panique dissipée, les paysans restaient armés, plus que jamais décidés à ne pas payer de droits féodaux. Quel parti prendre pour rétablir l'ordre ? Répression ou concessions ?

A l'appel de quelques députés, d'esprit libéral, de la Noblesse et du Tiers, l'Assemblée choisit les concessions. Dans la *Nuit du 4 août* elle décida de supprimer ceux des droits féodaux qui avaient le caractère d'une servitude personnelle et de déclarer les autres rachetables : ainsi aucune atteinte ne serait portée au droit de propriété. L'assemblée était restée d'abord assez réticente. Mais, à la suite de quelques discours émouvants, elle fut saisie d'un véritable délire d'enthousiasme. Jusqu'à deux heures du matin, parmi les larmes d'attendrissement et les embrassements, les députés abolirent tous les privilèges, quels qu'ils fussent (privilèges des personnes, des villes, des provinces), ainsi que la vénalité des offices et ils proclamèrent l'admissibilité de tous à tous les emplois. En quelques heures ils avaient *accompli une immense révolution sociale et fondé l'égalité.*

Troisième tentative de réaction du roi.

Puis l'Assemblée poursuivit ses travaux. Elle vota la Déclaration des Droits de l'Homme (26 août) et traça les grandes lignes de la future Constitution, ne laissant au roi qu'un pouvoir réduit. Mais Louis XVI n'entendait pas se laisser dépouiller de ses droits ; il refusait aussi de ratifier les décrets du 4 août, qui lui semblaient spolier les privilégiés. Il était poussé à agir non seulement par les «Aristocrates», mais même par certains députés patriotes, tel Mounier, que le 14 juillet et le soulèvement des paysans avaient effrayés et qui, par peur du peuple, se rapprochaient maintenant de la Cour et lui conseillaient de résister.

A nouveau le roi fit venir des troupes et il suffit d'une provocation, le *banquet des gardes du Corps*, pour déclencher une nouvelle journée révolutionnaire. Le 1er octobre 1789, dans la salle de théâtre du Château, les Gardes du Corps offrirent un banquet à leurs camarades du régiment de Flandre qui venait d'arriver à Versailles. La famille royale y parut. On raconta que les convives avaient refusé de boire à la santé de la nation et que, sous les yeux du roi et de la reine, ils avaient foulé aux pieds la cocarde tricolore.

 Les journées d'octobre 1789.

L'indignation fut grande à Paris, d'autant plus que la situation y était toujours troublée. Le pain manquait et des agitateurs profitaient du mécontentement général pour tenter les uns de fomenter une Contre-Révolution, les autres d'exciter le peuple à conquérir par la force de nouveaux avantages. Le 5 octobre plusieurs milliers de femmes en armes, traînant des canons, partirent pour Versailles : elles allaient demander du pain. Des milliers d'hommes les suivirent : ils exigeaient en plus que Louis XVI ratifiât immédiatement les décrets du 4 août. Le roi, qui revenait de la chasse, accepta. Tout danger semblait écarté.

Mais le lendemain 6 octobre, à l'aube, des émeutiers pénétrèrent dans le Château, massacrèrent des gardes du Corps et cherchèrent à entrer dans les appartements royaux. Pour apaiser le peuple et sur les conseils pressants de La Fayette, Louis XVI et Marie-Antoinette acceptèrent de quitter Versailles et d'aller à Paris, le jour même. Après un effroyable trajet de 7 heures au milieu de la foule déchaînée, la famille royale arriva au Château des Tuileries. L'Assemblée rejoignit le roi quelques jours plus tard et s'installa dans la *salle du Manège* du Château. Versailles n'était plus capitale.

Comme au 14 juillet le peuple de Paris avait imposé sa volonté par la violence. L'assemblée, désormais exposée à la pression des masses populaires, pouvait craindre de devenir leur prisonnière. L'un de ses premiers actes fut, pour mettre fin aux troubles que causait la hantise de la famine, de voter la *loi martiale* (21 octobre 1789) : cette loi donnait aux munipalités le droit d'employer la force, s'il était besoin, pour dissiper les attroupements.

Les partis à la fin de 1789

Il n'y avait pas à l'Assemblée Constituante, *il n'y eut dans aucune des Assemblées révolutionnaires de partis organisés* à la manière des partis politiques actuels, ayant une existence officielle, un président, des secrétaires, un programme défini. Les députés se vantaient volontiers d'être indépendants et de ne suivre que «les mouvements de leur cœur». Cependant ils étaient plus ou moins étroitement groupés d'après leurs opinions ou leurs sympathies personnelles.

Au début on n'avait distingué que les *Aristocrates* et les *Patriotes* : les uns opposés, les autre favorables à la Révolution.

Les principaux représentants des Aristocrates étaient un ancien officier, *Cazalès* et surtout le violent et agressif *abbé Maury*.

Les Patriotes s'étaient scindés en plusieurs groupes. Les plus modérés, connus sous le nom de *Monarchiens*, voulaient conserver au roi un pouvoir fort et, à l'imitation de l'Angleterre, établir une Chambre Haute à côté de l'Assemblée populaire. Leurs chefs étaient *Malouet* et *Clermont-Tonnerre*. La majorité des Patriotes formait le centre : partisans d'un juste milieu, ils voulaient limiter le pouvoir royal sans le désarmer entièrement, donner l'influence à la bourgeoisie sans exclure les hautes classes. Leurs membres les plus en vue étaient l'astronome *Bailly*, maire de Paris, l'avocat *Le Chapelier*, des ecclésiastiques comme l'évêque *Talleyrand* et les abbés *Grégoire* et *Sieyes*, des nobles libéraux comme *La Fayette* général en chef de la Garde Nationale. A gauche, comme nous dirions aujourd'hui[1], on trouvait, en cette fin de 1789, des idées plus avancées et beaucoup plus de méfiance à l'égard du roi, notamment chez *Barnave*, avocat de Grenoble, et surtout chez *Robespierre*, avocat et député d'Arras.

Aucun de ces hommes politiques, quel que fût leur mérite, ne pouvait s'égaler à *Mirabeau*, député du Tiers Etat d'Aix. Il avait tous les dons pour jouer un grand rôle : une intelligence lucide et audacieuse, une grande popularité dans la foule, un génie oratoire qui lui donnait un ascendant extraordinaire sur l'Assemblée. Plein de rancœur à l'égard de l'aristocratie qui, aux élections, l'avait rejeté de son sein, et à l'égard de la monarchie absolue qui jadis l'avait fait emprisonner, Mirabeau redoutait aussi «les excès de la démocratie». Il aurait voulu l'union de la liberté et d'un pouvoir royal fort. Conscient de sa valeur, il aspirait au ministère pour diriger le roi et la Révolution. Mais l'Assemblée le savait vénal et sans scrupules et, par méfiance à son égard, elle décida qu'un député ne pourrait pas être ministre.

Le Club des Jacobins. Les journaux

Hors de l'Assemblée, la lutte des partis se continuait au Club des Jacobins et dans les journaux.

Fondée en novembre 1789, la *Société des Amis de la Constitution* siégeait dans un couvent désaffecté de Jacobins (c'est-à-dire de Dominicains) : de là le nom qu'on lui donna de *Club des Jacobins*. On y trouvait non seulement de nombreux députés mais encore l'élite de la bourgeoisie parisienne. Très vite, le club essaima dans tout le royaume des filiales prêtes à recevoir le mot d'ordre de Paris.

Quant aux journaux, ils étaient très nombreux et s'exprimaient en toute liberté, la censure ayant disparu dès la réunion des Etats Généraux. Aux *Actes des Apôtres*, journal de

---

[1] Quand la Constituante vint siéger dans la salle du Manège, les députés d'opinion avancée se placèrent à gauche de la tribune des orateurs pendant que les aristocrates se plaçaient à droite. De là le sens politique attribué depuis lors aux mots *gauche* et *droite*.

l'extrême Droite, répondait l'*Ami du peuple*, rédigé par Marat. Le *Moniteur* était le journal des modérés, pendant que la Gauche lisait le *Patriote Français* de Brissot ou les *Révolutions de France et de Brabant*[1] de Camille Desmoulins.

---

[1] En 1789 les Pays-Bas autrichiens (dont le Brabant était une province) venaient de se révolter contre Joseph II. De là le titre du journal de Desmoulins

La réorganisation de la France par l'Assemblée Constituante

(resumez les grands idées pour l'examen)

La Déclaration des Droits de l'Homme

Au moment de commencer l'œuvre de réorganisation de la France, l'Assemblée Constituante voulut proclamer officiellement les principes dont elle allait s'inspirer. A l'exemple des Américains qui avaient publié des «Déclarations des Droits», elle vota, le 26 août 1789, la *Déclaration des Droits de l'Homme et du Citoyen*.

Le titre même était tout un programme et un programme révolutionnaire. Sous l'Ancien Régime, on l'a vu, les Français n'avaient à l'égard de l'État que des devoirs ; or le premier acte constitutionnel de l'Assemblée est de proclamer leurs *droits*. Jusque-là l'État était tout, désormais l'individu passe au premier plan : de sujet il devient *citoyen* et l'État n'existe que pour protéger les droits de l'individu. *Ainsi s'affirme l'individualisme de la Révolution.* Comme tous les hommes peuvent revendiquer les mêmes droits, ils sont *égaux en droits*. L'Ancien Régime, fondé sur l'inégalité des Français et leur obéissance passive à un roi absolu, s'effondre.

Ces droits que proclame la Constituante ne sont pas réservés aux seuls Français : ils appartiennent à tous les hommes. Ce sont les *Droits de l'Homme* : tous les hommes en effet, de quelque État, de quelque race qu'ils soient, sont semblables par ce qu'ils ont de commun : la raison, la moralité, le désir du bonheur. Autant que l'individualisme et le libéralisme, le *cosmopolitisme* caractérise la Révolution : par son caractère *absolu* et *universel*, la Déclaration a pu devenir le programme commun aux libéraux et aux démocrates de toutes nationalités.

L'État, promu gardien des droits de l'individu, sera très différent de celui de l'Ancien Régime : il sera fondé sur deux principes : celui de la *souveraineté de la nation* et celui de la *séparation des pouvoirs*. D'après le premier, affirmé par Rousseau, la nation (c'est-à-dire l'ensemble des citoyens) est souveraine ; c'est d'elle, non plus de Dieu, que le roi tient ses pouvoirs, et elle a le droit de demander compte de leur administration à tous les fonctionnaires. D'après le second principe, sur lequel avait insisté Montesquieu, les trois pouvoirs exécutif, législatif et judiciaire ne doivent jamais être réunis dans les mêmes mains.

Tels sont les principes généraux affirmés par la Déclaration des Droits de l'Homme : on les appelle aussi les Principes de 89. Les Philosophes les avaient maintes fois exprimés au cours du XVIIIe siècle ; maintenant la Constituante va les *appliquer*. Ils sont à la base de l'organisation nouvelle qu'elle donna à la France en 1789 et 1790 et qui, revisée en 1791, est connue sous le nom de *Constitution de 1791*.

Égalité et Liberté

Tous les Français devinrent *égaux* devant la loi et devant l'impôt ; toutes les carrières furent désormais ouvertes à ceux qui en étaient dignes ; les protestants recouvrèrent et les juifs reçurent les droits de citoyens ; les titres de noblesse, les décorations même furent abolis, de même que le droit d'aînesse. La Constituante proclama le droit de tous à l'instruction et à l'assistance, qui devinrent désormais des services de l'État. Cependant, on le verra, le droit de voter fut refusé aux pauvres.

Désormais égaux, les Français devaient aussi être *libres*. La

Constitution de 1791 leur accorda la liberté personnelle, en vertu de laquelle nul ne peut être arrêté qu'en vertu d'une loi existante ; — la liberté de parler et d'écrire ; — la liberté de culte ; — la liberté de tenir des réunions politiques ; — enfin la liberté du travail : désormais chacun peut travailler comme il l'entend, les corporations sont supprimées, les réglementations sont abolies, de même que les monopoles industriels et commerciaux ; le propriétaire est maître absolu sur son champ qu'il peut clôturer et cultiver à sa guise. La défiance à l'égard des associations, toujours suspectées d'entraver la liberté individuelle, explique que la Constituante interdit aux ouvriers de faire grève ou de former des syndicats. Cependant, en opposition avec le principe de la liberté, elle maintint l'esclavage aux Colonies pour ne pas mécontenter les planteurs blancs aux Antilles, les armateurs et les raffineurs de sucre en France.

L'organisation politique

Personne, en 1789, ne songeait à abolir la royauté, mais tout le monde était d'accord pour en limiter les pouvoirs. On voulait remplacer la monarchie absolue par une *monarchie constitutionnelle*, c'est-à-dire un régime dans lequel les droits du roi et ceux des citoyens seraient exactement fixés par un texte appelé *Constitution*.

L'opinion unanime des Cahiers était que la Constitution devait être l'œuvre commune du roi et des États Généraux. Mais beaucoup de députés se méfiaient de Louis XVI. Aussi la Constitution fut-elle discutée et rédigée par l'Assemblée seule, puis présentée au roi qui dut l'accepter.

Les Cahiers demandaient aussi que le roi n'eût pas seulement le pouvoir exécutif mais qu'il prît part à la confection des lois et qu'aucune loi votée par les députés ne fût valable si elle n'avait reçu l'assentiment (on disait : la *sanction*) du roi. Mais la méfiance à l'égard de Louis XVI eut pour conséquence que les pouvoirs laissés au roi furent très réduits, en face de ceux, très considérables, attribués à l'Assemblée.

Le pouvoir du roi

Louis XVI resta donc roi, mais il porta désormais le titre de *Roi des Français* au lieu de celui de «Roi de France et de Navarre». Il dut s'engager par serment à respecter la Constitution et les lois ; il reçut, sous le nom de liste civile, un traitement fixe. *Chef du pouvoir exécutif*, il nommait et renvoyait les ministres à son gré, sans pouvoir cependant les choisir parmi les députés ; ses ordres, pour être valables, devaient être contresignés par un ministre. Il avait le droit de refuser sa sanction aux lois votées par l'Assemblée, mais seulement pendant la durée de deux législatures : si la même loi était votée à nouveau par une troisième législature, elle devenait immédiatement exécutoire. Ce refus de sanction, de durée limitée, reçut le nom de *veto suspensif*[1].

L'Assemblée. Le système électoral

Le pouvoir législatif fut confié à une *Assemblée législative* unique, élue pour deux ans, chargée de voter le budget et de faire des lois. Or, les bourgeois de la Constituante se méfiaient non seulement du roi et des aristocrates mais aussi des masses populaires. Aussi décidèrent-ils que le nouveau régime politique serait le *régime représentatif :* ils entendaient par là que le pouvoir législatif appartiendrait sans contrôle aux *représentants de la nation*, c'est-à-dire aux députés, sans que le peuple pût, de quelque manière que ce fût, participer directement au gouvernement, ou donner son avis sur les lois, ni même sur la constitution. Dans un tel régime la *souveraineté du peuple se borne donc à élire les députés.*

Pour la même raison les Constituants repoussèrent le suffrage universel. A leurs yeux, le *vote n'était pas un droit mais une fonction* que pouvaient seuls remplir ceux qui avaient des loisirs et une certaine instruction, en fait ceux qui possédaient une certaine fortune. Ils distinguèrent donc deux catégories de citoyens : les *citoyens actifs*, qui, payant un certain *cens*, c'est-à-dire un certain chiffre d'impôt, avaient le droit de vote : les *citoyens passifs*, qui, trop pauvres, ne l'avaient pas[2]. La nomination des députés de l'Assemblée se faisait au suffrage à deux

---

[1] *Le mot latin veto signifie : je refuse.*

[2] Un semblable régime, fondé sur le paiement d'un cens minimum fixé par la loi, s'appelle un régime censitaire.

degré   es citoyens actifs nommaient des électeurs et ceux-ci
élisaient les députés[1]. *Le suffrage était donc censitaire et in-
direct et la plénitude des droits politiques n'appartenait qu'à la
classe riche.*

Le nouveau régime administratif et judiciaire

La Constituante ne laissa rien subsister de l'ancienne organisation administrative. Celle qu'elle créa se caractérise par deux
traits : *uniformité* et *décentralisation*.

La France fut divisée en 83 départements, subdivisés en
districts (nos arrondissements), *cantons* et *communes*. A l'imitation du royaume, chaque département, district et commune
eut son Assemblée délibérante et son pouvoir exécutif (*directoire* pour le département et le district ; *corps municipal* pré-
sidé par un *maire*, dans la commune). Dans ces cadres nouveaux tous les administrateurs furent élus et il n'y eut aucun
fonctionnaire qui, tel le préfet d'aujourd'hui ou l'intendant
d'autrefois, y représentât le gouvernement central. Les administrations locales furent donc presque indépendantes : la décentralisation poussée à ce point risquait, en période de crise,
d'entraîner l'anarchie.

L'organisation judiciaire aussi fut entièrement transformée.
La vénalité des offices avait été abolie dans la Nuit du 4 Août et
les juges furent désormais élus. Les anciens tribunaux furent
supprimés, la torture et les supplices barbares abolis[2]. L'inculpé
reçut désormais des garanties que l'Ancien Régime lui avait
refusées : il eut toujours communication de son dossier et la
confrontation des témoins se fit en public. Dans chaque canton
un *juge de paix* joua le rôle de conciliateur. Pour les procès
criminels la Constituante emprunta à l'Angleterre la procédure
du *jury* : des citoyens, tirés au sort, devaient décider si l'inculpé
devait être jugé, puis, dans l'affirmative, s'il était ou non coupable. Tous les jugements pouvaient être cassés, mais seulement pour vice de forme, par un *Tribunal de Cassation*. L'Assemblée ordonna la rédaction d'un *code de lois* communes à
tout le royaume.

[1] Le cens d'un citoyen actif équivalait à la valeur de trois journées de travail, soit 3 livres ;
celui d'un électeur à la valeur de 10 journées de travail, soit 10 livres ; pour être député il fallait
être propriétaire et payer un cens d'une valeur égale à celle d'un *marc d'argent* soit 54 livres.

[2] Sur les conseils du député *Guillotin*, Constituante adopta, pour l'application de
la peine de mort, le dispositif appelé guillotine, qui tue instantanément.

Les difficultés financières. Biens nationaux et assignats

La Constituante s'était trouvée, dès le début, devant une situation financière presque désespérée. Les expédients tentés par Necker (emprunts nouveaux, dons volontaires, contribution du quart du revenu) avaient échoué. Pour éviter la banqueroute, certains députés, particulièrement *Mirabeau* et *Talleyrand*, conseillèrent de *mettre en vente les biens du clergé*, à la condition pour l'État de donner un traitement aux ecclésiastiques, de pourvoir à l'entretien des églises et au soulagement des pauvres. Après bien des hésitations, l'Assemblée se rallia à cette proposition. Le 2 novembre 1789, par 568 voix contre 386, elle vota que les biens ecclésiastiques étaient «à la disposition de la nation». Pour se procurer immédiatement l'argent dont elle avait besoin, elle mit en vente des *assignats*, c'est-à-dire des bons du Trésor remboursables en *biens nationaux* — c'est le nom qu'on donna aux biens d'Église, auxquels on adjoignit bientôt les domaines de la Couronne et, plus tard, les terres des émigrés. Les assignats constituaient une véritable monnaie de papier, à côté de la monnaie métallique.

L'émission des assignats est un des faits essentiels de l'histoire de la Révolution. Les *conséquences financières* n'en furent pas heureuses. Les assignats ne permirent pas, comme l'avait espéré la Constituante, d'éteindre la Dette Publique : on en émit trop ; ils amenèrent un renchérissement de la vie et ne tardèrent pas à perdre de leur valeur. En revanche, les *conséquences sociales et politiques* furent d'une immense importance. Des terres, jusque-là propriété de l'Église, du roi ou d'une minorité de nobles, passèrent à des milliers de propriétaires nouveaux, bourgeois surtout et paysans aisés. Les acquéreurs devinrent naturellement des partisans de la Révolution, décidés à empêcher le retour de l'Ancien Régime qui leur eût repris ces biens.

La Constituante supprima l'ancienne organisation financière. Désormais les contributions[1] furent payés par tous les citoyens en proportion de leurs ressources. La taille, la capitation et les vingtièmes furent remplacés par la *contribution foncière*, levée

in future

tard

---

[1] Au mot *impôt* la Constituante substitua celui de *contribution*, pour montrer que les citoyens contribuent librement, par le vote de leurs députés, aux charges de l'État.

sur les terres et les maisons ; la *contribution personnelle et mobilière*, calculée sur la fortune des citoyens d'après le montant de leur loyer ; la *patente* qui pesait sur les industriels et les commerçants. Parmi les impôts indirects l'Assemblée abolit la gabelle, les aides et les traites, mais elle conserva les droits d'enregistrement et de timbre, ainsi que les douanes aux frontières du royaume.

La nouvelle organisation religieuse

La Constituante bouleversa l'organisation de l'Église de France. Déjà le Clergé avait cessé d'être un ordre et il avait perdu ses biens. L'Église catholique n'était plus Église d'État et la tolérance religieuse était proclamée, de même que l'admission de tous à toutes les fonctions sans égard aux croyances religieuses[1]. Puis la Constituante, partageant l'hostilité presque générale de l'opinion publique à l'égard du clergé régulier, interdit pour l'avenir les vœux perpétuels : les ordres religieux étaient donc condamnés à disparaître, faute de recrutement. Enfin la *Constitution civile du Clergé*, votée le 12 juillet 1790, régla l'organisation du clergé séculier.

Le nombre des évêchés fut ramené à 83 (un par département), groupés en dix archevêchés. Les ecclésiastiques, véritables fonctionnaires de religion, furent élus, comme les autres fonctionnaires, et ils reçurent un traitement de l'État ; quant à l'institution canonique, le nouvel évêque la demandait à son archevêque et non plus au pape. L'Assemblée était en effet de tendances gallicanes et voulait que l'Église de France, pour son organisation, ne dépendît en rien du pape ni de prélats étrangers[2].

Toutes ces mesures avaient été prises sans que le pape *Pie VI* eût été consulté. Or, on pouvait prévoir qu'il les condamnerait. Aussi quand la Constituante imposa aux prélats et aux curés le

---

[1] Les protestants reçurent la complète égalité des droits dès la fin de 1789, les juifs la reçurent en septembre 1791, lors d'une des dernières séances de la Constituante.
[2] En 1789 les évêques de Metz, Toul, Verdun, Nancy dépendaient de l'archevêque allemand de Trèves. Dès la nuit du 4 Août les *annates* avaient été supprimées.

serment d'observer la Constitution civile du Clergé, tous les évêques, sauf sept, et près de la moitié des curés s'y refusèrent-ils (janvier 1791). Il y eut ainsi en France deux clergés : l'un refusait le serment et on l'appela *insermenté* ou *réfractaire* : l'autre s'y soumettait et on l'appela *jureur* ou *constitutionnel*. Bientôt le pape condamna non seulement la Constitution civile, mais encore la Déclaration des Droits de l'Homme et toute l'œuvre de l'Assemblée (mars 1791). Ce fut la *rupture entre la Révolution et l'Église catholique*. Nombre de prêtres, jusque-là «patriotes», furent rejetés dans la Contre-Révolution. De leur côté, les Patriotes se prirent à suspecter les ecclésiastiques, à voir en eux les soutiens des Aristocrates. De là des haines passionnées.

L'unité française. La Fête de la Fédération

Après avoir assuré aux Français la liberté et l'égalité, la Constituante voulut, par une grande fête nationale consacrer leur unité. Celle-ci avait été proclamée dans la Nuit du 4 Août, quand les provinces et les villes avaient renoncé à leurs privilèges ; puis, spontanément et dans la crainte d'un «complot aristocratique» pour rétablir l'Ancien Régime, le peuple de France avait réalisé l'unité de la nation. Dès la fin de 1789, de village à village, de ville à ville, de région à région, les habitants avaient fraternisé, dans un grand élan à la fois patriotique et révolutionnaire : ces réunions fraternelles s'appelaient des *fédérations*.

L'Assemblée décida d'organiser une *Fédération Nationale* qui en fût comme le couronnement. Le 14 juillet 1790, jour anniversaire de la prise de la Bastille, 14 000 gardes nationaux, venus de tous les départements et assemblés à Paris, au Champ-de-Mars, devant une foule immense et enthousiaste, jurèrent «d'être à jamais fidèles à la Nation, à la Loi et au Roi», et «de demeurer unis à tous les Français par les liens indissolubles de la fraternité». Immense nouveauté : jusque-là, c'était la politique des rois qui, par des mariages, des héritages, des achats, des conquêtes, avait au cours des siècles constitué le royaume. Désormais la France se trouvait constituée à nouveau, cette fois par la volonté librement exprimée de ses habitants.

La Révolution paraissait achevée. La France était libérée, unifiée et, selon l'expression du temps, «régénérée». Il n'y avait plus qu'à appliquer le nouveau régime. Mais ses adversaires, les «contre-révolutionnaires», allaient tout mettre en œuvre pour entraver sa marche.

La fin de la Constituante (1790-1791)
Les difficultés d'application du nouveau régime

Les difficultés intérieures

Dans leur effort pour appliquer le nouveau régime, les Patriotes allaient se heurter à de terribles difficultés. Les administrations de district et de département n'en faisaient qu'à leur tête ; les citoyens mettaient une évidente mauvaise volonté à acquitter leurs contributions ; l'assignat perdait de sa valeur ; le prix de la vie augmentait et les ouvriers se mettaient en grève ; les paysans n'acceptaient ni de payer les droits féodaux ni de les racheter et les jacqueries recommençaient ; les dissentiments entre officiers, presque tous nobles, et soldats, tous patriotes, donnaient lieu à de fréquents conflits, dont l'un, particulièrement grave, à Nancy en 1790. Enfin l'application de la Constitution civile du Clergé allait déchaîner la guerre religieuse dans le royaume.

Les Patriotes n'avaient chance de triompher de toutes ces difficultés que s'ils restaient unis. Or le progrès des idées démocratiques allait les opposer les uns aux autres et rejeter les plus modérés d'entre eux vers les Aristocrates.

Les idées démocratiques

Au début de l'année 1790, s'étaient créées, dans certaines des quarante-huit sections de Paris, des *Sociétés populaires* d'opinions plus avancées que ne l'était le Club des Jacobins. La plus célèbre fut celle qui siégea d'abord dans un couvent désaffecté de Cordeliers (c'est-à-dire de Franciscains), et prit le nom de *Club des Cordeliers*. On y rencontrait des bourgeois du quartier : l'avocat *Danton*, le brasseur *Santerre*, les journalistes *Marat*, *Desmoulins*, *Hébert*. On y voyait aussi des hommes du peuple, des boutiquiers, des marchands, le boucher *Legendre*, l'un des «héros de la Bastille». Le club des Cordeliers, qui s'était donné pour mission de «dénoncer toute espèce d'atteinte aux Droits de l'Homme», prit une grande influence sur les ouvriers, très patriotes, des *faubourgs Saint-Antoine* et *Saint-Marceau*.

Dès la fin de 1790 ces milieux populaires rédigèrent des pétitions en faveur du *suffrage universel*, des *idées républicaines* et même de la *loi agraire*, c'est-à-dire du partage des terres entre les riches et les pauvres.

Nombre de bourgeois, jusque-là patriotes, s'effrayèrent du progrès des idées démocratiques. Ils s'unirent pour former un *parti de conservation sociale*. «La Révolution est faite, disait l'un d'eux ; le péril est de croire qu'elle n'est pas finie.» Ce parti fut dirigé par trois députés qu'on appelait les «triumvirs», *Lameth*, *Barnave*, *Duport* : ces hommes, jadis adversaires de la Cour, se rapprochèrent d'elle et, comme Mirabeau venait de mourir (avril 1791), ils le remplacèrent dans son rôle de conseiller occulte du roi.

Ainsi les patriotes étaient scindés en deux groupes rivaux au moment où les conflits extérieurs allaient s'ajouter aux difficultés intérieures.

L'Europe et la Révolution

Quand la Révolution française éclata, elle produisit en Europe une impression profonde. Dans tous les pays, les esprits généreux qui s'étaient ralliés à l'idéal de liberté et de justice proposé par les Philosophes éprouvèrent une extraordinaire allégresse. Il leur sembla qu'une ère nouvelle s'ouvrait, non seulement pour la France, mais pour tous les peuples.

Quant aux souverains étrangers et aux hommes d'État, dont les plus marquants étaient alors Joseph II, Catherine II et le second Pitt, ils ne virent tout d'abord dans la Révolution qu'un *affaiblissement de la puissance française*. Ils l'accueillirent d'ailleurs avec une secrète satisfaction, car les conflits opposaient partout les Puissances européennes : l'Autriche et la Russie étaient en lutte avec la Turquie ; l'Angleterre, effrayée des progrès russes dans les Balkans, s'alliait à la Prusse, jalouse de l'Autriche ; les Belges se révoltaient contre leur souverain Joseph II ; enfin en Amérique les Espagnols entraient en conflit avec l'Angleterre sur les côtes de la Californie. De leur côté, la majorité des Constituants étaient profondément pacifistes : ils partageaient les idées des Philosophes à qui la guerre semblait un reste de barbarie.

Les affaires d'Alsace et d'Avignon

Bientôt, il est vrai, les souverains comprirent que les principes révolutionnaires de liberté et de souveraineté du peuple allaient se répandre dans leurs États et que la *Révolution était un danger pour tous les trônes*. Deux incidents semblèrent justifier leurs craintes : *l'affaire des princes possessionnés d'Alsace* et, plus encore, *l'affaire d'Avignon*.

On appelait «princes possessionnés d'Alsace» un certain nombre de princes allemands qui possédaient des fiefs en Alsace. Lorsque, après la Nuit du 4 août, la Constituante eut aboli les droits féodaux en France, ses décrets furent naturellement appliqués dans les fiefs allemands d'Alsace comme sur tout le territoire français. Les princes protestèrent en invoquant les droits que les traités de Westphalie leur avaient reconnus. La Constituante répondit que les Alsaciens demandaient la suppression de la féodalité et qu'en face de la volonté du peuple les traités des diplomates étaient sans valeur.

Dans le même temps, la principauté d'Avignon et une partie

du Comtat Venaissin, possessions pontificales, s'étaient soulevées contre l'autorité de Pie VI et demandaient leur réunion à la France. Après de longues hésitations, la Constituante résolut de consulter les habitants eux-mêmes. La majorité s'étant prononcée pour le rattachement, celui-ci fut décidé (septembre 1791). C'était le premier *plébiscite* — et aussi la première conquête de la Révolution.

Ainsi, à l'ancien droit public, fondé sur les traités, la Révolution opposait un droit nouveau fondé sur la souveraineté populaire, le *droit des peuples à disposer librement d'eux-mêmes*. La France nouvelle et l'Europe d'Ancien Régime ne pouvaient plus se comprendre.

Les intrigues des Aristocrates

Les difficultés intérieures et extérieures auxquelles se heurtaient les Patriotes étaient d'autant plus graves qu'elles favorisaient les intrigues des Aristocrates et celles du roi.

On appelait *Aristocrates* ou *Contre-révolutionnaires* les Français qui voulaient détruire l'œuvre de la Constituante, soit parce qu'elle avait diminué ou compromis leur situation, soit parce qu'elle leur semblait avoir affaibli la France ou l'Église. C'étaient des nobles d'épée, des parlementaires, des ecclésiastiques réfractaires, des officiers des troupes de ligne. Les Aristocrates exploitaient de leur mieux les difficultés où se débattaient les Patriotes : ils s'efforçaient de faire baisser les assignats, d'empêcher la vente des biens nationaux, d'aviver dans le Languedoc les haines entre protestants et catholiques. Parfois, pour mieux déconsidérer l'Assemblée et lui créer de nouveaux embarras, les députés aristocrates — tel l'abbé *Maury* — la poussaient à prendre des mesures inconsidérées et dangereuses. Ils trouvèrent un allié inattendu en *Mirabeau*, qui était devenu le conseiller secret de la Cour.

Parmi les aristocrates, un certain nombre avait émigré, c'est-à-dire quitté la France. Les premiers émigrés avaient été, au lendemain du 14 juillet, deux princes du sang : le *comte d'Artois* et le *prince de Condé*. Beaucoup de nobles les imitèrent quand, en 1790, un décret de l'Assemblée eut aboli les titres nobiliaires et les décorations. Au début, les émigrés se bornèrent à attendre avec calme la chute, toute proche à leur avis, du gouvernement de la Constituante. Mais, petit à petit, ils en vinrent à préparer ouvertement la guerre contre la Révolution, espérant l'appui des souverains étrangers. D'ailleurs, le comte d'Artois avait, dès sa sortie de France, fomenté des insurrections dans le royaume.

Les intrigues de Louis XVI

De son côté Louis XVI faisait appel, depuis octobre 1789, aux rois d'Espagne et de Sardaigne et à son beau-frère l'empereur (d'abord Joseph II, puis *Léopold II* 1790-1792). Il croyait naïvement que s'ils concentraient des troupes aux frontières de la France et exigeaient le rétablissement de l'Ancien Régime, la Constituante céderait à leurs menaces. Mais Léopold était pacifique et d'ailleurs bien trop occupé par le soulèvement des Belges, le mécontentement des Hongrois et la guerre contre les Turcs, pour qu'il pût songer à intervenir en France.

Alors Louis XVI résolut d'agir seul. Très pieux, il avait été profondément troublé par la condamnation que Pie VI en mars 1791 avait lancée contre l'œuvre de la Constituante et il refusait toujours d'avoir auprès de lui des prêtres assermentés. Les patriotes s'en irritaient : quand, en avril 1791, il voulut aller à Saint-Cloud pour y passer les fêtes de Pâques, la foule et même la Garde nationale envahirent les Tuileries et le contraignirent à rester. Indigné, Louis XVI décida de s'enfuir de Paris : il y songeait depuis l'été 1789.

La fuite à Varennes et ses conséquences

Dans la nuit du 20 au 21 juin 1791, la famille royale quitta furtivement les Tuileries[1]. Louis XVI comptait rejoindre à Metz les troupes du *marquis de Bouillé*, en prendre le commandement et, appuyé s'il le fallait par quelques divisions autrichiennes, marcher sur Paris et y imposer son autorité. Mais il fut reconnu en cours de route, arrêté à *Varennes* et suspendu de ses pouvoirs par l'Assemblée.

---

[1] Dans la même nuit, le comte de Provence partit pour Maubeuge, d'où il gagna les Pays-Bas autrichiens.

Peu d'événements dans la Révolution ont fait une impression aussi profonde et eurent des conséquences aussi graves que la tentative de Varennes. Comme au moment de la Grande Peur, *la France fut hantée par l'idée d'une invasion étrangère.* L'inquiétude s'augmenta du fait que nombre d'officiers, par fidélité au serment qu'ils avaient prêté au roi, émigrèrent. C'est pourquoi l'Assemblée décréta que 100 000 volontaires de la Garde nationale iraient sur-le-champ renforcer les troupes de ligne. Dans les villes, dans les moindres villages, les citoyens se déclarèrent en état d'alerte. Nombre de nobles et de prêtres réfractaires furent incarcérés, quelques-uns même assassinés. Tout naturellement aussi, *le loyalisme à l'égard de Louis XVI fut frappé à mort.*

Enfin l'Assemblée ayant suspendu le roi de ses pouvoirs et ayant assumé la charge du gouvernement, la France s'aperçut qu'un roi ne lui était pas indispensable. *La fuite à Varennes eut ainsi pour conséquence le développement rapide des idées et du parti républicains.*

La fusillade du Champ-de-Mars

De nombreuses pétitions demandèrent la suppression de la monarchie en France. Mais l'Assemblée ne se laissa pas entraîner. Elle craignait que l'établissement de la République ne jetât le pays dans l'anarchie et même dans la guerre étrangère car l'empereur et surtout le roi de Prusse se faisaient menaçants. C'est pourquoi elle prit le parti *d'innocenter Louis XVI* et, contre toute évidence, elle déclara qu'il avait été enlevé malgré lui (15 juillet 1791).

Cette décision inattendue provoqua à Paris un conflit sanglant. Le Club des Cordeliers rédigea une pétition qui exigeait la déposition et la mise en jugement de Louis XVI, puis il demanda aux Parisiens de venir la signer au *Champ-de-Mars.* La Constituante, décidée à enrayer par tous les moyens l'agitation républicaine, prit prétexte de quelques troubles pour faire proclamer la loi martiale. La Garde nationale tira sur les manifestants, dont beaucoup furent tués (17 juillet 1791). Puis une brutale répression désorganisa pour un temps l'opposition républicaine et démocratique.

La fin de la Constituante

La fusillade du Champ-de-Mars acheva de scinder les Patriotes à l'Assemblée. Du côté de la majorité se rangèrent tous ceux qui, sous prétexte de rester fidèles à la Constitution, voulaient maintenir la bourgeoisie au pouvoir. De l'autre côté se groupèrent tous ceux qui, républicains ou non, voulaient la déchéance de Louis XVI et l'établissement d'un régime plus démocratique. Il y eut scission également au Club des Jacobins : les éléments modérés, avec *La Fayette et Barnave, s'en retirèrent pour fonder un club nouveau, le Club des Feuillants*[1].

Dans le même temps la crainte d'une agression étrangère disparaissait. Lors de leur entrevue au château de Pillnitz en Saxe (août 1791) Léopold II et le roi de Prusse Frédéric-Guillaume II décidèrent de ne faire entrer leurs troupes en France que dans le cas où *tous* les autres souverains se joindraient à eux. Or cette unanimité était impossible, parce que l'Angleterre voulait rester neutre. Mais les émigrés se servirent de la *Déclaration de Pillnitz* pour effrayer les Patriotes.

Cependant la *Constituante terminait ses travaux.* Depuis plusieurs mois, à l'instigation des plus modérés parmi les Patriotes, particulièrement de *Barnave*, et malgré l'opposition incessante de *Robespierre*, elle avait revisé la Constitution dans un sens antidémocratique. Puis elle en communiqua le texte au roi, qui l'accepta. L'Assemblée *rétablit alors Louis XVI dans ses pouvoirs* de roi constitutionnel, puis elle se sépara (30 septembre).

[1] Ainsi appelé parce qu'il siégea, non loin du Manège, dans un ancien couvent de l'ordre des Feuillants.

L'Assemblée Législative
La guerre et la chute de la royauté

L'Assemblée Législative

A la demande de Robespierre, la Constituante avait décidé qu'aucun de ses membres ne pourrait faire partie de l'Assemblée Législative. Les 745 députés qui se réunirent le 1er octobre 1791 dans la salle du Manège étaient donc tous des «hommes nouveaux».

Les plus modérés (environ 260) formèrent la Droite et, comme ils étaient inscrits au Club des Feuillants, ils reçurent le nom de *Feuillants*. Ils étaient d'accord pour défendre la royauté contre l'agitation populaire, ainsi qu'ils l'avaient fait au Champ-de-Mars, le 17 juillet 1791. Les Feuillants ne comptaient guère de personnalités éminentes : aussi prirent-ils pour chefs d'anciens Constituants modérés, particulièrement La Fayette et les «Triumvirs», Barnave, Lameth, Duport qui, on l'a vu, étaient en relations secrètes avec la Cour.

A gauche siégèrent environ 140 représentants. Ardents et pleins de méfiance à l'égard du roi, ils étaient prêts à le déposer s'il n'appliquait pas strictement la Constitution. Leurs membres les plus connus furent le philosophe *Condorcet*, le journaliste *Brissot*, et trois députés de la Gironde, *Guadet*, *Gensonné* et surtout l'éloquent *Vergniaud*. Comme Brissot fut leur véritable chef à la Législative, on les désignait sous le nom de *Brissotins*; les historiens les appellent aujourd'hui plus souvent *Girondins*. Au club des Jacobins où ils étaient inscrits, les Girondins retrouvaient les anciens Constituants démocrates, Robespierre, Petion, Buzot.

Le reste des députés, une majorité de 300 membres, formait le *Centre*. Résolus à défendre l'œuvre de la Révolution, ils votèrent le plus souvent avec la Gauche.

Les difficultés intérieures et extérieures

Cependant des troubles de toute nature, *religieux*, *politiques*, *économiques et sociaux*, continuaient d'agiter la France. Dans l'Ouest, en Anjou et en Vendée, des bandes de paysans en armes, poussés par les prêtres réfractaires, donnaient la chasse aux prêtres constitutionnels. En Avignon, aristocrates et patriotes s'entr'égorgeaient. Dans beaucoup de régions, le peuple, exaspéré par la cherté croissante de la vie, s'opposait à la liberté du commerce proclamée par la Constituante et exigeait la réquisition et la taxation des marchandises de première nécéssité : le maire d'Etampes fut assassiné pour avoir refusé la taxation. Enfin la question des droits féodaux continuait à exciter les masses rurales, et les attaques reprenaient contre les châteaux.

Hors de France, les *émigrés*, groupés autour du comte d'Artois et du prince de Condé dans les États de l'électeur de *Trèves*, tentaient de fomenter des troubles contre-révolutionnaires dans le royaume et sollicitaient l'intervention armée des souverains étrangers.

Devant ces multiples dangers, l'Assemblée Législative, entraînée par les Girondins, vota en octobre et novembre 1791 plusieurs décrets comminatoires. Le *comte de Provence* devait rentrer en France sous peine d'être déchu de ses droits éventuels à la couronne. Les *émigrés* seraient poursuivis comme «suspects de conjuration contre la patrie» si leurs rassemblements n'étaient pas dissous. Les *prêtres réfractaires* seraient privés de toute pension et pourraient même être éloignés de leur domicile s'ils ne prêtaient pas le serment civique dans les huit jours[1]. Enfin le roi était invité à «requérir» l'*Electeur de Trèves* de disperser les attroupements d'émigrés.

La question de la guerre

L'attitude des émigrés et leurs appels aux souverains étrangers mettaient au premier plan les questions de politique étrangère. Or, depuis la fuite à Varennes et la Déclaration de Pillnitz, *la plupart des Français étaient devenus partisans de la guerre*. Les Feuillants, les Girondins, le roi, tous s'accordaient pour la souhaiter — quoique avec des arrière-pensées fort différentes.

Les Feuillants étaient partisans d'une *guerre limitée*, d'une courte campagne qui contraindrait les princes allemands à disperser les émigrés. Disposant du commandement des troupes et auréolés du prestige de la victoire, La Fayette et ses amis en profiteraient pour se saisir du pouvoir et briser les «factieux» de la Gauche. — Quant aux Girondins ils voyaient dans la guerre un moyen d'exalter les sentiments révolutionnaires, de faire remonter l'assignat, de démasquer les intrigues de la Contre-Révolution, de mettre Louis XVI à l'épreuve et de se débarrasser de lui s'il trahissait.

A l'encontre des Girondins et des Feuillants, Louis XVI pensait que les Français seraient vaincus. Mais, croyait-il, c'est alors qu'ils le rétabliraient dans tous ses pouvoirs, afin qu'il pût intercéder en leur faveur auprès de l'ennemi et les sauver du désastre.

Ainsi, pour le roi, pour les Jacobins, pour les Feuillants la guerre n'était qu'une manœuvre de politique intérieure.

Les partisans du maintien de la paix n'étaient qu'une poignée. A droite, c'étaient Barnave et le ministre des Affaires étrangères *de Lessart* : ils craignaient que la guerre n'amenât un sursaut d'énergie révolutionnaire capable de renverser le trône. A gauche, c'était *Robespierre*. Au club des Jacobins, il montra les dangers de la politique belliqueuse de Brissot : d'abord la ruine des finances et la suppression des libertés ; plus

---

[1] Le serment civique était un serment à la Constitution de 1791. Il ne contraignait pas à accepter la Constitution civile du clergé car celle-ci n'avait pas été incorporée à la Constitution de 1791

tard, en cas de défaite le rétablissement de l'Ancien Régime, en cas de succès la dictature du général vainqueur.

La déclaration de guerre à l'Autriche

A l'ultimatum que lui lança Louis XVI, l'Électeur de Trèves répondit en dispersant les rassemblements d'émigrés (décembre 1791). La paix semblait préservée.

Mais, entre les gouvernements de Paris et de Vienne, les rapports se tendaient. Les Girondins exigèrent de l'empereur qu'il s'engageât à n'entrer dans aucune coalition dirigée contre la France. Léopold rejeta l'ultimatum en termes hautains et conclut secrètement une alliance militaire avec le roi du Prusse, Frédéric-Guillaume II. Il mourut d'ailleurs peu après et son fils *François II*, jeune prince autoritaire, somma le gouvernement français de rétablir dans leurs droits les princes possessionnés d'Alsace, de rendre au pape le Comtat et Avignon, enfin de «réprimer en France ce qui pouvait inquiéter les autres États». A Paris le nouveau ministère, où les Affaires Étrangères étaient confiées au général *Dumouriez* et l'Intérieur au girondin *Roland*[1], désirait la rupture.

Le 20 avril 1792, à l'unanimité moins sept voix, la Législative vota la guerre contre le roi de Bohême et de Hongrie[2].

La déclaration de guerre du 20 avril 1792 est une date capitale dans l'histoire de la Révolution : c'est la guerre qui entraînera la chute de la royauté ; c'est la guerre qui contraindra les gouvernements à des mesures d'exception contraires aux principes de 1789 ; c'est de la guerre enfin qu'en 1799 sortira, pour quinze ans, la dictature napoléonienne.

Les premiers échecs. Le 20 juin

La guerre débuta mal. On croyait n'avoir à combattre que l'Autriche, mais, dès le mois de mai 1792, le roi de Prusse mobilisa. De plus, l'armée était dans un état de désorganisation

---

[1] Avec lui arrivait au pouvoir Mme Roland qui, par son intelligence et ses convictions passionnées avait pris sur le groupe des députés girondins un grand ascendant.

[2] François II ne pouvait, à cette date, être appelé empereur il ne fut couronné empereur que quelques mois plus tard.

profonde. Elle se composait d'une part des anciennes *troupes de ligne*, d'autre part des *bataillons de volontaires* recrutés en juin 1791, après la fuite du roi, parmi les gardes nationaux. Or les troupes de ligne avaient perdu par l'émigration les deux tiers de leurs officiers et, par la désertion, plus de 50 000 hommes ; quant aux volontaires, ils étaient pleins d'ardeur patriotique, mais ils n'avaient aucune expérience de la guerre. D'ailleurs ces troupes, si différentes d'origine, ne s'entendaient pas entre elles, la discipline était relâchée et les soldats manquaient de confiance dans leurs chefs. Aux premiers engagements près de Lille, quelques régiments se débandèrent et tuèrent un de leurs généraux.

Pendant ce temps le comte de Provence, qui avait établi un véritable gouvernement à Coblence, tentait de soulever la Bretagne, le Midi, le Vivarais ; la reine communiquait aux Autrichiens les plans de l'État-Major ; le roi composait sa garde constitutionnelle de contre-révolutionnaires ; La Fayette, enfin, proposait une trêve aux Autrichiens pour marcher avec son armée sur Paris et mettre les Jacobins à la raison.

Les patriotes devinaient tous ces complots. Les plus exaltés arboraient le *bonnet rouge* et la *carmagnole*, ils se faisaient gloire de porter le pantalon au lieu de la culotte : alors apparut le mot de *sans-culotte*. Ils exigeaient des armes et, comme les fusils étaient réservés pour l'armée, ils se faisaient donner des *piques*. Ils voulaient que l'Assemblée s'emparât temporairement de la dictature, choisît les ministres, enlevât au roi son droit de veto, limitât même, s'il était nécessaire, les libertés constitutionnelles. Déjà, dans les départements, les autorités locales prenaient de leur propre autorité des *mesures d'exception* sous prétexte de déjouer les complots des aristocrates.

L'Assemblée en prit aussi. Elle autorisa le bannissement de tout prêtre réfractaire dénoncé comme mauvais citoyen et elle ordonna la création d'un camp de 20 000 *fédérés* ou gardes nationaux volontaires pour protéger Paris. Mais Louis XVI opposa son veto aux deux décrets en renvoya le ministre Dumouriez. Comme la Constituante au moment du renvoi de Necker, la Législative put se croire à la veille d'un coup de force. *Alors, de même qu'en juillet 1789, le peuple de Paris intervint.*

Le 20 juin 1792 des milliers de manifestants en armes vinrent remettre à l'Assemblée une pétition protestant contre le veto du roi. Puis ils envahirent les Tuileries, injuriant et menaçant le roi et la reine. Louis XVI d'ailleurs ne céda pas et la *journée se termina sans résultat.*

La Patrie en danger

Quelques jours plus tard, en prévision de l'entrée des Prussiens en Lorraine, l'Assemblée décréta la *Patrie en danger* (11 juillet) et enrôla des volontaires. Cette proclamation, qui semblait dénoncer la défaillance coupable du roi, produisit dans toute la France une émotion intense. En même temps affluaient à Paris, malgré le veto du roi, des gardes nationaux venus de tous les départements pour célébrer l'anniversaire de la Fête de la Fédération : ceux de Marseille chantaient un «Chant de guerre de l'armée du Rhin» que le capitaine *Rouget de Lisle* venait de composer à Strasbourg et qu'on appela *la Marseillaise.* Ces strophes, toutes brûlantes de fièvre patriotique et révolutionnaire excitèrent d'autant plus la population parisienne que les journaux feuillants souhaitaient la victoire des ennemis.

De plus en plus nombreuses arrivèrent à l'Assemblée les pétitions demandant la déchéance de Louis XVI, «traître à la patrie». Mais les chefs girondins, effrayés de l'agitation populaire qu'ils avaient imprudemment déchaînée dans l'espoir d'intimider le roi, ne pensaient plus maintenant qu'à se rapprocher de lui pour former à nouveau le ministère. *Ce fut hors de l'Assemblée et malgré elle que les révolutionnaires les plus décidés, Jacobins et Cordeliers, préparèrent l'insurrection qui devait jeter bas la royauté.*

Le mouvement prit une force irrésistible quand fut connu à Paris le 1er août le *manifeste de Brunswick.*

Le Manifeste de Brunswick

Le duc de Brunswick était général en chef des armées prussienne et autrichienne. Il avait lancé un manifeste, rédigé par un émigré à la demande même de Marie-Antoinette.

Brunswick déclarait que les «deux Cours alliées n'entendent

point s'immiscer dans le gouvernement intérieur de la France, mais qu'elles veulent uniquement délivrer le roi, la reine et la famille royale de leur captivité... Que ceux des gardes nationaux qui seront pris les armes à la main seront traités en ennemis et punis comme rebelles à leur roi... Que les habitants des villes et villages qui oseraient se défendre contre les troupes de leurs Majestés Impériale et Royale... seront punis sur-le-champ suivant la rigueur du droit de la guerre... La ville de Paris et tous les habitants sans distinction seront tenus de se soumettre sur-le-champ et sans délai au roi... Leurs Majestés Impériale et Royale rendant personnellement responsables de tous les événements, sur leur tête, pour être jugés militairement, sans espoir de pardon, tous les membres de l'Assemblée nationale, du département, du district, de la municipalité et de la garde nationale de Paris... Déclarent en outre leurs dites Majestés, sur leur foi et parole d'empereur et de roi, que si le château des Tuileries est forcé ou insulté, que s'il est fait la moindre violence, le moindre outrage à leurs Majestés le roi, la reine et la famille royale..., elles en tireront une vengeance exemplaire et à jamais mémorable, en livrant la ville de Paris à une éxécution militaire et à une subversion totale...»

De pareilles menaces ne pouvaient que soulever Paris et la France, dans un élan de colère patriotique, contre le roi, évidemment complice de l'étranger. A l'appel de Robespierre, 47 sections sur 48 exigèrent de l'Assemblée la déchéance de Louis XVI et déclarèrent que, si le 9 août au soir elle n'était pas prononcée, le peuple l'imposerait lui-même. L'Assemblée ayant refusé de rien faire, *la réponse au manifeste de Brunswick fut l'insurrection du 10 août.*

Le Dix août et ses conséquences

Dans la nuit du 9 au 10 août 1792 des commissaires des 48 sections de Paris se rendirent à l'Hôtel de Ville, renversèrent la Commune légale et constituèrent une *Commune insurrectionnelle.* Puis, dans la matinée du 10 août, fédérés et ouvriers des faubourgs attaquèrent les Tuileries et s'en emparèrent malgré la défense acharnée des Suisses. Louis XVI et sa famille s'étaient réfugiés à l'Assemblée.

Le Dix août eut pour conséquence une deuxième Révolution qui alla beaucoup plus loin que la Révolution de 1789. La Commune insurrectionnelle exigea que Louis XVI fût suspendu de ses pouvoirs et incarcéré. Le pouvoir exécutif, ainsi devenu vacant, fut confié à un *Conseil provisoire* de six ministres, dont le plus influent fut l'orateur populaire *Danton*. Puisqu'il n'y avait plus de roi, la Constitution de 1791 ne pouvait plus être appliquée : aussi la Commune contraignit-elle la Législative à faire élire immédiatement une *Convention*, c'est-à-dire une assemblée chargée d'établir une nouvelle Constitution, et elle exigea que les élections eussent lieu non plus au suffrage censitaire, mais au *suffrage universel*.

Pour se *gagner les paysans*, la Législative supprima sans indemnité les droits féodaux dans le cas où le seigneur ne pouvait faire la preuve qu'il avait le droit de les exiger : or, par suite de l'incendie de nombreux terriers, cette preuve manquait souvent.

La journée du Dix Août eut aussi de graves répercussions religieuses. Sous la pression de la Commune, l'Assemblée *bannit de France les réfractaires* (plus de 30 000 ecclésiastiques), puis elle fit fermer les couvents et *dissoudre les ordres religieux et les congrégations.* Les palais épiscopaux furent mis en vente, les églises spoliées de leurs vases et de leurs croix d'or et d'argent, toute cérémonie religieuse fut interdite en dehors des églises et il en fut de même du port du vêtement ecclésiastique. Réalisant les vœux de la Constituante, l'Assemblée autorisa le *divorce*[1] et *laïcisa l'état civil*, c'est-à-dire confia à des fonctionnaires les registres des naissances, des mariages et des décès. Ces dernières mesures frappaient également le clergé constitutionnel, pourtant si favorable à la Révolution. Mais les Jacobins jugeaient que l'Église étant salariée par l'État, devait obéir à toutes les lois qu'il édictait.

Enfin la Commune fit arrêter à Paris des centaines de suspects, et, pour les juger, elle fit instituer un *Tribunal criminel extraordinaire.*

---

[1] Que l'Église a toujours interdit.

Les massacres de septembre

Ces mesures précipitées furent prises au milieu d'une excitation fébrile. Les nouvelles de la frontière devenaient de plus en plus graves. Indigné de l'insurrection du Dix Août, La Fayette avait essayé de soulever son armée contre Paris, puis il avait déserté et passé à l'ennemi. Le 30 août, les Prussiens mirent le siège devant Verdun, la dernière place qui protégeât Paris du côté de l'Est. A cette nouvelle, la Commune appela les Parisiens aux armes. Les salves du canon d'alarme, le tocsin qui sonnait jour et nuit, tout contribuait à affoler la population et à détraquer les nerfs.

Danton vint à l'Assemblée et, dans une brûlante harangue, il lui demanda de coopérer avec la Commune au salut public : « Tout s'émeut, tout s'ébranle, tout brûle de combattre, tout se lève en France d'un bout de l'empire à l'autre... Nous demandons que quiconque refusera de servir de sa personne ou de remettre ses armes soit puni de mort. Le tocsin qui sonne va se propager dans toute la France. Ce n'est point un signal d'alarme, c'est la charge sur les ennemis de la patrie. Pour les vaincre, Messieurs, il nous faut de l'audace, encore de l'audace, toujours de l'audace, et la France est sauvée ! »

Ce bel élan patriotique fut souillé par une abominable tuerie, les *massacres dans les prisons*. Depuis plusieurs mois déjà, l'idée germait chez des milliers de Parisiens qu'il ne fallait pas marcher à la frontière avant d'avoir exterminé les « mauvais citoyens » (aristocrates et condamnés de droit commun) enfermés dans les prisons. Le Peuple souverain, pensaient-ils, avait le droit et le devoir de se débarrasser des ennemis de la Patrie. Du 2 septembre, jour où les Parisiens apprirent l'investissement de Verdun, jusqu'au 6, pendant cinq jours, dans une dizaine de prisons et de couvents, environ 1 200 personnes furent mises à mort, en majorité des condamnés de droit commun.

En même temps avaient lieu les *élections à la Convention*. Les modérés, effrayés, n'allèrent pas voter ; seuls votèrent les révolutionnaires résolus, presque tous partisans de la République. Malgré l'application du suffrage universel, la Convention fut ainsi l'expression non de toute la France mais d'une minorité décidée.

La victoire de Valmy

En ces premiers jours de septembre, à la frontière la situation devenait chaque jour plus angoissante. Les Prussiens, soutenus par les émigrés de «l'armée de Condé», avaient occupé Verdun le 2 septembre, puis avaient franchi les défilés de l'Argonne : la route de Paris était ouverte.

Au lieu de se porter vers l'Ouest pour couvrir la capitale, Dumouriez rassembla ses troupes près de Sainte-Menehould, au Moulin de Valmy. Il y fut rejoint par l'armée de Metz, que commandait le général *Kellermann*. Les Prussiens jugèrent dangereux de marcher sur Paris en laissant les Français sur leurs arrières et ils prirent l'offensive le 20 septembre 1792. L'action se borna à une canonnade, mais les troupes françaises firent si bonne contenance que Brunswick rompit le combat.

Les conséquences morales de Valmy furent considérables : provisoirement au moins la Patrie et la liberté étaient sauves. D'autre part, avoir contraint à reculer l'armée prussienne réputée invincible, exalta le courage des soldats français. Quant aux Prussiens, décimés par les maladies, aigris contre leurs alliés autrichiens, ils battirent en retraite. Dumouriez, qui gardait l'espoir de détacher la Prusse de l'Autriche, ne les inquiéta pas. Un mois plus tard, ils avaient repassé la frontière.

La Convention

I. — Girondins et Montagnards

La République

La Convention avait été élue après le Dix Août pour donner à la France une nouvelle Constitution. Les députés, choisis par une minorité d'ardents révolutionnaires, furent à peu près tous républicains. Dès la première séance, le 21 septembre, à l'unanimité des présents (moins de 400 membres sur 780 environ) *la royauté fut abolie*. Le lendemain le mot de *République* fut employé dans les actes publics et la date du 22 septembre 1792 marqua officiellement le début de l'an I de la République.

La Convention

Unanimes pour abolir la royauté, les membres de la Convention n'en avaient pas moins des tendances très différentes. Dès les premiers jours s'étaient opposées la Droite et la Gauche, la *Gironde* et la *Montagne*. Ces deux groupes d'ailleurs ne se constituèrent que peu à peu : Danton, Couthon, Carnot, trois des chefs «montagnards» les plus célèbres, furent d'abord des hommes du Centre.

Parmi les 160 *Girondins* beaucoup s'étaient déjà fait connaître à l'Assemblée Législative où ils siégeaient à gauche : *Brissot*, *Vergniaud*, *Condorcet*, *Roland*, *Isnard*, ou même déjà à la Constituante, comme *Buzot et Petion*. Les chefs des Girondins se réunissaient souvent dans le salon de Mme Roland.

En face d'eux, 140 Montagnards : *Robespierre*, *Marat*, le journaliste *Camille Desmoulins*, d'anciens ecclésiastiques comme *Fouché* et *Billaud-Varenne*, l'ex-pasteur protestant *Jean Bon Saint-André*, l'acteur *Collot d'Herbois*, le tout jeune *Saint-Just*; enfin, venus du Centre, *Danton*, l'avocat paralytique *Couthon*, le capitaine du génie *Carnot*. Tous étaient inscrits au club des Jacobins, que les Girondins avaient abandonné.

La grosse majorité formait le *Centre* (ou *Plaine*) : fermement attachés à la Révolution, ils voulaient l'union de tous les républicains.

Girondins et Montagnards

Plus que les divergences de programmes, pourtant réelles, c'étaient les circonstances qui, depuis le mois de juillet 1792, opposaient les uns aux autres les Montagnards et les Girondins.

Les Girondins s'étaient d'abord appuyés sur le peuple : ils l'avaient, le 20 juin, lancé contre les Tuileries. Mais, très vite, ils avaient eu peur de lui et s'étaient rapprochés du roi. Ils gardaient une haine farouche pour les sans-culottes de Paris qui leur avaient imposé la journée du 10 Août, la dictature de la Commune et les Massacres de septembre. Hantés par l'éventualité d'un nouveau coup de force contre l'Assemblée, les Girondins réclamèrent pour protéger la Convention une garde formée de volontaires de tous les départements. Cette horreur des masses parisiennes devait les rejeter vers la bourgeoisie modérée. Ils se firent les défenseurs de la liberté économique et de la propriété, qu'ils affirmaient menacée par les «anarchistes», partisans de la «loi agraire». Très naturellement, tous les modérés et même les partisans d'un compromis avec l'Ancien Régime placèrent leur espoir dans les Girondins, ce qui acheva de déconsidérer ceux-ci aux yeux des Montagnards.

Les Montagnards partageaient beaucoup des idées des Girondins; comme eux ils ne voulaient pas d'une pression du peuple sur l'Assemblée; comme eux ils répugnaient à l'intervention de l'Etat dans la vie économique; comme eux enfin ils étaient des bourgeois : les défenseurs sincères des classes pauvres, tels Robespierre et Saint-Just, ne furent parmi eux qu'une infime minorité. En revanche, les Montagnards exaltaient la journée du 10 Août et voulaient en tirer toutes les conséquences : s'ils redoutaient les masses populaires ils sentaient qu'ils ne pourraient rien sans elles. Enfin, hommes d'action, toujours énergiques et souvent violents, ils étaient prêts, s'il le fallait, à recourir provisoirement à des mesures exceptionnelles (ou, comme on disait, des mesures de *salut public*), fussent-elles opposées aux «Principes de 1789».

Dès les premiers jours les *Girondins prirent l'offensive* : ils reprochèrent à Robespierre d'aspirer à la dictature, à Marat d'avoir déchaîné les Massacres de septembre, à Danton d'avoir dilapidé le Trésor public. Les Montagnards ripostèrent en accusant les Girondins de collusion avec les royalistes et surtout de *fédéralisme*, c'est-à-dire en leur reprochant de vouloir détruire l'unité de la France pour établir une république fédérale comme celle des Etats-Unis. De part et d'autre on s'attaquait avec véhémence, dans une atmosphère de soupçons et de calomnies.

Chacun des deux groupes antagonistes voulait expulser l'autre de la Convention : les Girondins, plus nombreux, furent les premiers à demander contre leurs adversaires des tribunaux d'exception et la peine de mort.

L'offensive française. Croisade ou conquête?

Girondins et Montagnards étaient cependant d'accord sur la politique à suivre à l'égard de l'Europe : ils étaient également passionnés de grandeur nationale.

A peine le territoire avait-il été libéré, après Valmy, par la retraite des Prussiens, que les Français prirent l'offensive sur toutes les frontières. Ils enlevèrent au roi de Sardaigne, la *Savoie* et le comté de *Nice*; ils occupèrent le *Palatinat bavarois*, au nord de l'Alsace jusqu'à Mayence; enfin Dumouriez conquit la *Belgique* après avoir remporté sur les Autrichiens la victoire de *Jemmapes* (novembre 1792).

La guerre apparut d'abord comme une croisade pour la libération des peuples. Par le décret du 19 novembre 1792 la Convention déclarait «qu'elle apportera fraternité et secours à tous les peuples qui voudront recouvrer leur liberté». Mais elle abandonna bientôt cette attitude généreuse : d'une part, pour payer les frais de la guerre, elle déclara que, dans tous les pays occupés, les propriétés appartenant au prince, à ses satellites, aux communautés religieuses seraient mises sous la sauvegarde de la République française ; en même temps l'assignat aurait cours forcé, les autorités existantes seraient remplacées par des partisans de la liberté, les droits féodaux et les privilèges seraient supprimés. Pratiquement c'était la conquête. D'autre part, les victoires de Valmy et de Jemmapes avaient exalté le sentiment national : beaucoup de révolutionnaires adoptèrent la *théorie des frontières naturelles*, en vertu de laquelle les limites de la France étaient, selon le mot de Danton, «marquées par la nature» à l'Océan, au Rhin, aux Alpes et aux Pyrénées. En conséquence, tous les pays occupés furent annexés (novembre 1792 — mars 1793), souvent contre le vœu de leurs habitants.

Procès et mort de Louis XVI

En même temps qu'elle effrayait les souverains d'Europe par ses conquêtes, la France les frappait d'indignation par un événement extraordinaire : l'exécution de Louis XVI.

Dès le lendemain du Dix Août, Jacobins et Cordeliers avaient demandé la mise en accusation du roi. Les Girondins s'y opposaient. Mais, après la découverte dans une *armoire de fer* de documents qui prouvaient la collusion de la Cour et des souverains étrangers, la Convention décida que Louis XVI serait jugé, et jugé par elle. Les débats durèrent plus d'un mois dans une atmosphère passionnée. Le roi fut, à la quasi-unanimité, déclaré coupable ; puis, à une très faible majorité, condamné à mort. Pour sauver le roi, les Girondins firent deux suprêmes tentatives : ils proposèrent de consulter le peuple sur la sentence, puis d'ajourner l'exécution. Les Montagnards firent rejeter les deux demandes. Le 21 janvier 1793. Louis XVI fut guillotiné.

La mort du roi, c'était la lutte inexpiable entre la Révolution et les royalistes, entre la Révolution et l'Europe, enfin entre Montagnards «régicides» et Girondins qui avaient voulu sauver «le traître».

La première coalition. Le soulèvement vendéen

L'exécution de Louis XVI et les annexions de la Convention provoquèrent au début de 1793 une coalition contre la France. Dans cette *première coalition*, le rôle principal revint à l'Angleterre. Longtemps le ministre *Pitt* (le second Pitt) resta partisan de la neutralité, mais l'entrée d'une escadre française dans le port d'Anvers («Anvers est un pistolet chargé au cœur de l'Angleterre», dira plus tard Napoléon) et plus encore peut-être le décret du 19 novembre 1792 le décidèrent à la guerre. Il y avait en Angleterre des groupements actifs de démocrates et même de républicains : allaient-ils tenter une révolution avec l'appui des Français ? La Convention allait-elle soulever l'Irlande ? Après l'exécution de Louis XVI, l'envoyé français à Londres fut expulsé. La Convention riposta en déclarant la guerre à l'*Angleterre* et à la *Hollande* (1er février 1793).

La première coalition comprit, outre ces deux Etats, l'*Autriche* et la *Prusse*, toujours en guerre contre la France, puis l'*Espagne* et le *Portugal*, la *Sardaigne*, le royaume de *Naples*, plus tard même les *Etats allemands* et, officiellement, la *Russie*. La coalition remporta immédiatement de grands succès. Les Français furent chassés du Palatinat ; Dumouriez qui était entré en Hollande dut reculer, puis même abandonner la Belgique après avoir été battu à *Neerwinden* par le général autrichien *Cobourg*. La Convention le soupçonna de vouloir trahir et lui dépêcha cinq de ses membres qui le sommèrent de se justifier. Il les livra à l'ennemi et tenta d'entraîner ses soldats avec lui. Mais, désavoué par eux, il passa aux Autrichiens (avril 1793).

La Convention ordonna une levée de 300 000 volontaires. Cette mesure fut le signal du *soulèvement de la Vendée* : les Vendéens, déjà très hostiles à la Constitution civile du Clergé et aux mesures prises contre les prêtres réfractaires, refusèrent de s'enrôler. Du 10 au 15 mars 1793 ils se soulevèrent sous le direction d'un garde-chasse, *Stofflet*, et d'un voiturier, *Catheli-neau*. Entre les Vendéens ou «Blancs» et les révolutionnaires ou «Bleus», la lutte prit dès le début un caractère d'atroce cruauté. L'absence des troupes régulières, alors aux frontières, et la médiocrité des chefs républicains facilitèrent les progrès de l'insurrection. Les Vendéens s'emparèrent de Cholet, de Saumur et menacèrent Nantes (juin 1793).

Premières mesures de salut public

Aux succès des contre-révolutionnaires les Montagnards et la Plaine répondirent par des *mesures de salut public*. Ils décrétèrent l'envoi dans les départements de 82 députés (on les appellera plus tard *Représentants en mission*), investis de tous les pouvoirs pour hâter la levée de 300 000 hommes, arrêter les suspects, épurer les administrations trop modérées. Sous la pression des éléments les plus avancés de la population parisienne, ceux qu'on appellera les *Enragés*, la Convention créa à Paris un tribunal d'exception, le *Tribunal révolutionnaire* et, dans chaque commune, des *Comités de surveillance* pour rechercher les suspects. Elle vota également la formation d'un *Comité de salut public* chargé de prendre toutes mesures nécessaires pour sauver l'Etat.

Les échecs militaires avaient donc pour première consé-quence l'établissement d'un régime de dictature.

La fin de la Gironde

La trahison de Dumouriez qui passait pour le protégé des Girondins, et l'institution des premières mesures «révolution-naires» allaient rendre plus acharnée la rivalité entre les partis. Au début d'avril 1793, Robespierre et Marat demandèrent l'arrestation des chefs girondins et, pour conquérir l'appui des masses qui se plaignaient de la vie chère, ils firent voter un prix *maximum pour les grains*. Les Girondins ripostèrent en tradui-sant Marat devant le Tribunal révolutionnaire, mais Marat fut

triomphalement acquitté ; puis en soulevant contre les Montagnards les municipalités de quelques grandes villes de province,
Lyon, Bordeaux, Marseille, Nantes ; enfin en constituant une
Commission de douze membres chargée d'enquêter sur les
actes de la Commune. La Commission fit arrêter *Hébert*, subs-
titut du procureur général de la Commune et rédacteur du
« Père Duchêne », journal très populaire à Paris. L'émotion fut
extrême parmi les sans-culottes.

A une délégation de la Commune venue à la barre de la
Convention réclamer l'élargissement de Hébert, le Girondin
Isnard, alors président de l'Assemblée, osa répondre : « Ecou-
tez les vérités que je vais vous dire... Si jamais la Convention
était avilie, si jamais par une de ces insurrections qui, depuis le
10 mars, se renouvellent sans cesse, et dont les magistrats [de la
Commune] n'ont jamais averti la Convention... (*murmures
prolongés sur la Montagne*), si par ces insurrections toujours
renaissantes, il arrivait qu'on portât atteinte à la représentation
nationale, je vous le déclare au nom de la France entière...
(*nouveaux murmures*), Paris serait anéanti (*murmures prolongés sur la Montagne qui couvrent la voix du Président*).

Marat. — Descendez du fauteuil, président..., vous désho-
norez l'Assemblée...

Le Président. — Bientôt on chercherait sur les rives de la
Seine si Paris a existé ! »

A ce manifeste de Brunswick girondin, les Parisiens répondirent comme ils avaient répondu à Brunswick.

Un Comité insurrectionnel se forma pour exiger le renvoi des
chefs girondins devant le Tribunal révolutionnaire et organiser
un coup de force contre la Convention au cas où celle-ci s'y
refuserait. Un extrémiste, *Hanriot*, fut nommé chef de la
Garde Nationale. Il ordonna aux ouvriers de se tenir en armes à
la disposition des sections et leur fit allouer une solde de
40 sous par jour. Le 31 mai les manifestants obtinrent seulement la dissolution de la Commission des Douze. Mais le
2 juin, Hanriot cerna les Tuileries[1] avec des troupes. Sous la
menace, la Convention décréta d'arrestation 29 députés et
deux ministres girondins.

Les Montagnards l'emportaient à Paris, mais jamais encore
la Révolution n'avait couru d'aussi graves dangers.

[1] La Convention venait d'abandonner la Salle du Manège pour siéger dans l'ancienne salle de
théâtre du château des Tuileries

La Révolution en péril

Toutes les frontières étaient forcées : les Anglais bloquaient Dunkerque et occupaient la Corse, les Autrichiens assiégeaient Valenciennes et Maubeuge, les Prussiens bloquaient une armée française dans Mayence. A l'intérieur, l'*insurrection vendéenne* progressait : des nobles, *Charette*, *La Rochejacquelein*, en prenaient la direction et en faisaient un grand soulèvement royaliste et catholique. Ailleurs aussi, les royalistes agissaient : ils soulevaient *Lyon*, puis *Marseille* et allaient bientôt livrer *Toulon* à la flotte anglaise. Enfin, au lendemain de l'arrestation des Girondins, nombre de départements, dans le Sud-Ouest, la Normandie, la Franche-Comté, la vallée du Rhône, la Provence s'étaient insurgés contre le coup de force des Montagnards : le mouvement qui souleva une partie de la province contre Paris est connu sous le nom de *mouvement fédéraliste*. A Paris, Marat fut assassiné par une jeune royaliste, *Charlotte Corday*; à l'Assemblée, les contre-révolutionnaires semaient les soupçons, poussaient les députés aux mesures extrêmes pour les rendre impopulaires.

Les Montagnards réussiraient-ils à sauver la France et la Révolution?

La Convention

II. — La dictature montagnarde. Le gouvernement révolutionnaire

Le gouvernement révolutionnaire

Pour rassurer l'opinion des départements, émue par le coup de force du 2 Juin, les Montagnards votèrent, le 24 juin 1793, une Constitution très libérale. Mais, devant l'immensité des périls intérieurs et extérieurs, qui menaçaient la France, ils jugèrent que son application immédiate était impossible et ils lui substituèrent provisoirement un régime de dictature, qu'ils appelèrent *Gouvernement Révolutionnaire*. Le 10 octobre 1793, la Convention décréta : «Le gouvernement provisoire de la France est révolutionnaire jusqu'à la paix. »

Le gouvernement révolutionnaire ne prit forme que lentement et il se modifia sans cesse au gré des nécessités. Le plus important des décrets qui tentèrent de l'organiser fut celui du *14 frimaire an II* (4 décembre 1793). En fait, ce décret ne fit que coordonner l'activité des divers organismes qui avaient déjà été créés au fur et à mesure des circonstances.

Les organes du gouvernement

L'autorité suprême continuait à appartenir à la *Convention* : elle décidait de tout en dernier ressort. En fait, elle approuvait le plus souvent les propositions du Comité de Salut Public.

Le *Comité de Salut Public* avait autorité sur les ministres, les généraux, les représentants en mission, les Corps constitués. Ses douze membres, tous députés, étaient élus pour un mois par la Convention. En juillet 1793, Danton sortit du Comité et Robespierre y entra. De septembre 1793 à juillet 1794 les mêmes Montagnards (à l'exception d'un seul[1]) furent constamment réélus. *Robespierre, Couthon, Saint-Just, Billaud-Varenne, Collot d'Herbois* dirigeaient la politique générale ; *Carnot* et *Prieur de la Côte-d'Or* s'occupaient de la guerre ; *Lindet*, des subsistances ; *Prieur de la Marne* et *Jean Bon Saint-André*, de la marine ; *Barère*, de la diplomatie et des rapports à la Convention.

Pour faire appliquer les mesures qu'elle avait décrétées, la Convention voulut avoir dans chaque district et dans chaque commune[2] un fonctionnaire nommé par elle : ce fut *l'Agent national*. Pour contrôler l'action des autorités locales et des généraux, elle délégua dans les départements et aux armées quelques-uns de ses membres sous le nom de *Représentants en mission* et les investit de pouvoirs illimités. Appuyés dans chaque commune sur la *Société populaire*, qui était une filiale du club des Jacobins, les représentants en mission insufflaient à tous l'esprit d'inflexible résolution qui animait le Comité de Salut Public.

La police politique

Pour vaincre, le Comité de Salut public devait éliminer toute opposition. *L'ensemble des moyens de contrainte auxquels la Convention recourut constitue ce qu'on appelle la Terreur.* Le gouvernement révolutionnaire fut un gouvernement terroriste et la police politique y prit un développement extraordinaire.

Dans chaque commune un *Comité révolutionnaire* surveillait

---

[1] *Hérault de Séchelles*, qui fut bientôt mis à l'écart, puis guillotiné en avril 1794.

[2] Dans cette période, la Convention ne laissa aux administrateurs départementaux que des pouvoirs très réduits, parce qu'ils étaient en général d'opinions modérées.

les étrangers, délivrait les certificats de civisme, dressait la liste des suspects avec pouvoir de décerner contre eux des mandats d'arrêt, veillait à l'application des lois révolutionnaires. A Paris le *Comité de Sûreté générale*, formé de députés élus par la Convention, avait dans ses attributions «tout ce qui est relatif aux personnes et à la police générale et intérieure». Les «suspects» étaient jugés par des tribunaux exceptionnels, dont le principal fut, à Paris, le *Tribunal révolutionnaire* créé dès le mois de mars 1793; les juges, l'accusateur public et les jurés étaient tous choisis par la Convention, les jugements étaient sans appel et les biens des condamnés à mort acquis à la République.

La tâche difficile du Comité de Salut Public

La tâche du Comité de Salut Public était d'une extrême difficulté. D'une part, il dépendait de la Convention qui le nommait, lui demandait des comptes et pouvait toujours le renvoyer. D'autre part, il dépendait des masses populaires de Paris, qui avaient un idéal social et politique très différent du sien.

Travailleurs manuels pour qui la question fondamentale était celle du pain quotidien, les sans-culottes demandaient la réquisition et la taxation de tous les objets de première nécessité, en même temps que la lutte implacable contre les riches (surtout les banquiers et les gros marchands), accusés d'accaparer les vivres et d'affamer le peuple. Au point de vue politique, les sans-culottes pensaient que les décrets de la Convention devraient être sanctionnés par le peuple dans les assemblées des 48 sections. Et si le peuple souverain jugeait que ses députés trahissaient leur mandat, il avait toujours le droit de «se lever» et de leur imposer sa volonté, comme il avait fait le 10 Août et le 2 Juin. Aussi les sans-culottes exigeaient-ils de rester armés et de conserver l'autonomie de leur section[1]. *Réquisition, taxation, terreur, gouvernement direct, tel était l'idéal des sans-culottes.*

---

[1] L'idéal politique des sans-culottes était donc non le gouvernement représentatif, mais le *gouvernement direct*, c'est-à-dire celui où les lois sont votées non par des députés mais par les citoyens eux-mêmes : ainsi avait-on fait dans l'Antiquité, à Athènes, et à Rome sous la République.

Or les membres du Comité répugnaient à la réglementation économique et à la Terreur aveugle ; ils étaient d'autre part convaincus que le salut de la France exigeait un gouvernement centralisé à l'extrême. Mais, en même temps, ils sentaient qu'ils ne pouvaient réussir sans l'appui des masses : d'ailleurs n'étaient-ils pas toujours à la merci d'une «journée» parisienne ? le *5 septembre 1793* l'avait bien montré. L'exaltation des esprits était alors à son comble. Non seulement le pain manquait, mais on venait d'apprendre que les habitants de Toulon avaient livré aux Anglais la flotte et la ville. Les sans-culottes firent une grande manifestation pour contraindre la Convention à accepter leur programme politique et social. La Convention dut céder : elle *«plaça la Terreur à l'ordre du jour»*, publia une loi contre les suspects, se résigna à taxer les objets de première nécessité, enfin elle adjoignit aux membres du Comité de Salut public deux députés très favorables aux demandes des sans-culottes, *Billaud-Varenne* et *Collot d'Herbois*.

Les mesures de Salut public

Pour sauver la France, les Conventionnels prirent des mesures qu'ils n'auraient jamais votées en temps de paix, mais qui leur paraissaient indispensables dans les circonstances tragiques où se trouvait alors le pays. *Ces mesures de Salut public rompaient brutalement avec l'idéal que les Principes de 1789 avaient proclamé.* Désormais l'individu était entièrement sacrifié à l'Etat ; toutes les libertés étaient provisoirement suspendues et un régime de dictature s'instaurait, chaque jour plus tyrannique. Plus de séparation des pouvoirs, plus d'élections, plus de liberté de la presse. Tous les citoyens et jusqu'aux enfants dans les écoles devaient partager les mêmes haines et les mêmes enthousiasmes que le gouvernement, le fanatisme devenait une vertu et la dénonciation un devoir ; enfin, en place du cosmopolitisme de la Constituante, la Convention prêchait un chauvinisme exaspéré.

De ces mesures de Salut public, si l'on néglige provisoirement les mesures *financières* qu'on étudiera plus loin, les plus importantes furent les mesures *militaires*, *économiques* et *terroristes* auxquelles on peut rattacher les mesures *religieuses*. Le gouvernement révolutionnaire avait en effet une triple tâche à remplir : vaincre les armées ennemies, nourrir le peuple, exterminer ses adversaires politiques.

Mesures militaires

Il fallait d'abord lever des soldats, les encadrer, les armer, leur imposer une stricte discipline. Ce redressement militaire fut l'œuvre de *Lazare Carnot*.

La levée de 300 000 hommes, ordonnée en février, s'était montrée insuffisante. Au mois d'août 1793 la Convention décréta la *levée en masse*, c'est-à-dire le service militaire obligatoire. Cette mesure lui avait été imposée par les sans-culottes de Paris et par les délégués des départements venus dans la capitale pour y fêter l'anniversaire du 10 Août. Le caractère héroïque en fut précisé par le décret du 23 août :

«Dès ce moment jusqu'à celui où les ennemis auront été chassés du territoire de la République, tous les Français sont en réquisition permanente pour le service des armées. Les jeunes gens iront au combat ; les hommes mariés forgeront les armes et transporteront les subsistances ; les femmes feront des tentes, des habits et serviront dans les hôpitaux ; les enfants mettront du vieux linge en charpie ; les vieillards se feront porter sur les places publiques pour exciter le courage des guerriers, prêcher la haine des rois et l'unité de la République.»

Tous les célibataires et veufs sans enfants, de 18 à 25 ans, devaient être envoyés au front. Les effectifs s'élevèrent à 630 000 hommes à la fin de 1793, ils atteignirent en août 1794 le chiffre, alors prodigieux, de 800 000 hommes. Désormais la France avait sur ses adversaires la *supériorité numérique*.

Pour réaliser la fusion entre les soldats d'avant 1789 (les «habits blancs») et les nouvelles recrues (les «habits bleus»), la Convention institua l'*amalgame* — qui ne fut d'ailleurs réalisé qu'au printemps 1794 : un bataillon d'anciens et deux bataillons de jeunes formèrent une demi-brigade (ce nom remplaça désormais celui de régiment). *Prieur de la Côte-d'Or*, chargé de tout ce qui concernait le matériel de guerre, fit appel aux savants, *Monge, Berthollet, Fourcroy, Chaptal*, pour la recherche de procédés nouveaux ou plus rapides de fabrication. Un règlement définit les procédés de lessivage de sol des caves pour en extraire le salpêtre (jusqu'alors importé de l'Inde) indispensable à la fabrication de la poudre et il y eut un salpêtrier dans chaque commune. Les réquisitions fournirent les vivres, les chevaux, les vêtements.

La *discipline*, jusque-là souvent très relâchée, devint plus stricte et fut la même pour le général et le soldat. Un ardent esprit de sacrifice, un dévouement absolu à la patrie et à la République animèrent toutes les troupes. Les généraux de la Convention, Hoche, Jourdan, Marceau, Kléber furent des chefs jeunes, des entraîneurs d'hommes, admirables d'allant et de vertu civique. Ils appliquèrent la tactique que leur enseignait Carnot : pas de longs sièges, pas de manœuvres compliquées, mais *toujours l'offensive*, l'attaque constante qui harasse l'ennemi, enfin la charge en masses profondes, à la baïonnette, au chant de la *Marseillaise*[1]

Mesures économiques

Il fallait faire vivre ces masses énormes d'hommes et aussi la population civile. Sous la contrainte des sans-culottes, la Convention se résigna à établir, au moins officiellement, la *dictature économique*. Elle vota une *loi sur l'accaparement*, punissant de mort quiconque tenterait d'accaparer les marchandises de première nécessité (27 juillet 1793). Elle vota surtout la *loi du maximum général* (29 septembre), qui prévoyait pour tous les objets de première nécessité la fixation d'un prix maximum. En même temps la Convention imposa aux ouvriers un *maximum des salaires*. La loi obligea les cultivateurs à faire la déclaration de leur récolte, les commerçants à remettre aux autorités l'inventaire de leurs marchandises. Comme l'affirmait Barère : «La République est propriétaire momentanée de tout ce que le commerce, l'industrie et l'agriculture ont apporté sur le sol de France.»

La Terreur

On a vu que la «journée» populaire du 5 septembre 1793 avait contraint la Convention à placer la Terreur à l'ordre du jour.

---

[1] Cette tactique était rendue possible par la faible portée des armes à feu (250 m pour le fusil) et la lenteur du tir dans l'infanterie.

Peu après, la *loi des suspects* (17 septembre), codifiant toute une série de mesures antérieures, énuméra les différentes catégories de suspects et ordonna leur arrestation immédiate.

La loi disait : «Sont réputés gens suspects : 1° ceux qui, soit par leur conduite, soit par leurs relations, soit par leurs propos ou leurs écrits, se sont montrés partisans de la tyrannie ou du fédéralisme et ennemis de la liberté»; 2° et 3° ceux qui ne pourront pas justifier qu'ils ont rempli leurs devoirs civiques; 4° «les fonctionnaires publics suspendus ou destitués... et non réintégrés»; 5° ceux des ci-devant nobles, ensemble les maris, femmes, pères, mères, fils ou filles, frères ou sœurs et agents d'émigrés qui n'ont pas constamment manifesté leur attachement à la Révolution; 6° ceux qui ont émigré [depuis le 1er juillet 1789... quoi qu'ils soient rentrés en France]

Ainsi étaient punis non seulement ceux qui avaient contrevenu aux lois, mais même ceux dont on pouvait croire qu'ils étaient capables d'y contrevenir. En conséquence, à Paris, le Tribunal révolutionnaire fut réorganisé et il se montra plus actif. Alors se succédèrent, en cette fin de l'année 1793, les exécutions de *Marie-Antoinette*, de 22 des *Girondins* expulsés de la Convention, du duc d'Orléans qui, député à la Convention, avait pris le nom de *Philippe Egalité* et avait voté la mort de son cousin Louis XVI, de *Bailly* à qui le peuple ne pardonnait pas la fusillade du Champ-de-Mars, de *Barnave* le chef du parti feuillant en 1791 et 1792, de certains généraux qui avaient conduit trop mollement les opérations, de banquiers ou de fournisseurs véreux. Au total le Tribunal révolutionnaire qui, d'avril à octobre, avait prononcé 66 condamnations à mort à Paris, en prononça 177 d'octobre à la fin de décembre (cependant la moitié des inculpés avaient été acquittés).

Hors de Paris, la Terreur fut particulièrement sanglante dans les régions où les fédéralistes et les royalistes s'étaient soulevés. Il y eut près de 300 exécutions à *Bordeaux*, 400 à *Marseille*, 2 000 à *Lyon* où la répression fut dirigée par Collot d'Herbois et Fouché; tout autant à *Angers*, 3 000 peut-être à *Nantes* où le représentant *Carrier*, aidé des terroristes locaux, employa, pour vider les prisons encombrées de Vendéens, le procédé sommaire des «noyades» dans la Loire. Ailleurs, selon le tempérament du représentant en mission et des autorités locales, la Terreur fut cruelle ou presque inexistante.

La déchristianisation

La Terreur fut aussi marquée par une *tentative de déchristianisation*. Au moment où la Convention se réunit, la Législative venait, sous l'influence de la Commune, de supprimer les ordres religieux, de fermer les couvents et de voter des lois très dures contre les prêtres réfractaires. La Convention redoubla de rigueur à l'égard de ceux-ci dès les premières défaites aux frontières (printemps 1793). Beaucoup d'entre eux furent guillotinés ou emprisonnés. En revanche, la Constitution civile du clergé restait en vigueur et les prêtres assermentés touchaient leur traitement.

Mais de nombreux révolutionnaires étaient violemment opposés à toute religion révélée. D'autre part ils savaient le clergé constitutionnel peu favorable dans son ensemble à la République et au gouvernement révolutionnaire. Cependant la masse du peuple était encore très pieuse et les fêtes religieuses étaient célébrées avec ferveur : aussi la Convention se refusa-t-elle jusqu'en octobre 1793 à attaquer de front le catholicisme.

A cette date, elle lui porta un coup terrible en interdisant l'usage du calendrier traditionnel et en lui substituant le *calendrier révolutionnaire* : le semaine faisait place à la *décade* de dix jours et le dimanche au *décadi*; les jours n'étaient plus distingués par des noms de saints, toute fête religieuse en était exclue[1]. C'était une tentative radicale de *déchristianisation*. Peu après on vit les villages congédier leur curé. A Paris, l'évêque assermenté Gobel vint à la barre de la Convention donner sa démission (7 novembre). Quelques jours plus tard la Commune fit célébrer dans la cathédrale Notre-Dame une *fête de la Liberté et de la Raison* (10 novembre 1793), puis elle ordonna la fermeture des «églises ou temples de toutes religions et de tout culte» existant à Paris. Cet exemple fut suivi en province, malgré les efforts de Robespierre et de Danton pour maintenir la liberté des cultes. Au printemps de 1794 le culte catholique n'était plus célébré dans aucune ville de France, du moins en public.

[1] L'année commençait le 22 septembre, date de l'emploi officiel du mot République; elle était divisée en douze mois de trente jours, groupés en trois *décades*. A la fin de l'année on ajoutait cinq *jours complémentaires* et un sixième les années bissextiles Les mois portaient les noms suivants : *vendémiaire, brumaire, frimaire* pour l'automne; *nivôse, pluviôse, ventôse* pour l'hiver; *germinal, floréal, prairial* pour le printemps; *messidor, thermidor, fructidor* pour l'été.

Le redressement de la France à la fin de 1793

A la fin de décembre 1793 la Convention put croire que le succès était proche. D'une part elle avait évité la famine ; d'autre part l'ennemi était vaincu à l'intérieur et aux frontières.

Dans l'ordre économique le succès fut d'ailleurs loin d'être décisif. Dans les villes les pauvres souffrirent de la faim et du froid, le régime des taxations, des réquisitions, des visites domiciliaires multiplia le nombre des mécontents et les ouvriers se plaignirent vivement du maximum des salaires.

En revanche, les soulèvements fédéraliste et royaliste furent noyés dans le sang. Marseille fut reprise en août 1793, Lyon en octobre. Les Vendéens furent vaincus à Cholet en octobre. Ils franchirent alors la Loire et poussèrent jusqu'à Granville, dans le Cotentin, dans l'espoir d'y recevoir des renforts venus d'Angleterre. Ils n'en reçurent pas et, au retour, furent écrasés au Mans et près de Nantes (décembre).

Aux frontières aussi l'ennemi était repoussé. Au Nord, le général *Jourdan*, assisté de Carnot, battit les Autrichiens à *Wattignies* (octobre) ; *Hoche* repoussa les Austro-Prussiens non loin de *Wissembourg* (décembre) ; enfin les habiles dispositions du capitaine d'artillerie *Bonaparte* amenèrent la reprise de *Toulon* sur les Anglais.

Loin d'apaiser les passions, le redressement de la France ne fit que les exaspérer. A la Convention comme dans les sections de Paris, s'opposaient avec violence ceux qu'on appelait les «Indulgents» et les «Ultra-révolutionnaires». Les premiers, tels *Danton* et *Camille Desmoulins*, voulaient mettre fin à la Terreur ; les seconds, tels *Hébert* et ses amis du Club des Cordeliers, voulaient l'aggraver. En face de ces «nouvelles factions» quel parti allait prendre le Comité de Salut public et surtout celui qui en était alors le membre le plus influent, Robespierre ?

La Convention

III. — Apogée et chute de Robespierre. Le 9 Thermidor

Robespierre

Depuis le mois de juillet 1793 où il avait été élu pour la première fois au Comité de Salut public, Robespierre était l'homme politique le plus important en France. Il avait donné à la Révolution et à la Montagne des gages éclatants : plus que quiconque, il avait contribué à renverser la royauté le 10 août et la Gironde le 2 juin. La dignité de sa vie, sa sincérité, son courage, son honnêteté (qui lui avait valu le titre d'*Incorruptible*) l'avaient rendu très populaire. Ardent démocrate, il avait, dès la Constituante, réclamé le suffrage universel. A l'égalité politique, il voulait maintenant ajouter l'*égalité sociale* : il rêvait d'une France où il n'y eût plus ni riches ni pauvres, mais seulement des citoyens aisés. Il voulait aussi que la République fût fondée sur la « *vertu* », c'est-à-dire que tous les citoyens fussent honnêtes, dévoués au bien public et soucieux d'obéir à la loi. Pour les hommes, sans conscience, ceux qu'il appelait «les fripons», il était sans pitié. Esprit orgueilleux et fanatique, Robespierre était convaincu que ses idées représentaient la justice et la vérité : aussi était-il enclin à condamner comme traîtres ceux qui ne les partageaient pas.

Cependant, tout attaché qu'il fût aux principes, Robespierre était un homme de gouvernement et il avait un sens aigu de l'opportunisme. Son idéal était de grouper toutes les forces de la nation autour du Comité de Salut public, pour faire triompher la Révolution : il acceptait d'utiliser les prêtres et les nobles, les gros marchands et les financiers, à condition qu'ils fussent ralliés au régime. Entre les deux factions des «Indulgents» et des «Hébertistes» il voulait maintenir l'équilibre, mais il était décidé à les exterminer l'une et l'autre au cas où elles deviendraient un danger pour le gouvernement. Or, c'est ce qui arriva.

Robespierre contre les factions

Par esprit de justice et aussi pour s'attirer la reconnaissance des masses populaires, Robespierre et Saint-Just firent voter en février-mars 1794 les *lois de ventôse an II :* en vertu de ces lois, les biens de ceux des suspects emprisonnés qui seraient reconnus ennemis de la République seraient distribués gratuitement aux indigents.

Les sans-culottes ne se laissèrent pas gagner par cette promesse d'expropriation. Au moment où le prix de la vie et le chômage augmentaient, ils s'indignaient de voir le Comité de Salut public interdire les visites domiciliaires, se désintéresser de l'application du maximum des denrées, attaquer l'autonomie des sections, rechercher l'appui des financiers. Les plus ardents demandaient un nouveau 2 juin contre les «endormeurs» du Comité et de nouveaux massacres de septembre contre les «Indulgents». Le 4 mars 1794, au Club des Cordeliers, Hébert lança un appel à l'insurrection. Le Comité de Salut public n'hésita pas. Après un rapport de Saint-Just, les «Hébertistes» furent arrêtés, accusés d'être des «agents de l'étranger» et guillotinés le 24 mars. Pour la première fois dans l'histoire de la Révolution, le gouvernement avait prévenu l'insurrection populaire. Les assemblées de section furent supprimées, la Commune de Paris fut épurée, un nouveau maire choisi.

Quelques jours plus tard, ce fut au tour des «Indulgents» à être poursuivis. Groupés à la Convention autour de Danton, ils exigeaient qu'on mît fin à la Terreur et qu'on signât la paix avec l'ennemi. Dans son nouveau journal, le *Vieux Cordelier*, Camille Desmoulins flétrissait le régime terroriste, et réclamait la création d'un «Comité de clémence». Or le Comité de Salut public ne voulait abolir le gouvernement révolutionnaire et parler de paix que lorsque tous les adversaires de la République auraient posé les armes. Il accusait de plus les «Indulgents» d'être des «fripons», mêlés à de louches affaires financières. Sur un second rapport de Saint-Just, Fabre d'Églantine, Camille Desmoulins, Hérault de Séchelles et même Danton, malgré l'émoi d'une grande partie de la Convention, furent arrêtés. Danton n'avait rien fait pour prévenir le coup qui le menaçait : «Plutôt cent fois être guillotiné que guillotineur !» disait-il. Pressé de fuir, «on n'emporte pas, répondit-il, la patrie à la semelle de ses souliers !» Mais devant le Tribunal il trouva des accents qui ameutèrent la foule. La Convention vota alors un décret mettant *hors des débats* tout prévenu qui insulterait la justice nationale. Danton et ses amis furent condamnés à mort sans être présents, puis guillotinés (6 avril 1794).

Le culte de l'Être Suprême

De même qu'en faisant voter les lois de ventôse, Robespierre espérait réaliser un commencement d'égalité sociale par une redistribution des propriétés des suspects, de même il voulait développer la *vertu* dans le peuple en *réorganisant officiellement la religion révolutionnaire*.

Les Français entendaient par là une sorte de culte de la Patrie, où l'on exaltait la France nouvelle, régénérée par les principes de 1789. Cette religion patriotique s'était développée spontanément dès la Constituante : elle avait son credo (la Déclaration des Droits de l'Homme), ses symboles (le bonnet rouge, la cocarde tricolore, les autels de la patrie, les arbres de la liberté), ses cérémonies (les fêtes où l'on célébrait les martyrs de la liberté et où l'on commémorait les grands événements de la Révolution), ses hymnes enfin (*la Marseillaise*, *la Carmagnole*, *le Chant du Départ*).

Depuis la promulgation du calendrier révolutionnaire, dans beaucoup de villes, on avait pris l'habitude de célébrer une fête patriotique, chaque décadi, dans le Temple de la Raison.

Robespierre attachait à ces fêtes une grande importance. Il espérait que les citoyens non seulement y communieraient en une même ferveur pour la Patrie et la République, mais encore qu'ils en emporteraient de hautes leçons de morale. Disciple fidèle de Rousseau, Robespierre voulait mettre à la base de la religion révolutionnaire la croyance en Dieu et en l'immortalité de l'âme. Il pensait en effet qu'un athée (c'est-à-dire celui qui croit qu'il n'y a pas de Dieu) ne peut pas être un honnête homme. C'est pourquoi, en mai 1794, il fit voter par la Convention un décret qui affirmait l'*existence de l'Être Suprême* (c'est-à-dire Dieu) *et de l'immortalité de l'âme*, puis donnait la liste de 40 grandes fêtes. Quelques jours plus tard, le 8 juin 1794, il présida celle qui était destinée à honorer l'Être Suprême. La fête de l'Être Suprême parut être l'apothéose de Robespierre.

La loi de Prairial

Le surlendemain, Couthon, ami intime de Robespierre, faisait voter par la Convention la plus terrible des lois terroristes, celle qui devait avoir une importance capitale sur le sort du régime, la *loi du 22 prairial* (10 juin 1794).

Pour quelles raisons Robespierre avait-il voulu cette loi terrible — qui a rendu son nom odieux — ? Il semble avoir été très ému par des tentatives et menaces d'assassinat qui le visaient et y avoir vu la preuve d'un nouveau «complot de l'étranger». Mais la loi de prairial justifiait toutes les accusations de tyrannie. Déjà, au cours de la fête de l'Être suprême, des Conventionnels avaient murmuré contre le «tyran». Les ennemis de Robespierre l'accusèrent de vouloir désormais envoyer ses adversaires au Tribunal révolutionnaire sans que la Convention eût été consultée au préalable. Il y eut à l'Assemblée une très vive opposition à la loi et il fallut plusieurs interventions menaçantes de Robespierre pour qu'elle fût adoptée.

Déjà la chute des factions avait été marquée par un redoublement de la Terreur. Alors avaient été guillotinés Mme *Élisabeth*, sœur de Louis XVI, 31 anciens parlementaires qui avaient protesté jadis contre la suppression des Parlements, 28 anciens fermiers généraux, parmi lesquels *Lavoisier*. Après le vote de la loi de prairial, ce fut bien pis. Le Tribunal groupait en «amalgames» des accusés inculpés pour des motifs différents et les expédiait par «fournées» à l'échafaud. A nouveau reparut la hantise d'un complot des aristocrates dans les prisons, et ce fut un prétexte à «vider les prisons» comme aux jours des massacres de septembre. Selon le mot de l'accusateur public Fouquier-Tinville, «les têtes tombaient comme des ardoises». Ce fut la *Grande Terreur*. Le poète *André Chénier*, qui dans son journal avait fait antérieurement opposition au régime, fut compris dans une des dernières fournées. En quarante-cinq jours, du 23 prairial au 8 thermidor, il y eut à Paris 1 285 têtes coupées, à peu près autant qu'il y en avait eu auparavant en quatorze mois.

Il semble que, pour toute la France et pendant toute la Terreur, le nombre des suspects incarcérés se soit élevé à un demi-million, celui des condamnés à mort à 17 000 environ, dont près de 80 % dans les régions de rébellion «fédéraliste» et «vendéenne»[1]. Sur 14 000 condamnés à mort sur lesquels on possède des renseignements précis, 6,5 % étaient des ecclésiastiques, 8,25 % des nobles, 25 % des bourgeois, 28 % des paysans, 31 % des ouvriers.

Les victoires aux frontières

Pendant ce temps les armées françaises, passant à l'offensive, envahissaient à leur tour le territoire ennemi. Le général Jourdan battit les Autrichiens près de Charleroi, à *Fleurus* (juin 1794). Toute la Belgique fut réoccupée, ainsi que les électorats de Trèves et de Cologne. Dans le Sud-Est, le Comté de Nice fut reconquis et Bonaparte proposa à Carnot un projet d'invasion de l'Italie. Aux deux extrémités des Pyrénes, les Français entrèrent en Espagne.

La Prusse enfin paraissait prête à traiter avec la France pour porter toutes ses troupes à l'Est, où les Polonais venaient de se soulever. La victoire et la paix semblaient en vue lorsque,

[1] Aux 13 000 individus condamnés à mort, après jugement, dans les régions d'insurrecton fédéraliste et vendéenne, il faut en ajouter 25 000 exécutés sans jugements dans ces mêmes régions — sans compter les combattants tués ou morts de leurs blessures.

brusquement, le Comité de Salut public s'effondra.

Robespierre isolé

L'autorité de Robespierre déclinait dans l'opinion publique, à la Convention et jusque dans les Comités. La dictature du gouvernement révolutionnaire paraissait *insupportable à beaucoup de Français* maintenant que l'ennemi était partout repoussé. On avait la «nausée de l'échafaud» et l'on rendait Robespierre responsable des horreurs de la Grande Terreur. D'autre part le Comité de Salut public ne pouvait plus compter sur l'appui des masses depuis qu'il avait fait exécuter les «Hébertistes», dissous les Assemblées des sections, épuré la Commune, mis en sommeil les lois sur l'accaparement et le maximum des denrées, alors qu'il maintenait le maximum des salaires. Le Comité se heurtait aussi à *l'opposition d'une grande partie de la Convention* qui, très jalouse de son autorité, ne l'avait jamais toléré qu'à regret : on avait vu l'émotion de l'Assemblée quand Saint-Just lui avait demandé de voter l'arrestation de Danton, et son indignation quand Robespierre et Couthon lui avaient imposé la loi de Prairial. Beaucoup de députés vivaient dans la perpétuelle hantise d'être déférés au Tribunal révolutionnaire. C'était le cas en particulier de plusieurs représentants en mission que Robespierre avait fait rappeler à Paris : Barras, Tallien, Fouché, Carrier, Fréron.

Ils n'auraient eu cependant aucune chance de l'abattre si sa position n'avait déjà été très affaiblie *jusque dans les Comités*. Robespierre était haï par les membres du Comité de Sûreté générale qui l'accusaient de vouloir leur enlever la direction de la police politique. Au Comité de Salut public même, il avait eu de violentes altercations avec Billaud-Varenne, Collot d'Herbois et Carnot : il ne pouvait guère compter que sur Couthon et Saint-Just.

Le 9 Thermidor

Irrité, aigri, souvent découragé, Robespierre resta près d'un mois sans venir au Comité. Puis, brusquement, le 26 juillet

1794, il prit l'offensive à la Convention. Dans un grand discours il parla d'épurer les deux Comités et l'Assemblée, menaça de la guillotine ses adversaires sans les nommer. Les députés qui se crurent visés, surtout *Tallien*, *Fouché*, *Barras*, *Carrier*, cherchèrent l'appui de la Plaine, pendant que Robespierre et ses amis comptaient sur le club des Jacobins et sur la Commune.

La lutte suprême se livra à la Convention le lendemain, 27 juillet 1794, 9 *Thermidor an II*. Violemment attaqué par Tallien et Billaud-Varenne, Robespierre fut arrêté avec son frère et ses amis Lebas, Couthon et Saint-Just. La Commune les délivra et les mena à l'Hôtel de Ville, puis elle se déclara en insurrection et prépara contre la Convention un nouveau 2 Juin. Celle-ci riposta en mettant les rebelles *hors la loi* : dès lors, il n'était plus besoin de jugement pour les envoyer à la guillotine.

Les sans-culottes avaient répondu sans entrain à l'appel de la Commune et, laissés sans ordre, ils se dispersèrent. Aussi, vers deux heures du matin, le 10 thermidor, des gendarmes aux ordres de Barras purent-ils pénétrer dans l'Hôtel de Ville. Robespierre tenta en vain de se suicider. Les cinq députés furent arrêtés et guillotinés le soir même, ainsi que le maire et 16 autres de leurs partisans. Les jours suivants, il y eut encore une centaine d'exécutions.

Importance du 9 Thermidor

En apparence, le 9 Thermidor n'était qu'un épisode dans la lutte des partis : un homme, une faction avaient été renversés. La Convention demeurait, et, avec elle, le gouvernement révolutionnaire.

En fait, le 9 Thermidor marque un tournant dans l'histoire de la Révolution. La chute de Robespierre entraîna la *ruine de la politique démocratique et égalitaire*, dont il avait été le plus ardent défenseur. Elle était *la revanche de la Plaine*, qui n'avait jamais pardonné à la Montagne le coup de force du 2 juin contre les Girondins et qui aspirait à rétablir un gouvernement normal. Elle était en même temps la victoire de la bourgeoisie, menacée par la hardiesse des lois de ventôse ; mais elle fut aussi la victoire des politiciens et des spéculateurs sans vergogne :

tombée en leur pouvoir, ayant perdu tout ressort d'énergie et de vertu, la République ne traîna plus dès lors qu'une existence médiocre ; elle s'achemina, à travers des luttes sans grandeur, vers la décomposition finale et le Césarisme. Le 9 Thermidor a préparé le Coup d'État du 18 Brumaire et la République est morte du coup qui a frappé Robespierre.

La Convention

IV. — La réaction thermidorienne. L'œuvre de la Convention

I. — La réaction thermidorienne

La réaction thermidorienne

Les vainqueurs de Robespierre au 9 Thermidor — on les appelle les *Thermidoriens* — étaient en grande majorité des terroristes. Mais l'opinion publique les contraignit à mettre fin à la Terreur et à la dictature. Ce fut désormais à la Plaine de dominer la Convention. Ses principaux représentants furent *Sieyes*, *Cambacérès*, *Daunou*, *Boissy-d'Anglas*, à qui se joignirent des terroristes «repentis» comme *Tallien*. *Cette évolution de la Convention vers un régime plus modéré est connu sous le nom de Réaction thermidorienne.* Cette réaction se marqua principalement dans quatre domaines : la réorganisation du gouvernement, l'attitude à l'égard des rebelles de l'Ouest, la politique religieuse, la rédaction d'une nouvelle Constitution.

En quelques mois, d'août à décembre 1794, *les ressorts du gouvernement furent détendus et il perdit sa force et sa conti-*

nuité. La loi de Prairial puis la loi des suspects furent abolies et beaucoup de prisonniers libérés. Les Dantonistes et les Girondins encore vivants reprirent leur place à l'Assemblée, pendant que Fouquier-Tinville et Carrier étaient guillotinés, Collot d'Herbois, Billaud-Varenne et Barère arrêtés. Les pouvoirs du Comité de Salut public furent diminués, ceux de la Commune passèrent à des commissions nommées par la Convention. Les comités révolutionaires furent épurés, le Tribunal révolutionnaire fut réorganisé de façon à assurer de sérieuses garanties aux accusés, le Club des Jacobins fermé, la liberté du commerce rétablie.

Pacification de l'Ouest. Renaissance catholique

Au sud de la Loire, les Vendéens continuaient une guerre de partisans dans le Marais et le Bocage, pendant qu'en Bretagne les *chouans*[1] pillaient les caisses publiques et arrêtaient les convois de vivres pour affamer les villes. Nulle part, la réaction contre les méthodes terroristes ne se montra aussi nettement que dans l'attitude de la Convention à l'égard des rebelles de l'Ouest. Pour venir à bout de ces bandes elle avait d'abord employé des moyens impitoyables. Sur les conseils de Carnot et de Hoche, les Thermidoriens offrirent aux rebelles des conditions inespérées : amnistie, exemption de service militaire, libre exercice du culte réfractaire. Des conventions furent signées sur ces bases de février à mai 1795.

Puisque le catholicisme était toléré dans les départements jusque-là révoltés, on ne pouvait continuer à le combattre dans le reste de la France. La persécution violente cessa peu à peu. Cependant la Convention, dans sa grande majorité, restait violemment hostile au catholicisme. Elle le montra en décidant (septembre 1794) que l'État ne paierait plus «les frais ni les salaires d'aucun culte». Quelques mois plus tard elle proclama *la séparation de l'Église et de l'État* (février 1795). A la demande instante des fidèles, les églises non encore aliénées furent rendues au culte[2] (mai 1795). Les prêtres, même insermentés, purent librement exercer leur ministère, à la seule

---

[1] D'abord sobriquet d'un rebelle breton, ce mot fut étendu à tous les insurgés de Bretagne.
[2] Avec la réserve que les différents cultes avaient le droit d'utiliser, à des moments différents l'église catholique. Toute cérémonie religieuse restait interdite en dehors de l'église.

condition de «faire acte de soumission aux lois de la République». Alors commença une véritable *résurrection du catholicisme en France*.

La Constitution de l'an III

Maintenant que les victoires de la France permettaient de supprimer le gouvernement révolutionnaire, les Thermidoriens auraient dû mettre en application la Constitution de l'an I, c'est-à-dire celle qui avait été publiée le 24 juin 1793. Mais ils n'en voulaient à aucun prix.

La Constitution de l'an I était en effet très démocratique. Non seulement elle établissait le suffrage universel, mais elle permettait aux citoyens de rejeter dans certains cas les lois votées par l'Assemblée. Elle contraignait aussi l'État à assurer la subsistance des chômeurs et des infirmes et à accorder gratuitement l'instruction à tous. Si le gouvernement violait la loi, le peuple avait le devoir de se soulever.

Violemment hostiles à ces idées démocratiques et égalitaires, les Thermidoriens rédigèrent une nouvelle Constitution, la *Constitution de l'an III* (1795). Ils conservèrent la République, mais rétablirent le suffrage censitaire à deux degrés comme en 1791. Les «électeurs» ne furent guère plus de 20 000. Pour éviter toute possibilité de dictature, les Thermidoriens partagèrent le pouvoir législatif entre deux Assemblées. Une Chambre des députés, le *Conseil des Cinq-Cents*, proposait les lois, et un Sénat de 250 membres, le *Conseil des Anciens*, les adoptait ou les rejetait. Bien plus, ces deux Conseils se renouvelaient par tiers chaque année. De même le pouvoir exécutif fut confié non pas à un seul magistrat mais à *cinq Directeurs* et tous les ans on tirait au sort le nom de celui d'entre eux qui devait être remplacé. Enfin le principe de la séparation des pouvoirs fut très strictement appliqué : le Directoire n'avait aucune autorité sur les Conseils, ni les Conseils sur le Directoire. Ce savant équilibre, imaginé pour rendre impossible toute dictature, n'était pas sans danger : en cas de conflit soit entre les deux Assemblées, soit entre les Assemblées et les Directeurs, il n'y avait d'autre solution qu'un appel à la force, un coup d'État. C'est un coup d'État, celui de Bonaparte au 19 Brumaire, qui mettra fin à la Révolution, en 1799.

Les traités de Bâle. Le troisième partage de la Pologne

Cependant les armées françaises continuaient leurs progrès. Au mois de janvier 1795, le général Pichegru achevait la conquête de la Hollande. Peu après la Prusse, la Hollande et l'Espagne posèrent les armes : seules l'Angleterre et l'Autriche continuèrent la lutte.

La *Prusse* se désintéressait de la guerre sur le Rhin où elle n'avait éprouvé que des déceptions. Elle surveillait au contraire de très près les événements de Pologne. Déjà, en 1793, Russes et Prussiens avaient opéré, à l'insu de l'Autriche, un deuxième partage de la Pologne. Puis, en mars 1794, dans ce qui restait de Pologne indépendante, des patriotes s'étaient soulevés sous le commandement de *Kosciusko*. Mais ils avaient été écrasés par les troupes russes du général *Souvorof*. Pour être sûr de participer au *troisième partage* qui se préparait, Frédéric-Guillaume II signa avec la France le *traité de Bâle* (mai 1795). Il reconnut l'occupation de la rive gauche du Rhin par les Français ; il perdait ainsi quelques provinces, mais il reçut l'assurance qu'à la paix générale il en obtiendrait d'autres en compensation, à l'est du Rhin.

Peu après, la *Hollande* conclut également la paix : elle céda à la France quelques territoires et se constitua en république, sous le nom de *République batave*. Enfin, l'*Espagne* abandonna la partie de l'île de Saint-Domingue qu'elle possédait, en sorte que cette grande Antille fut désormais tout entière française. La Hollande et l'Espagne signèrent en outre des traités d'alliance avec la France.

Quelques mois plus tard la Prusse, l'Autriche et la Russie procédaient au *troisième partage de la Pologne* (octobre 1795). *De 1795 à 1918 la Pologne cessa de former un État indépendant.*

Les Thermidoriens et le péril jacobin

Si les Thermidoriens triomphaient au-dehors, leur situation à l'intérieur était précaire. Ils avaient aboli la loi du maximum des prix, les taxations, les réquisitions et émis une quantité énorme d'assignats. Aussi le prix de la vie avait-il monté de façon fabuleuse. Tandis qu'une poignée de spéculateurs s'enrichissaient, le reste de la nation mourait de faim.

Les sans-culottes demandaient à la fois «du pain et la Constitution de 93». Dans toute la France des émeutes de la famine éclataient. Le *1er prairial an III* (20 mai 1795), la Convention fut envahie et l'un de ses membres assassiné. Quelques Montagnards tentèrent de se saisir du pouvoir pour reconstituer le Gouvernement révolutionnaire. Mais l'insurrection fut écrasée par la troupe. *Pour la première fois depuis 1789, l'armée intervenait dans les luttes politiques.* Le peuple de Paris, en armes depuis le 13 juillet 1789, fut désarmé et il ne s'insurgea plus avant 1830. Les survivants des Comités de Sûreté générale et de Salut public furent mis en accusation, à l'exception de Carnot épargné parce qu'il avait «organisé la victoire». Soixante députés montagnards furent exclus de l'Assemblée : c'était un *2 Juin à rebours.* La Garde nationale ne fut plus composée que de bourgeois aisés. Les bâtiments du Club des Jacobins furent rasés, le Tribunal révolutionnaire fut supprimé et l'emploi même du mot «révolutionnaire» interdit.

Le danger royaliste

L'écrasement des Jacobins favorisa les royalistes. Au lendemain du 9 Thermidor, ils avaient reparu d'abord timidement, puis ouvertement. Sous prétexte de flétrir la Terreur, ils attaquaient la République. A Paris, ils recrutaient dans la jeunesse bourgeoise des bandes de manifestants, qu'on appelait *Muscadins.* Dans le Sud-Est, à Lyon, Tarascon, Aix, Marseille, ils massacrèrent les Jacobins : à la Terreur rouge succéda la *Terreur blanche.* En même temps les Chouans reprirent les armes en Bretagne, où une flotte anglaise débarqua un millier d'émigrés. Mais ceux-ci furent cernés à *Quiberon* et fusillés (juillet 1795).

La Terreur blanche et Quiberon ouvrirent les yeux aux Thermidoriens sur l'ampleur du péril de droite. Les prochaines élections allaient-elles amener aux Conseils des Cinq-Cents et des Anciens une majorité de royalistes ? Justement, à l'annonce que le petit *Louis XVII*, fils de Louis XVI, était mort dans la prison du Temple (juin 1795), le comte de Provence, alors émigré à Vérone en Italie, avait pris le nom de *Louis XVIII*, puis lancé une proclamation où il ne parlait que de représailles et du prochain rétablissement de l'Ancien Régime. Pour sauver la République — et en même temps se sauver eux-mêmes — les Thermidoriens votèrent le *décret des deux tiers,* en vertu duquel les deux tiers des membres des futurs Conseils devraient être élus parmi les conventionnels sortants — donc parmi des Républicains.

Furieux de voir leurs espoirs déçus, les royalistes et les modérés de Paris firent à leur tour une «journée» contre la Convention. Ce fut l'*insurrection du 13 Vendémiaire an IV* (5 octobre 1795). Mais ils furent dispersés par le général *Bonaparte*, à qui Barras avait donné le commandement des troupes de Paris.

La Convention revint à une politique de défense républicaine : elle prit des mesures d'exception visant les prêtres réfractaires, les proches parents des émigrés et les Vendémiairistes (c'est-à-dire ceux qui avaient protesté contre les décrets des deux tiers). Quelques semaines plus tard, le 26 octobre 1795, la Convention se sépara.

II. — L'œuvre de la Convention

L'organisation du travail à la Convention

La Convention, dont on a vu l'histoire tourmentée, trouva le temps, même dans les heures angoissantes où se jouait le sort de la Patrie, de discuter tous les grands problèmes de l'organisation de la France. Comme les Assemblées précédentes, elle fut très laborieuse : il n'y eut jamais, sous la Révolution, de «vacances parlementaires»; les députés siégeaient tous les jours et les séances se prolongeaient souvent fort tard dans la nuit. A ce labeur colossal, dans une atmosphère passionnée, les plus robustes s'épuisaient.

A l'exemple de la Constituante et de la Législative, la Convention créa un certain nombre de *Comités*, formés de députés chargés d'étudier les questions avant que la discussion n'en vînt en séance. A côté des Comités de Salut public et de Sûreté générale, les plus importants furent ceux de Constitution, des Finances, de Législation, d'Instruction Publique.

Dans ces travaux de la Convention, la chute de Robespierre forme une coupure : avant le 9 Thermidor, l'œuvre de l'Assemblée fut souvent (pas toujours) d'inspiration démocratique et égalitaire ; après le 9 Thermidor, elle fut d'inspiration nettement bourgeoise.

L'œuvre financière

Entre tous les Comités de la Convention, celui qui eut la tâche la plus lourde fut celui des Finances. Il fut dirigé jusqu'au printemps de 1795 par *Cambon*, un ancien négociant de Montpellier, honnête et rude.

Tous les efforts de Cambon ne purent empêcher la situation financière de s'aggraver. Les sommes énormes que coûtait la guerre au-dedans et au-dehors, la mauvaise volonté des Français à payer leurs impôts contraignirent le Trésor à *l'inflation*, c'est-à-dire à de constantes émissions de monnaie. L'accroissement énorme du nombre des assignats devait entraîner nécessairement leur dépréciation. Cambon tenta du moins de la ralentir. Pour supprimer la concurrence que la monnaie métallique faisait au papier-monnaie, la Convention fit de l'assignat la seule monnaie légale. Les particuliers furent tenus de livrer leur or et leur argent à l'État qui en avait besoin pour régler ses achats à l'étranger — la spoliation des églises s'explique en partie par cette nécessité de posséder des espèces métalliques. Un moyen plus sûr de faire remonter les assignats était d'en diminuer la quantité en les faisant revenir au Trésor, où ils étaient ensuite détruits. Dans cette intention, Cambon donna une prime aux acheteurs de biens nationaux qui se libéraient rapidement de leurs créances ; surtout il multiplia les emprunts, volontaires ou forcés, parce qu'ils étaient payables en assignats.

Cette politique réussit en 1793 à arrêter momentanément la chute du papier-monnaie. Mais celle-ci reprit en 1794, et fut particulièrement brutale après le 9 Thermidor, car les Thermidoriens émirent en un an plus d'assignats qu'il en avait été émis depuis 1790. Les 100 livres-papier, qui valaient encore 48 livres-or en décembre 1793, tombèrent à 20 en décembre 1794, à 3 en juillet 1795, à 1 livre 4 sous en fin octobre, quand la Convention se sépara. Cette chute s'accompagnait naturellement de la *hausse du coût de la vie* et de *l'instabilité des prix*. Ainsi s'explique l'affreuse misère dont souffraient les classes pauvres des villes. D'autre part, le bénéfice que le Trésor public retirait de la vente des biens nationaux était très faible parce que l'État acceptait les assignats au *pair*. Quand, en août 1795, il recevait d'un acheteur une somme de 15 600 livres, il n'en touchait réellement que 578 !

Si Cambon ne put que retarder la banqueroute, il eut du moins l'initiative d'une importante mesure, qui lui a survécu : la création du *Grand Livre de la Dette publique* (août 1793). La Convention décida de faire honneur aux dettes de l'Ancien Régime et de les fondre avec celles que la Révolution avait contractées. Cette mesure honnête était en même temps habile : Cambon espérait, en faisant appel à leur intérêt, rallier à la République un certain nombre de rentiers royalistes.

Une loi de 1795 décida que l'unité monétaire serait *le franc* (nom populaire donné depuis longtemps à la livre), monnaie d'argent d'un poids de 5 grammes, dont 4 grammes et demi d'argent.

L'œuvre législative

La Convention travailla à la rédaction d'un *Code* unique pour toute la France ; mais elle n'adopta finalement aucun des projets, souvent très remarquables, qui lui furent présentés par le député *Cambacérès*. Le Code civil ne sera promulgué qu'en 1804, par Bonaparte. En revanche la Convention vota l'application du *système métrique à base décimale*.

Conformément à une décision prise par l'Assemblée Législative, la Convention enleva aux curés, pour la confier aux municipalités, la tenue des *registres de l'état civil*, c'est-à-dire ceux où l'on inscrit les naissances, les mariages et les décès. Elle inaugura la pratique du *mariage civil*, célébré à la mairie sans cérémonie religieuse (celle-ci restant facultative) ; elle autorisa aussi le *divorce*, interdit jusque-là parce que l'Église catholique ne l'admet pas. Elle diminua au profit de la femme et des enfants les droits du père de famille et décida que tous les enfants auraient une part égale de l'héritage. ce qui contribua à morceler la propriété foncière. Enfin elle proclama en 1794 *l'émancipation des esclaves* aux colonies.

La Convention et les classes pauvres

La Convention ne chercha pas à modifier l'organisation sociale au profit des classes pauvres, paysans et ouvriers. Les mesures qu'elle prit en leur faveur, elle ne les vota guère que par opportunisme. C'est pour détourner les paysans de faire cause commune avec l'insurrection fédéraliste au lendemain du 2 juin que les Montagnards décrétèrent *l'abolition totale et sans indemnité de tous les droits féodaux* (17 juillet 1793). Les titres féodaux, dont la Législative reconnaissait qu'ils établissaient le bon droit du seigneur, devaient être «brûlés en présence du Conseil municipal et de tous les citoyens» : ainsi, ce qui était insurrectionnel sous la Constituante devenait non seulement légal mais obligatoire. De nombreux propriétaires se trouvèrent lésés par cette mesure radicale. mais les paysans obtinrent ainsi gratuitement ce que, dans les autres pays d'Europe, ils n'ont obtenu que contre indemnité : *la propriété libre et absolue de leurs terres*.

Si l'on excepte l'abolition des droits féodaux. la Convention ne prit aucune mesure en faveur du prolétariat des campagnes. Au moment où elle taxait le blé et le fourrage, elle se refusa à taxer les baux des fermiers et des métayers ; elle conserva toujours pour la vente des biens nationaux le système des enchères qui écartait les pauvres ; elle vota les lois de ventôse en faveur des indigents, mais elle ne les appliqua pas ; enfin elle autorisa le *partage des biens communaux*, mesure qui favorisait les paysans aisés au détriment des pauvres.

Quant aux ouvriers, la Convention leur imposa un maximum des salaires, tandis qu'elle ne faisait pas strictement observer le maximum des denrées. La promesse d'organiser une *Assistance publique* et un *enseignement gratuit* resta lettre morte, faute de crédits.

La Convention et l'Instruction Publique

Les assemblées révolutionnaires se passionnèrent pour le problème de l'enseignement. *Talleyrand et Mirabeau* sous la Constituante, *Condorcet* sous la Législative, *Lakanal* et l'*abbé Grégoire* sous la Convention demandaient la création d'une *Instruction Publique :* ils voulaient que l'instruction fît partie des fonctions de l'État. La question se posait avec d'autant plus de gravité que la Révolution avait détruit les ordres religieux qui, jusque-là, donnaient, partiellement tout au moins, l'enseignement. D'ailleurs beaucoup de paysans ne savaient pas le français mais seulement le patois. «Après le pain, s'écriait Danton, l'éducation est le premier besoin du peuple.»

La veille du jour où elle se sépara, la Convention vota une *loi sur l'Instruction Publique* (octobre 1795). Il y aurait au moins une école primaire par canton mais elle ne serait gratuite que pour les indigents. L'enseignement secondaire serait donné dans l'*École Centrale* du département : le programme, très large, ne se réduisait pas seulement, comme jadis, aux lettres et aux mathématiques ; il englobait les sciences expérimentales, l'histoire, la géographie, les langues vivantes, le dessin, l'étude des lois des différentes nations. En revanche, on n'y donnait pas d'enseignement religieux. Il n'y avait pas d'internat. La discipline était très libérale et les élèves étaient traités en grands garçons.

La Convention montra un intérêt encore plus grand pour l'enseignement supérieur. Elle créa ou réorganisa la plupart des établissements scientifiques et des Grandes Écoles qui existent aujourd'hui : *École Polytechnique, École des Ponts et Chaussées, Conservatoire des Arts et Métiers,* qui était à la fois «un musée et une école pour l'industrie», *Bureau des Longitudes, École des Mines, Muséum d'Histoire Naturelle, Conservatoire de Musique.* Elle constitua au chef-lieu de chaque département une bibliothèque et un dépôt d'archives ; elle fonda à Paris les *Archives Nationales* ; elle ouvrit au public la collection de tableaux du roi, réunie au *Musée du Louvre.* Enfin, pour remplacer les Académies supprimées en 1793, elle créa l'*Institut de France.* Divisé en trois classes — sciences physiques et mathématiques, sciences morales et politiques, littérature et beaux arts —, l'Institut devait être, selon l'expression de Daunou, «l'abrégé du monde savant».

Si l'on songe que la Convention, au milieu des plus affreuses difficultés, trouva le loisir de discuter tant de questions, on comprend que ses adversaires eux-mêmes aient eu le sentiment, quand elle se sépara, «qu'il s'en allait quelque chose de grand».

Le Directoire (1795-1799)

I. — La politique intérieure

Le nouveau régime

On appelle *Directoire* le gouvernement qui dirigea la France depuis la fin de la Convention (26 octobre 1795) jusqu'au coup d'État du 19 Brumaire an VIII (10 novembre 1799) : durant ces quatres années le pouvoir exécutif fut en effet confié à un «Directoire» de cinq membres.

En vertu du décret des deux tiers, la majorité des Conseils était formée d'anciens conventionnels. Les cinq Directeurs élus furent cinq Conventionnels, Barras, Reubell, La Revellière, Le Tourneur et Carnot. En fait, le pouvoir ne changeait pas de mains. *Le Directoire continuait la Réaction thermidorienne.* La seule différence était que la République sortait de la phase révolutionnaire pour entrer dans la phase de la légalité constitutionnelle. Comme à la fin de la Constituante, on pouvait croire que la Révolution était terminée.

Les difficultés du régime

Le Directoire eut à faire face aux mêmes difficultés que la Réaction thermidorienne : difficultés politiques, militaires, financières et morales.

A l'intérieur il était menacé par les Jacobins et les Royalistes. Aussi sa politique allait-elle se réduire à frapper tantôt à droite, tantôt à gauche, sans reculer devant les *coups d'État*.

A l'extérieur, *la guerre continuait*. Ni l'Autriche ni l'Angleterre n'étaient disposées à reconnaître à la France la frontière du Rhin.

On ne peut pas gouverner, encore moins faire la guerre sans ressources financières. Or l'assignat de 100 livres n'en valait plus qu'une. L'État ne savait comment payer ses fonctionnaires et le *peuple mourait de faim*.

Cependant quelques milliers de spéculateurs édifiaient de scandaleuses fortunes et étalaient un luxe insolent. L'un des traits de la société du Directoire est en effet le rôle joué par *une minorité de parvenus*, parvenus de la politique, du négoce, ou de la finance, avides de jouir de richesses facilement acquises. De là, à Paris et dans les grandes villes, une fureur de plaisir, le nombre croissant des bals, des salles de jeux, des théâtres, des restaurants fins et des glaciers, l'excentricité et l'indécence des modes affichées par les *Incroyables et les Merveilleuses*.

D'ailleurs qu'ils fussent riches ou pauvres les Français se désintéressaient complètement des affaires publiques. *Le pays était las de tout*, las des six années de Révolution, las de la guerre, indifférent même aux victoires, n'aspirant plus qu'au pain quotidien, à la saine monnaie, au repos.

La fin du papier monnaie

Il y avait en circulation 40 milliards d'assignats et ils avaient perdu les 99/100e de leur valeur. Il ne pouvait y avoir d'assainissement financier que si l'on résorbait cette masse immense de papier monnaie. Le gouvernement essaya de la faire rentrer par le moyen d'un emprunt forcé, puis il décida de *supprimer l'assignat*; le 19 février 1796 il procéda solennellement à la destruction de la planche aux assignats.

Comme il restait encore en circulation plus de dix milliards d'assignats, le gouvernement décida de les échanger contre un nouveau papier-monnaie, les *mandats territoriaux*, avec lesquels on pourrait se faire adjuger sans enchères une portion des biens nationaux (mars 1796). Mais les mandats furent en quelques semaines aussi dépréciés que l'avaient été les assignats. Au bout d'un an, le Directoire dut les supprimer à leur tour (février 1797). Ils n'avaient servi qu'à dépouiller l'État de vastes domaines achetés à vil prix par les spéculateurs.

Persistance de la crise financière

La crise financière restait donc toujours aussi grave. Le gouvernement était réduit à passer par les exigences des financiers. Ceux-ci se faisaient payer en biens nationaux cédés à vil prix ; parfois même ils exigeaient l'abandon d'une partie des recettes fiscales à venir ; pour obtenir des marchés avantageux, ils achetaient les fonctionnaires. De là une série de scandales qui achevaient de déconsidérer le régime.

La situation semblait sans issue. En effet le gouvernement, n'ayant pas la confiance du pays, ne pouvait lancer un emprunt. La ministre des Finances *Ramel* dut se résigner à une banqueroute partielle : il remboursa en titres sans valeur les deux tiers des créances inscrites sur le Grand Livre de la Dette publique, un tiers seulement étant «consolidé» en rentes 3 %. Ce fut ce que l'on appela le *tiers consolidé*, ou encore la *banqueroute des deux tiers* (septembre 1797). Il créa également un quatrième impôt direct, *l'impôt sur les portes et fenêtres* et plusieurs *impôts indirects*. Ramel tenta même d'organiser une administration spéciale pour lever les contributions directes, car les municipalités s'en acquittaient fort mal : il n'y parvint pas ; il prépara du moins sur ce point la voie à Napoléon.

La crise financière pesa aussi sur la politique extérieure. Si le Directoire se lança dans une politique de conquêtes, ce fut en partie dans l'espoir de remplir le Trésor public par les contributions de guerre imposées aux pays vaincus.

Le péril jacobin. La conspiration des Égaux

Les premiers adversaires auxquels se heurta le Directoire furent les Jacobins.

Au début de 1796, les ouvriers souffraient atrocement de la faim et du froid. C'est dans cette atmosphère de misère et de mécontentement qu'éclata, au printemps de 1796, la *Conspiration des Égaux*. Elle était l'œuvre d'un journaliste, *Babeuf*. Il réclamait non seulement la Constitution de l'an I mais encore la suppression de la propriété individuelle des terres et l'établissement d'un *régime communiste*. L'État se ferait remettre toutes les productions du pays et les distribuerait équitablement entre les habitants.

De l'avis de Babeuf, la révolution sociale ne pouvait se réaliser qu'après la prise du pouvoir politique par les communistes. Au début de 1796, Babeuf et ses amis, les «babouvistes», conspirèrent donc pour renverser le Directoire. Ils créèrent une organisation secrète, où ils groupèrent à côté de quelques communistes un grand nombre de Jacobins mécontents. Mais un des affiliés dénonça la conspiration à Carnot. Babeuf fut arrêté, ainsi que les principaux meneurs, et exécuté.

Malgré son échec, la Conspiration des Égaux a une grande importance historique. Pour la première fois un complot avait eu un caractère communiste et les conjurés avaient affirmé la nécessité, pour atteindre leur but, de prendre le pouvoir politique par un coup de force et d'instaurer provisoirement une dictature populaire.

Le péril royaliste

L'échec du complot jacobin rendit l'espoir aux royalistes. Déjà, devant la menace babouviste, le gouvernement s'était rapproché des modérés et, à l'instigation de Carnot, il fermait les yeux sur le retour des émigrés et des réfractaires. Les royalistes profitèrent de ce revirement.

Ils venaient de se rallier à une tactique nouvelle. Renonçant à l'idée d'un coup de force, ils voulaient maintenant, par une habile propagande appuyée sur les subsides de l'Angleterre, conquérir l'opinion publique pour triompher aux élections de 1797. Alors, en possession de la majorité aux Conseils, ils rétabliraient légalement la monarchie. A cet effet, ils fondèrent l'*Institut des amis de l'ordre* qui eut des ramifications dans toute la France et gagna à lui tous ceux qu'effrayait le péril communiste. De fait, les élections d'avril 1797 pour le renouvellement du tiers des Conseils fut une victoire du *«parti de l'ordre»*, c'est-à-dire des royalistes déguisés : sur 216 Conventionnels sortants, 13 seulement furent réélus.

Aussitôt les Conseils réunis, la majorité de droite agit avec décision. Pour nouveau Directeur elle choisit *Barthélemy*, un royaliste. Les Cinq-Cents élurent pour président le général *Pichegru*, qui s'était vendu à Louis XVIII. Anciens et Cinq-Cents prirent ensuite des mesures en faveur des émigrés et des prêtres réfractaires, ils parlèrent même de mettre en accusation trois Directeurs qu'ils jugeaient trop «jacobins».

Le coup d'État du 18 Fructidor

Entre la majorité des Conseils et la majorité du Directoire, un conflit était inévitable. Et comme la Constitution de l'an III n'avait pas prévu le cas, le conflit ne pouvait se dénouer que par la force. De part et d'autre on se prépara à y recourir. Les trois Directeurs menacés prirent les devants et, appuyés sur l'armée encore ardemment républicaine, ils firent le *coup d'État du 18 Fructidor an V* (4 septembre 1797).

En accord avec les généraux les plus illustres, Hoche et Bonaparte, ils concentrèrent 30 000 hommes non loin de Paris et donnèrent au général *Augereau*, venu exprès de l'armée d'Italie, le commandement de la division militaire de Paris. Le 18 Fructidor, tandis que des proclamations dénonçaient la trahison de Pichegru et le complot royaliste, Augereau faisait arrêter Barthélemy, Pichegru et les principaux députés de la majorité. Carnot, décrété lui aussi d'accusation, put s'enfuir. Réunie d'urgence, la minorité républicaine des Conseils annula les élections dans 49 départements et condamna à la déportation 53 députés : de la sorte *177 membres furent exclus des conseils et la minorité devint majorité*. Les émigrés rentrés furent passibles de la peine de mort ; la liberté de presse fut supprimée pour un an et 70 journalistes condamnés à la déportation (ce qu'on appelait la *guillotine sèche*). Tout prêtre put être déporté par simple arrêté du gouvernement. Par hostilité à l'égard du catholicisme, le Directoire développa le *culte déca-*

daire et protégea pendant quelques mois la religion nouvelle, la *théophilanthropie*[1], à laquelle se rallia une partie de l'élite intellectuelle.

La République était sauvée, mais à l'aide d'un coup d'État militaire et en violation de la légalité.

Le coup d'État du 22 Floréal

La répression du mouvement royaliste profita aux Jacobins. Aux élections législatives de 1798 ce fut à leur tour de l'emporter : un grand nombre d'entre eux furent nommés. Mais les Directeurs ne voulaient pas plus d'une majorité jacobine que d'une majorité royaliste. Ils frappèrent à gauche après avoir frappé à droite et ils firent un 18 fructidor à rebours. Par le *coup d'État du 22 Floréal an VI* (4 mai 1798) ils annulèrent 98 élections. 45 candidats gouvernementaux furent déclarés élus, quoique ayant eu moins de voix que leurs concurrents ; les autres sièges restèrent vacants. Ces mesures arbitraires étaient la négation de toute l'égalité : la Constitution de l'an III n'était plus qu'une fiction.

Pendant un an le gouvernement exerça une véritable dictature de fait. La presse était strictement surveillée, les clubs étaient fermés et, aux Conseils, l'opposition semblait avoir disparu.

Le réveil économique

Cependant difficultés financières et coups d'État n'empêchèrent pas un réveil de l'activité économique. De 1796 à 1799 les récoltes furent bonnes, la culture de la pomme de terre, du tabac, des plantes fourragères et surtout de la vigne prospéra. La production du charbon quadrupla ; l'industrie horlogère, importée de Suisse, se développa à Besançon et celle des toiles peintes, qu'*Oberkampf* avait créée à Jouy près de Paris au début du règne de Louis XVI, redevint par moments aussi florissante qu'avant 1789. Le grand imprimeur d'Essonnes, *Firmin Didot*, améliora les procédés d'imprimerie et publia des

[1] Ce mot formé de trois mots grecs signifie : amour de Dieu et des hommes.

éditions magnifiques; *Conté* fabriqua des crayons parce qu'on n'en recevait plus d'Angleterre. Le ministre de l'Intérieur, *François de Neufchâteau*, qui avait déjà ordonné le premier recensement de la population et la première statistique agricole, organisa en 1798 à Paris la première exposition industrielle.

Le désir de protéger l'industrie française contre la concurrence des produits anglais explique la *politique commerciale* du Directoire. Il déclara de bonne prise tout navire *neutre* qui transportait des marchandises anglaises ou avait fait relâche dans un port anglais. En revanche il repoussa la ligne des douanes françaises jusqu'à y englober les «républiques sœurs» (c'est-à-dire les États vassaux de la France, comme la Hollande ou la Suisse) et essaya de fermer au commerce anglais les pays étrangers avec lesquels il était en bons rapports diplomatiques tels la Prusse, l'Espagne, les États allemands. Le Directoire préparait ainsi la voie à Napoléon et à sa politique du *Blocus continental*.

Réformes militaires

Cependant la guerre continuait et le problème de l'organisation de l'armée devenait presque aussi grave que celui des finances. Depuis le 9 Thermidor l'armée était en pleine décadence. Soldats et officiers recevaient leur solde très irrégulièrement et devaient marauder pour vivre : la discipline s'en ressentait. Les généraux étaient en conflit constant avec les «commissaires» que le Directoire avait placés auprès d'eux et certains, tel Bonaparte, se montraient peu disposés à obéir loyalement au gouvernement. Enfin l'armée avait perdu tout contact avec la nation : elle ne comprenait plus que des soldats de métier, entièrement dévoués à leur général et prêts à le suivre où il leur ordonnerait de marcher.

Surtout, il y avait une *grave crise d'effectifs*. Dès octobre 1794, sur 1 100 000 hommes inscrits sur les rôles, on ne comptait que 750 000 présents et en 1796 que 410 000. Cette diminution tenait à la très forte mortalité due aux maladies et, plus encore, à des désertions massives : nombre de volontaires jugeaient que, l'ennemi chassé de France, ils avaient le droit de rentrer dans leurs foyers, d'autant que, depuis 1793, le gouvernement n'avait fait aucune nouvelle levée. Pour assurer un recrutement suffisant, le Directoire fit voter la loi dite de *conscription*, œuvre du général *Jourdan*. Tous les Français étaient en droit *conscrits* et devaient éventuellement le service militaire de 20 à 25 ans. Dans le cas où les volontaires n'étaient pas assez nombreux, le gouvernement mobilisait un certain nombre de conscrits, en commençant par la classe la plus jeune.

Le coup d'État du 30 Prairial

Le problème politique se posa à nouveau au printemps de 1799. A cette date les élections législatives furent un échec pour le gouvernement qui eut à faire face désormais à deux sortes d'adversaires, également dangereux pour lui : les Revisionnistes et les Néo-Jacobins.

On appelait *Revisionnistes* un groupe d'hommes politiques auxquels une revision de la Constitution paraissait indispensable. Leur programme était de renforcer le pouvoir exécutif et de réserver la direction des affaires à la bourgeoisie riche. On comptait parmi eux Talleyrand, Daunou, la Revellière, Merlin, Reubell. Leur chef était *Sieyes*, qui venait d'être élu Directeur au mois de mai 1799.

Les *Néo-Jacobins* étaient les Républicains avancés qui ne pardonnaient pas au Directoire d'avoir fait contre eux le coup d'État de Floréal et de tenir en sujétion le Pouvoir législatif. Ils lui reprochaient aussi de tolérer les dilapidations des financiers et l'attitude factieuse des généraux. Exploitant l'émotion causée par les défaites de nos armées en Allemagne et en Italie, les Néo-Jacobins décidèrent les Conseils à se débarrasser, par une pression morale, de trois Directeurs, particulièrement de La Revellière. Les trois hommes furent en effet contraints de donner leur démission : c'est ce qu'on appelle (improprement, puisque les formes légales furent respectées) le *coup d'État du 30 Prairial* (18 juin 1799).

L'opinion restait indifférente à tous ces changements. «L'esprit public, note un rapport du temps, se trouve amorti et comme nul.». Un nouveau coup d'État, le quatrième, allait bientôt régler définitivement le sort du Directoire : ce fut le coup d'État du 19 Brumaire. Il allait être l'œuvre d'un jeune général que ses fulgurantes victoires en Italie et en Égypte venaient de rendre célèbre, *Napoléon Bonaparte*.

Le Directoire

II. — Les victoires du Général Bonaparte. Le coup d'Etat de brumaire et la fin du Directoire

I. — La campagne d'Italie

La guerre contre l'Autriche

La Prusse, la Hollande et l'Espagne avaient, on l'a vu, posé les armes en 1795, mais l'Autriche et l'Angleterre continuaient la lutte. Contre l'Autriche Carnot prépara pour 1796 un vaste plan d'attaque. Trois armées françaises devaient converger vers Vienne : les deux plus importantes, commandées par *Jourdan* et *Moreau*, traverseraient l'Allemagne, la troisième ferait une diversion dans l'Italie du Nord où l'Autriche possédait le Milanais.

Jourdan et Moreau furent tenus en échec par le jeune *archiduc Charles*, le plus remarquable des généraux autrichiens[1]. Mais l'armée d'Italie, presque partout victorieuse pendant une année, réussit à imposer la paix au gouvernement de Vienne. Elle était commandée par le général *Bonaparte*.

[1] Il était le frère de l'empereur François II.

La jeunesse de Bonaparte

Napoléon Bonaparte était né à Ajaccio, en 1769, quelques mois après que la Corse, achetée aux Génois par Louis XV, fut devenue française. Fils d'un noble de petite fortune, qui s'était tout de suite rallié à la France, il fit ses études secondaires, comme boursier du roi, au collège de Brienne, en Champagne. Puis, après avoir passé un an à l'École Militaire de Paris, il fut nommé sous-lieutenant d'artillerie en 1785.

Il fut un officier singulier : constamment en congé et, le plus souvent, sans permission régulière, refusant de rejoindre son corps même quand la Législative eut proclamé la Patrie en danger. Tout son temps libre, il le passait en Corse, qui lui semblait être sa vraie patrie. Il espérait s'y tailler un rôle à la faveur de la Révolution, car il était ambitieux et, tout de suite il s'affirma ardent «patriote». Quand, en 1793, les adversaires de la Convention décidèrent de livrer l'île aux Anglais, Bonaparte essaya de s'y opposer. Il échoua et, menacé de mort, dut s'enfuir avec toute sa famille en Provence. Alors seulement, il se sentit vraiment Français.

Fougueux Montagnard, il participa en 1793 à la reprise de Marseille sur les fédéralistes et de *Toulon* sur les Anglais. La protection du frère de Robespierre, alors représentant en mission dans le Midi, lui valut le commandement de l'artillerie à l'armée des Alpes, avec le grade de général. Emprisonné après le 9 Thermidor comme robespierriste, Bonaparte fut bientôt libéré. Nommé à la tête d'une brigade d'infanterie en Vendée, il refusa de rejoindre son poste et fut rayé des cadres de l'armée. Il pensait à se mettre au service du sultan pour réorganiser l'artillerie turque, lorsqu'il eut la chance d'être choisi par Barras pour triompher de l'insurrection royaliste, le *13 vendémiaire* (octobre 1795). Cette journée décida en partie de sa fortune.

Reconnaissant, Barras lui fit en effet obtenir le *commandement en chef de l'armée d'Italie* (mars 1796). Quelques jours avant de quitter Paris, Bonaparte épousa la veuve d'un général qui avait été guillotiné, *Joséphine de Beauharnais*.

La campagne d'Italie

L'armée d'Italie, concentrée près de Gênes, avait en face d'elle une armée piémontaise et une armée autrichienne. Bonaparte se glissa entre elles et les battit successivement — quatre fois en dix jours. Le roi de Piémont-Sardaigne reconnut immédiatement à la France la possession de la Savoie et de Nice (mai 1796). Les Autrichiens, vaincus également, particulièrement au passage de l'Adda à *Lodi*, évacuèrent le Milanais et se retranchèrent dans la ville de *Mantoue*. Bonaparte ne pouvait laisser derrière lui cette place forte aux mains de l'ennemi : il l'assiégea.

Le siège de Mantoue dura huit mois (juin 1796-février 1797). A quatre reprises, des armées autrichiennes de secours, venues d'Allemagne, dévalèrent des Alpes pour tenter de débloquer la ville. Bonaparte courut parfois de graves dangers, comme au *pont d'Arcole* (novembre 1796) ; il subit même des échecs. Mais il remporta de plus nombreuses victoires : *Castiglione* (août 1796), *Rivoli* (janvier 1797). Enfin, au début de février 1797, Mantoue capitula. Quelques jours plus tard, le pape Pie VI renonçait au Comtat Venaissin et à Avignon et cédait le nord de ses États, avec les villes de Bologne et de Ferrare.

Mantoue prise, Bonaparte reprit sa course vers l'Est. En avril 1797, son avant-garde était à moins de 100 kilomètres de Vienne. L'Autriche se vit contrainte de poser les armes : elle accepta l'*armistice de Leoben* puis, six mois plus tard, le *traité de Campo-Formio* (octobre 1797). Elle céda à la France les Pays-Bas et le Milanais ; de plus elle lui reconnut secrètement le droit d'annexer la rive gauche du Rhin depuis le nord de l'Alsace jusqu'à Coblence. En compensation, l'Autriche reçut en Allemagne des territoires ecclésiastiques et, en Italie, la partie orientale de la République de Venise que Bonaparte venait d'occuper.

Avec le reste de la Vénétie, le Milanais, le duché de Modène et le nord des États pontificaux, Bonaparte constitua un État nouveau, vassal de la France, la *République Cisalpine*. En même temps la République de Gênes fut contrainte de modifier sa constitution et, sous le nom de *République ligurienne*, de subir l'influence politique de la France.

Rôle de Bonaparte

La campagne d'Italie révéla brusquement le génie militaire de
Bonaparte. Certes, il avait été bien secondé par ses généraux :
Augereau, *Lannes*, *Masséna*, *Joubert*, *Murat* et son chef d'état-
major *Berthier*. Les soldats, entraînés par de tels chefs, avaient
accompli des prodiges, quoiqu'ils fussent trop souvent indociles
et pillards.

Mais les plans de campagne comme leur réalisation, étaient
l'œuvre personnelle de Bonaparte. Cette extraordinaire série
de victoires faisait de ce général de vingt-huit ans l'égal des
grands capitaines de l'Antiquité, Alexandre, Hannibal et
César.

Bonaparte ne s'était pas seulement révélé grand homme de
guerre. Dès ses premiers succès il avait *agi en maître :* il avait
négocié à son gré avec les Piémontais et les Autrichiens, organisé à sa guise les territoires conquis. Malgré les ordres formels
du Directoire, il avait bouleversé le statut politique de l'Italie
du Nord. Prenant prétexte d'un massacre de soldats français à
Vérone, il avait osé, de sa propre autorité, rayer de la carte
d'Europe la République de Venise, vieille de plus de 800 ans.
Que pouvaient les Directeurs en face du général victorieux qui
leur envoyait les contributions de guerre des pays vaincus et
leur dépêchait Augereau pour écraser les royalistes au 18 fructidor ?

Bonaparte avait travaillé pour lui plus que pour la France. Il
avait créé une République cisalpine et acquis les îles Ioniennes
parce qu'il voulait établir l'hégémonie française dans la Méditerranée et en Orient. L'Orient le hantait : il rêvait d'y accom-
plir des exploits prodigieux. Mais cette politique d'aventures,
sans rapports avec la tradition nationale, devait nécessairement
conduire à de nouvelles guerres.

II. — L'expédition d'Égypte et la deuxième coalition

La lutte contre l'Angleterre

La lutte continuait contre l'Angleterre. Depuis que la Convention avait, en février 1793, rompu avec le gouvernement de
Londres, celui-ci avait financé la coalition, mais avait pris une

part secondaire aux opérations militaires sur le continent. Des troupes anglaises avaient aidé les Autrichiens en Flandre, occupé Toulon pendant quelques mois ainsi que la Corse, mais elles n'avaient tenté sérieusement aucun débarquement dans l'Ouest, à l'exception de celui de Quiberon qui fut un échec retentissant. Sur mer, en revanche, les escadres anglaises avaient infligé plus d'une défaite aux escadres françaises[1].

Dès son arrivée au pouvoir, le Directoire organisa un *débarquement en Irlande*, qui échoua (décembre 1795). Cependant, en 1797, de graves difficultés financières, le mécontentement des classes populaires devant le renchérissement de la vie, la mutinerie même des équipages de la flotte inclinèrent le gouvernement anglais à la paix. Mais le refus du Directoire d'évacuer la Hollande et de renoncer à sa politique commerciale anti britannique, puis le coup d'État du 18 fructidor amenèrent l'échec des négociations.

Bonaparte et l'Égypte

Quand la paix de Campo-Formio permit de tourner toutes les forces de la France vers l'Ouest, le Directoire nomma Bonaparte *général en chef de l'armée d'Angleterre*. Mais les flottes anglaises venaient d'infliger de lourdes pertes à celles de nos alliées, l'Espagne et la Hollande ; aussi le succès d'un débarquement semblait-il bien douteux. D'accord avec Talleyrand, devenu ministre des Affaires étrangères, Bonaparte proposa au Directoire et lui fit agréer l'idée d'une *expédition en Égypte*.

L'Égypte, il est vrai, était province turque. Mais outre qu'elle permettrait de dominer la Méditerranée orientale et rouvrirait au commerce français la route de la mer Rouge, elle constituerait une magnifique colonie ; elle fournirait également *une base d'opérations excellente pour ruiner la domination et le commerce anglais dans l'Inde*, source principale de la fortune de l'Angleterre[2]. Enfin l'expédition d'Égypte enthousiasmait Bonaparte, toujours hanté par l'Orient.

L'une de ces défaites est restée célèbre. C'est celle que subit en juin 1794, au large d'Ouessant, l'escadre de l'amiral *Villaret-Joyeuse* : celui-ci engagea le combat pour donner le temps à un convoi chargé de blé américain d'atteindre la France. A la tribune de la Convention Barère exalta — un peu plus que de raison — le magnifique courage des marins du vaisseau *Le Vengeur*

² Justement à ce moment les Anglais soutenaient dans le sud de l'Inde une guerre difficile contre un souverain indigène. *Tippou Sahib.*

L'expédition n'en était pas moins d'une témérité extrême : en attaquant l'Égypte, la France allait au-devant d'une guerre avec la Turquie, l'un des très rares États d'Europe avec lesquels elle n'eût pas rompu depuis 1792 : et surtout, si la flotte anglaise tenait la Méditerranée, Bonaparte et son armée seraient prisonniers dans leur conquête.

L'expédition d'Égypte

Au mois de mai 1798 Bonaparte s'embarqua à Toulon avec une armée de près de 40 000 hommes, deux des meilleurs généraux de la République, *Kléber* et *Desaix*, et une escorte de plus de 150 ingénieurs, savants, lettrés et artistes. Au passage, les Français s'emparèrent de l'île de *Malte*, puis ils débarquèrent à Aboukir et prirent Alexandrie. Ils écrasèrent à la *bataille des Pyramides* la courageuse cavalerie des *Mameluks*[1] et occupèrent le Caire. Mais, quelques jours plus tard, l'amiral anglais *Nelson* détruisit la flotte française ancrée à *Aboukir*.

Après avoir brisé l'autorité des beys et des Mameluks, Bonaparte gouverna en accord avec les chefs indigènes. Il réunit auprès de lui une assemblée de près de 200 notables et, dans chaque province, le général français fut assisté de quelques personnages importants. Le pays fut mis en valeur, le système d'irrigation amélioré ; des routes furent ouvertes, les ingénieurs tentèrent de ressusciter le canal qui, dans l'Antiquité, reliait la Méditerranée à la mer Rouge ; des cultures nouvelles furent introduites ainsi que l'usage des moulins à vent. Enfin, savants et artistes français étudièrent les vestiges de la civilisation pharaonique : leurs travaux sont à l'origine de la grande influence intellectuelle que la France a exercée en Égypte jusqu'au milieu du XXᵉ siècle.

Cependant, le sultan avait déclaré la guerre à la France et une armée turque venant de Syrie marcha sur l'Égypte. Bonaparte alla à sa rencontre, la battit au *Mont Thabor* (avril 1799), mais ne put s'emparer du port de Saint-Jean-d'Acre. Au retour, ses soldats, torturés par la soif, décimés par la peste,

---

[1] On appelait ainsi une milice de cavaliers au service des *beys* qui aidaient le pacha d'Égypte à gouverner le pays. Ces Mameluks étaient toujours d'anciens esclaves achetés au Caucase et amenés en Égypte.

connurent des souffrances horribles. Enfin une autre armée turque débarqua dans le Delta : Bonaparte la rejeta à la mer dans la *seconde bataille d'Aboukir* (juillet 1799). .

Peu après, Bonaparte apprit la situation périlleuse où se trouvait la France, attaquée par la deuxième coalition. Devançant les ordres de rappel que lui envoyait le Directoire, il quitta furtivement l'Égypte, laissant le commandement à Kléber (août 1799).

Les annexions du Directoire. La seconde coalition

La guerre avait en effet recommencé par la faute du Directoire, à la suite de la politique d'annexions qu'il avait pratiquée au cours de l'année 1798. En pleine paix, provoquant parfois lui-même des troubles pour se donner un prétexte à intervenir, il avait occupé les États pontificaux, les avait transformés en *République romaine* et avait déporté en France le Pape Pie VI, qui mourut prisonnier l'année suivante. Il avait ensuite remplacé l'ancienne Confédération suisse par une *République helvétique* centralisée à la française, occupé les deux petites républiques de *Mulhouse* et de *Genève* et la principauté de *Montbéliard*, et même le *Piémont*. Ces opérations s'accompagnèrent en général de lourdes contributions de guerre et de pillages. En même temps, le Directoire tentait à nouveau un débarquement en *Irlande* qui ne réussit guère mieux que le premier.

Cette politique brutale, jointe à l'expédition d'Égypte, indigna l'Europe. La Turquie, l'Autriche, le royaume de Naples et la Russie (dont le tsar, *Paul Ier*, haïssait les idées révolutionnaires[1]) s'allièrent à l'Angleterre pour former avec elle la *seconde coalition*.

Le Directoire l'emporta d'abord et conquit le royaume de Naples qui devint la *République parthénopéenne*[2]. Mais les ennemis disposaient d'une énorme supériorité numérique et il fallait défendre un front, immense, du nord de la Hollande jusqu'au sud de l'Italie. A nouveau, l'archiduc Charles battit les troupes de Jourdan sur le Rhin. Pour la première fois dans l'Histoire, des troupes russes apparurent en Italie et leur chef, le vieux routier *Souvorof*, déjà vainqueur des Turcs et des

---

[1] A la mort de Catherine II (1796), son fils Paul Ier lui avait succédé

[2] Du mot grec *Parthénopé* qui avait été le nom primitif de la ville de Naples

Polonais, triompha à plusieurs reprises des armées françaises. A la fin de l'été 1799, celles-ci ne possédaient plus en Italie que la ville de Gênes.

Cependant, en septembre et en octobre, la fortune parut tourner en faveur de la France. En Suisse, le général *Masséna* écrasa les troupes russes par deux fois près de *Zurich* et dans le massif du *St-Gothard*. En Hollande, le général *Brune* contraignit les Anglo-Russes à mettre bas les armes.

En ce même mois d'octobre 1799, *Bonaparte abordait en Provence*. S'il arrivait trop tard pour jouer le rôle de sauveur à la tête des armées, il arrivait à temps pour se mêler à la lutte des partis, s'élever au-dessus d'eux et s'emparer du pouvoir.

III. — Le coup d'État de Brumaire

La situation politique en France

La situation politique favorisait Bonaparte. Le gouvernement, mis en échec par la double opposition des *Revisionnistes* et des *Néo-Jacobins*, avait été l'objet d'un coup d'État : trois Directeurs avaient dû démissionner à la suite du «coup d'État du 30 prairial an VII». Pendant ce temps les royalistes s'insurgeaient dans l'Ouest, en Belgique, dans la vallée de la Garonne et les émigrés combinaient avec les Alliés un plan d'invasion de la France. Devant ces dangers, les Néo-Jacobins firent décréter la levée en masse, un impôt forcé sur les riches, enfin la *loi des otages* : en vertu de cette loi, les parents des émigrés ou des royalistes insurgés pouvaient être rendus responsables de tout désordre qui se produirait dans les communes qu'ils habitaient.

Cette réapparition des mesures révolutionnaires de 1793 effraya les modérés, les catholiques, les hommes d'affaires. Ils demandèrent aux deux Directeurs revisionnistes, *Sieyes* et *Roger Ducos*, de faire au plus tôt un coup d'État pour transformer la Constitution, créer un pouvoir exécutif fort et éliminer les Néo-Jacobins. A quel général en confierait-on l'exécution ? A ce moment Bonaparte revenait d'Égypte, bien résolu à se saisir du pouvoir.

Tous les regards se tournaient vers Bonaparte parce qu'on

voyait en lui l'homme qui rétablirait la paix au-dehors et l'ordre au-dedans. Tous les partis le sollicitaient. Très habilement, Bonaparte n'en découragea aucun. Mais, après avoir observé la situation, *il lia partie avec Sieyes.*

Le coup d'État du 19 Brumaire

Les deux hommes tombèrent bientôt d'accord : on obtiendrait la démission, volontaire ou forcée, des Directeurs ; puis les Conseils confieraient le pouvoir exécutif, ainsi devenu vacant, à Sieyes, Ducos et Bonaparte, en les chargeant d'apporter à la Constitution de l'an III les modifications nécessaires. On acheta la complicité du Directeur *Barras*, on était sûr de *Talleyrand*, ex-ministre des Affaires étrangères, de *Cambacérès*, ministre de la Justice, de la majorité des Anciens, de *Lucien Bonaparte*, frère de Napoléon et président des Cinq-Cents ; on escomptait la bonne volonté de *Fouché*, ministre de la Police. Des financiers, que l'emprunt sur les riches avait irrités, fournirent l'argent nécessaire.

Au début tout alla bien. Le 18 Brumaire (9 novembre 1799), le Conseil des Anciens décida que, devant les menées jacobines à Paris, le Corps Législatif siégerait provisoirement à Saint-Cloud (ce transfert n'avait rien d'illégal), sous la protection de Bonaparte nommé commandant des troupes de Paris. En même temps, Sieyes, Roger Ducos et Barras démissionnèrent ; leurs deux collègues furent mis sous bonne garde. Il n'y avait plus de pouvoir exécutif.

Mais le lendemain, 19 Brumaire, tout faillit échouer. Quand Bonaparte pénétra aux Cinq-Cents, il fut accueilli par les cris de : «A bas le dictateur !» Bousculé, presque défaillant, il fut entraîné au-dehors par ses soldats, pendant que les députés réclamaient le vote fatal de mise «hors la loi», le même qui avait perdu Robespierre. La présence d'esprit de son frère Lucien sauva Bonaparte. Lucien essaya de retarder le vote, puis sortit de la salle des séances, harangua la garde du Corps Législatif, qui, composée de vieux républicains, était hésitante. Il leur affirma que les opposants étaient des traîtres à la solde de l'Angleterre et leur ordonna de les disperser. Les soldats obéirent et les députés s'enfuirent à la débandade.

Le soir, quelques membres des Cinq-Cents et des Anciens déclarèrent le Directoire dissous et confièrent le pouvoir exécutif à trois *Consuls provisoires* — Sieyes, Roger Ducos et Bonaparte — avec le mandat de réaliser, d'accord avec deux commissions de vingt-cinq députés chacune, les réformes administratives nécessaires, de rétablir l'ordre à l'intérieur et de conclure la paix au-dehors.

En fait, *la France s'était donné un maître :* le général Bonaparte. C'est à la date du 19 Brumaire que l'on a coutume de fixer la fin de la Révolution.

Le bilan de la Révolution en France

Le territoire français

Au moment du coup d'État de Brumaire, la France était *beaucoup plus étendue qu'elle ne l'était en 1789*. Elle s'était successivement accrue d'Avignon et du Comtat Venaissin, de la Savoie et du Comté de Nice, des Pays-Bas autrichiens, de la Principauté de Liège et des territoires allemands situés sur la rive gauche du Rhin. Enfin le Directoire avait annexé les villes de Montbéliard, Mulhouse et Genève.

De 1792 à 1800 les armées françaises perdirent environ 600 000 morts et disparus ; les soulèvements de l'Ouest coûtèrent la vie à 200 000 personnes peut-être ; enfin on peut évaluer à 80 000 le nombre des émigrés — dont plusieurs milliers d'ailleurs étaient déjà rentrés secrètement en France depuis le 9 Thermidor. Malgré ces pertes énormes, *la population avait augmenté* dans les limites de la France de 1789.

Si le territoire métropolitain s'était agrandi, la partie *la plus riche de l'empire colonial était en revanche perdue*. Dès le début de la Révolution, les Antilles françaises avaient été troublées par le refus des Blancs d'appliquer les décrets, pourtant bien timides, pris par la Constituante et la Législative en faveur des hommes de couleur. Puis les esclaves noirs s'étaient soulevés. Profitant de cette anarchie, les Anglais avaient occupé en 1793 la Martinique, la Guadeloupe, Tabago, Sainte-Lucie, et, de concert avec les Espagnols, Saint-Domingue. La Guadeloupe leur avait été reprise en 1794 ; quant à Saint-Domingue, elle était tombée sous la domination d'un Noir, ancien esclave, *Toussaint-Louverture*. Les Anglais s'étaient également emparés des cinq villes françaises de l'Inde.

La Révolution ou les Révolutions ?

Au cours des dix années qui vont de l'ouverture des États Généraux au coup d'État de Brumaire, des gouvernements si divers se succédèrent en France que l'on peut hésiter à parler de *la* Révolution. A voir la suite des régimes, monarchiste et républicain, bourgeois ou démocratique, pacifique ou conquérant, on penserait plutôt à *une série de révolutions successives*.

Cependant les aspects divers de la Révolution ne doivent pas cacher son unité profonde. Tous les Révolutionnaires ont affirmé leur fidélité à la Déclaration des Droits de l'Homme. Tous sont restés attachés aux principes de liberté individuelle, d'égalité des droits, de souveraineté de la nation, de liberté économique ; même quand ils jugeaient que les circonstances ne permettaient pas de les appliquer, ils les regardaient pourtant comme un idéal.

La foi dans la raison et dans la science

Ce qui fait l'unité de la Révolution française, c'est la volonté de *détruire l'Ancien Régime traditionnel au profit d'un régime nouveau fondé sur la raison*. C'est en cela que la Révolution est fille du XVIIIe siècle.

Ainsi s'explique aussi sa confiance dans ce qui est l'œuvre par excellence de la raison humaine, c'est-à-dire la *science*. C'était d'ailleurs le temps où la suprématie des savants français était incontestée : mathématiciens comme *Lagrange*, *Laplace* et

Monge; chimistes comme *Lavoisier*, *Berthollet* et *Chaptal*; naturalistes comme *Geoffroy Saint-Hilaire*, *Lamarck*, *Lacépède*, *Cuvier*. De ce magnifique épanouissement intellectuel un témoignage subsiste dans une œuvre collective : *la création du système métrique*. Le point de départ en fut la décision de l'Assemblée Constituante, en 1791, de choisir comme base de l'unité de mesure, ou *mètre*, la longueur d'une partie du méridien terrestre : ainsi cette mesure aurait un caractère non pas artificiel mais naturel et pourrait être acceptée par tous les peuples. L'échelle des divisions choisie pour les mesures, les poids et les monnaies fut le *système décimal*. Sans même attendre que les travaux préparatoires fussent achevés, la Convention vota en août 1793 l'adoption du système métrique[1]. Cet enthousiasme pour la science explique la création des grandes institutions scientifiques et la place donnée à l'étude des Sciences dans les Écoles Centrales.

En même temps, fidèles à l'exemple des Philosophes du XVIIIᵉ siècle, les hommes de la Révolution essayèrent d'appliquer les méthodes scientifiques à l'étude des idées et des sentiments des hommes et à celle des sociétés humaines. Des médecins, comme *Pinel* et *Cabanis*, furent les premiers à étudier les maladies mentales et à jeter quelque lumière sur ce qu'ils appelèrent «les rapports du physique et du moral». Une école de philosophes, connue sous le nom d'*Idéologues*, chercha à déterminer expérimentalement comment les idées se forment dans notre esprit; elle tenta aussi d'étudier scientifiquement les langues des différents peuples, leurs institutions politiques, leurs croyances religieuses. Alors apparut un domaine nouveau que nous appelons les sciences humaines — on disait alors les *sciences morales et politiques* : déjà les rudiments en étaient enseignés dans les Écoles Centrales.

La vue des progrès si rapides de la science depuis le début du XVIIIᵉ siècle donnait aux hommes de la Révolution une confiance enthousiaste dans les progrès indéfinis de l'espèce humaine. En un magnifique optimisme, ils avaient *foi en l'homme*.

---

1. En fait c'est seulement en juin 1799 que l'Institut put présenter au Corps législatif les deux étalons du mètre et du kilogramme. L'application du système métrique ne devint obligatoire qu'à partir du 1ᵉʳ janvier 1840.

La Révolution et le christianisme

La foi en la raison et en l'homme devait presque nécessaire-ment pousser les Révolutionnaires à se montrer *méfiants à l'égard du christianisme*. Ils lui reprochaient d'être une religion révélée. dont les dogmes s'imposent d'autorité sans qu'on ait le droit de les discuter ; une religion pessimiste qui montre l'homme. affaibli par le péché originel, incapable d'atteindre par lui-même la vérité et le bien ; une religion intolérante enfin, pu squ'elle ne reconnaît pas aux hérétiques le droit d'exprimer leur opinion. La Déclaration des Droits de l'Homme affirma l'entière liberté des opinions religieuses, et les plus modérés même des Révolutionnaires furent d'accord pour libérer l'État de tout dépendance à l'égard de l'Église : ils affirmèrent le principe de la *laïcité de l'État* en vertu duquel aucune condition religieuse ne peut être exigée pour l'exercice d'une fonction publique. L'instruction, l'assistance, l'état civil furent laïcisés et le divorce admis. La conséquence logique de cet état d'esprit fut la proclamation du régime de la *séparation de l'Église et de l'État* qui fut appliqué de 1795 à 1802.

La Révolution et l'unité nationale

Unanimes enfin, les Révolutionnaires le furent à réaliser et à resserrer sans cesse *l'unité de la nation*, jusqu'alors si impar-faite. La suppression des privilèges et la proclamation de l'éga-lité devant la loi dans la nuit du 4 août, la création d'une administration uniforme, la suppression des douanes in-térieures, la Fête de la Fédération, l'organisation d'une armée nationale, d'un système unique de poids et mesures, les projets de code unique en sont des preuves éclatantes. Plus importante leur paraissait l'union des esprits et des cœurs. Ils pensèrent la réaliser par l'instruction et l'éducation, par la littérature et par l'art.

En 1789, la plupart des gens de la campagne ne parlaient que le patois. Toutes les Assemblées révolutionnaires menèrent la lutte pour faire triompher le *français, langue nationale.*.

Une forte *éducation civique*, donnée à tous les Français, les attacherait pour toujours aux «Principes de 1789» et les unirait en un même amour pour la Patrie. De leur côté, écrivains et artistes éveilleraient dans le cœur des lecteurs et des spectateurs l'enthousiasme pour la «vertu». Les tableaux que, sous l'influence de *David*, admirateur passionné de l'art gréco-romain, les peintres présentaient au public répondaient à l'enthousiasme de celui-ci pour les héros de l'Antiquité. Plus grande encore devait être, aux yeux des Révolutionnaires, l'influence des *fêtes révolutionnaires*. souvent organisées par David lui-même et dont la musique rehaussait la pompe. *Méhul* orchestra le «Chant du départ» et *Gossec* «l'Hymne à l'Etre suprême». En ces émouvantes cérémonies civiques, les citoyens communiaient dans une même ferveur et avaient le sentiment profond de l'unité de la Patrie.

Le souci d'utiliser l'art pour exalter la Révolution n'était d'ailleurs pas sans danger. Il pouvait conduire à la destruction des chefs-d'œuvre élevés jadis à la gloire des «tyrans» ou de la «superstition». De fait nombre d'entre eux furent mutilés. D'ailleurs l'enthousiasme fanatique pour l'art antique faisait mépriser l'architecture et la sculpture romanes et gothiques. Du moins la Convention prit-elle des mesures pour sauver les œuvres d'art que le pillage des châteaux et des églises avait dispersées, et un particulier, le peintre *Lenoir*, réunit en un *Musée des monuments français* les restes de sculpture médiévale qu'il put trouver.

Les transformations de la Société. Clergé et Noblesse

La Révolution devait nécessairement bouleverser la hiérarchie des classes sociales, puisque le trait essentiel qui la caractérise est l'établissement d'un régime d'égalité dans une société fondée jusque-là sur les privilèges.

Des deux premiers ordres, *le clergé fut le plus atteint*. Non seulement il perdit ses privilèges financiers et judiciaires et le droit de censurer les livres, mais encore il perdit ses biens, «mis à la disposition de la nation». Au lendemain du 10 août, le clergé régulier disparut à la suite de l'abolition des ordres religieux ; en même temps, 30 000 prêtres séculiers furent bannis de France parce qu'ils étaient «insermentés.» Quant aux assermentés, ils cessèrent d'être fonctionnaires et donc de toucher un traitement à la fin de 1794. Quand la Convention eut voté, en février 1795, la séparation de l'Église et de l'État, l'Église catholique de France ne fut plus qu'une association privée, entourée de méfiance, parfois persécutée et souvent tracassée.

La noblesse, elle aussi, fut durement touchée. Elle dut renoncer à ses prérogatives honorifiques et à ses droits féodaux ; elle cessa de jouir du privilège d'occuper les postes élevés de l'armée, de l'administration, de l'Église. Les charges vénales qu'elle possédait lui furent rachetées en assignats vite dépréciés ; l'abolition du droit d'aînesse et l'institution du partage égal de la succession entre tous les héritiers fragmentèrent les grandes propriétés. Les nobles qui n'émigrèrent pas conservèrent leurs terres, mais ils furent lourdement frappés par les réquisitions et les emprunts forcés ; ils eurent le droit de remplir des fonctions publiques, mais, soumis à une constante suspicion, ils furent l'objet de multiples « épurations », privés souvent de leur fonction et jetés à la misère. Quant aux émigrés, ils étaient passibles de la peine de mort et leurs propriétés étaient vendues au profit de l'État.

A ces mesures générales prises contre les anciens privilégiés, il faut ajouter les très nombreuses arrestations individuelles et les exécutions, légales ou non, de nobles et d'ecclésiastiques, sans parler de la destruction ou du pillage des châteaux et des églises.

Paysans et ouvriers

La situation des paysans semble au contraire avoir été très améliorée. En fait, il faut distinguer entre eux. Seuls les paysans déjà propriétaires profitèrent de la suppression des droits féodaux et de la dîme, ainsi que de la liberté de cultiver et de vendre à leur guise (au moins tant qu'il n'y eut ni réquisition, ni maximum). Seuls, les plus aisés purent acheter des biens nationaux, puisque ceux-ci furent toujours vendus aux enchères. Mais ils souffrirent des taxations et des réquisitions et ils ressentirent durement la baisse des produits agricoles qui fut, sous le Directoire, la rançon des bonnes récoltes. Quant aux paysans pauvres, c'est-à-dire à l'immense majorité de la population rurale, ils ne gagnèrent que bien peu à la Révolution. Ils fournirent la plus forte part du contingent de la levée en masse de 1793 et les rares mesures votées en leur faveur, en particulier les lois de ventôse, ne furent pas appliquées.

Si la masse des ruraux gagna peu, les ouvriers ne furent pas mieux traités. La suppression des corporations permit aux moins besogneux de s'établir à leur compte, mais la loi Le Chapelier (1791) interdit la grève et l'organisation de syndicats. Dans les villes, souvent mal ravitaillées, les ouvriers souffrirent beaucoup sous la Révolution.

Rappelons aussi que, dans les régions de guerre civile et de guerre étrangère, le nombre des paysans et ouvriers tués au combat, exécutés ou même émigrés fut considérable et qu'à Paris un très grand nombre de condamnés à mort furent des sans-culottes.

La primauté de la bourgeoisie

Si les anciens privilégiés étaient les victimes de la Révolution, les masses populaires n'en étaient donc pas les bénéficiaires. *Du bouleversement politique et social de ces dix années, c'est la bourgeoisie qui avait retiré les profits les plus substantiels.*

Dès 1789 la bourgeoisie avait réussi, grâce à l'appui du peuple de Paris, à imposer aux Aristocrates ce à quoi elle tenait le plus : la suppression des privilèges et l'égalité des droits. La réorganisation politique, économique, sociale des années 1789, 1790 et 1791 se fit presque exclusivement à son profit.

Ce n'est pas que les riches bourgeois de 1789 n'aient été souvent lésés par la Révolution. Ceux d'entre eux qui possédaient des fiefs perdirent leurs droit féodaux ; les « officiers » se virent rembourser d'autorité leurs offices, les commerçants souffrirent de la perte des Antilles et de l'arrêt des échanges avec les pays étrangers, tous furent appauvris par le régime des taxations, des emprunts forcés, la chute des assignats, la banqueroute des deux tiers. Sous le gouvernement révolutionnaire, la bourgeoisie fut souvent frappée de suspicion par les sans-culottes, et nombre de ses membres périrent victimes de la Terreur ; mais le 9 Thermidor la rétablit dans sa primauté. Pendant toute la Révolution, les bourgeois furent les plus gros acheteurs de biens nationaux, même dans les campagnes. *C'est à la bourgeoisie que profita cet immense transfert de biens qui est l'un des traits essentiels de l'œuvre de la Révolution.*

Au-dessous de la bourgeoisie déjà existante en 1789, il se forma sous la Révolution une *classe nouvelle de bourgeois*. Elle était composée soit de gens du «peuple», artisans, petits marchands qui s'étaient élevés sur l'échelle sociale, soit d'un certain nombre de *parvenus* enrichis par la spéculation et les fournitures à l'État.

Les «notables» qui gouvernaient et administraient la France en dirigeaient aussi la vie économique. Après la chute de Robespierre, ils avaient obtenu le rétablissement de la liberté économique. Quelques-uns d'entre eux, *Ternaux, Lenoir, Richard* à Paris, le Belge *Bauwens* à Gand[1] furent des hommes d'affaires importants.

Effrayée, à la fin de l'été 1799, par la réapparition des mesures révolutionnaires comme la loi des otages et l'emprunt forcé, la bourgeoisie soutint Sieyes et fit réussir le coup d'État de Brumaire.

Les échecs de la Révolution

Pour immense qu'ait été son œuvre de «régénération», la Révolution avait pourtant échoué à résoudre certains problèmes essentiels.

Tout d'abord le *problème financier.* Il suffit de rappeler l'inflation, le destin lamentable des assignats et des mandats territoriaux, le Directoire ne vivant que du pillage des pays conquis et des avances consenties par les parvenus de la finance. L'appauvrissement de la France explique en partie le peu d'intérêt que montraient les citoyens à l'égard de la politique. La nation était prête à abandonner ses destinées à celui qui saurait lui donner une monnaie saine et la sécurité du lendemain.

Le problème constitutionnel n'était pas davantage réglé. La délicate question des *rapports du pouvoir exécutif et du pouvoir législatif* n'avait pas encore trouvé sa solution. Si l'un ou l'autre était trop puissant, on pouvait craindre une dictature; s'ils s'équilibraient en vertu du principe de la séparation

---

1. On sait que la Belgique actuelle faisait partie du territoire français depuis 1795.

complète des pouvoirs, c'était le régime des coups d'État, comme sous le Directoire.

Plus grave encore était l'*échec de la Révolution dans le domaine religieux*. Sa méfiance à l'égard des religions révélées l'avait poussée à se montrer de plus en plus hostile au catholicisme, et à tenter de déchristianiser la France. L'invasion des États pontificaux, l'arrestation du pape et sa déportation en France où il mourut (1799) semblèrent le coup de grâce porté à l'Église par la Révolution. En fait les masses restaient attachées à la religion traditionnelle. *Il apparaissait impossible qu'un gouvernement pût trouver dans la nation un soutien réel s'il ne se réconciliait au préalable avec le Saint-Siège.*

Aux haines religieuses qui divisaient les Français en 1799 s'ajoutaient les *haines politiques*. Entre royalistes et «régicides», les massacres de Septembre, l'exécution de Louis XVI et les fournées de la guillotine au temps de la Grande Terreur avaient creusé un fossé de sang qui paraissait infranchissable. Entre l'ancien soldat de l'armée de Condé et l'ancien soldat de la levée en masse, s'accusant mutuellement de trahison, l'un à l'égard du roi, l'autre à l'égard de la patrie, la haine était inexpiable. Bonaparte saurait-il pacifier les esprits ?

A la discorde entre Français répondait le *conflit entre la France et l'Europe*. A la déclaration de paix au monde lancée par la Constituante en 1790 avaient succédé la déclaration de guerre du 20 avril 1792 et un chauvinisme fanatique, plein de haine et de mépris, à l'égard des «tyrans» et de leurs «satellites». Au lieu de l'Évangile de Liberté et de Fraternité qui affirmait le droit des peuples à disposer d'eux-mêmes, ç'avait été le régime jacobin imposé par les armes, et les œuvres d'art des musées étrangers transportées à Paris, comme si la «grande Nation» était seule digne de les posséder. Du côté des vaincus, la conquête, avec les contributions de guerre et les pillages qu'elle entraîne toujours, avait eu souvent pour conséquence le développement du sentiment national et la haine de la France. Il en avait été ainsi en Belgique : soutenus par leurs prêtres, tous réfractaires : les paysans s'étaient soulevés en masse quand le Directoire tenta d'appliquer la loi de conscription de 1798 dans les départements belges.

Les anticipations de la Révolution

Malgré ces graves échecs, l'œuvre de la Révolution n'en était pas moins immense. Depuis 1799, aucun gouvernement n'a osé relever l'Ancien Régime qu'elle avait détruit, ni remettre en question les Principes de 1789, sur lesquels elle avait édifié la France nouvelle[1].

Mais, au cours de la tumultueuse histoire de ces dix années, d'autres idées, plus avancées, avaient été aussi lancées. Dès la Constituante, on l'a vu, les démocrates avaient redouté que l'argent, comme jadis la noblesse, ne créât des privilèges en permettant aux seuls riches de jouir des droits de citoyen. Le suffrage censitaire leur paraissait injuste et l'essor du régime capitaliste leur semblait devoir accentuer le fossé entre les riches et les pauvres. Ils ne se contentaient pas de l'égalité de droit, ils voulaient *l'égalité de fait*. Ils demandaient le suffrage universel et surtout la disparition de la pauvreté. Robespierre et Saint-Just pensaient atteindre ce dernier but par le moyen de la loi agraire, et Babeuf allait jusqu'à un communisme de répartition.

Les idées de suffrage universel, de loi agraire et, plus encore, de communisme semblaient disparues en 1799. Cependant, elles devaient germer un jour. En 1848, le suffrage universel fut instauré en France et depuis lors il n'a pas cessé d'être appliqué. D'autre part, l'affirmation que le droit à la vie prime le droit à la propriété est à la base des idées «socialistes» et celles-ci ont fini par pénétrer, plus ou moins profondément, tous les régimes politiques.

Ainsi dans l'œuvre de la Révolution française les réalisations ne doivent pas seules compter; les anticipations importent presque autant, puisqu'elles se sont, dans une certaine mesure, réalisées.

---

1. Tout au plus, de 1814 à 1830, sous les règnes de Louis XVIII et de Charles X, le principe de la souveraineté du peuple fut-il rejeté et le catholicisme proclamé religion d'État.

Le Consulat

I. — Les débuts du Consulat

 La France et Bonaparte en 1799

Lorsque Bonaparte et ses deux collègues reçurent, au soir du 19 Brumaire, la mission de réorganiser la France, *le pays était plongé dans la misère et l'anarchie.* Les royalistes soulevaient l'Ouest et la région de la Garonne, des brigands arrêtaient les diligences, pillaient les maisons, torturaient leurs prisonniers. Nombre de routes étaient devenues impraticables, les ponts étaient détruits, les bâtiments publics en ruine, l'industrie et le commerce presque anéantis.

La grande majorité des Français acceptèrent le coup de force de Brumaire avec calme, presque avec indifférence : ils en avaient vu tant d'autres ! *La forme de gouvernement leur importait peu, pourvu que l'œuvre sociale de la Révolution subsistât.* Si Bonaparte leur garantissait l'égalité devant la loi et devant l'impôt, la suppression des droits féodaux et la possession des biens nationaux, qu'il rétablît la sécurité à l'intérieur et la paix au-dehors, ils étaient prêts à lui abandonner tout le pouvoir.

Or ce programme convenait parfaitement à Bonaparte. La

lassitude du pays faisait le jeu de son ambition et les intérêts satisfaits ne se préoccuperaient pas des principes. Son désir effréné du pouvoir n'était d'ailleurs pas égoïste. Bonaparte se proposait de *pacifier les esprits, d'unir tous les Français*, roya-listes et révolutionnaires, émigrés et terroristes, et de les faire travailler d'un commun accord à la grandeur de la patrie. Pour cette œuvre d'apaisement, Bonaparte était prêt à faire appel à tous les hommes de bonne volonté, de quelque parti qu'ils fussent : «Je suis national, disait-il, j'aime les honnêtes gens de toutes les couleurs.»

La Constitution de l'an VIII — *riton scan*

Quelques semaines suffirent à Bonaparte pour établir solide-ment son autorité en France. Il rédigea une nouvelle Constitu-tion, la Constitution de l'an VIII, et réorganisa l'administra-tion.

La Constitution, parue un mois à peine après le coup d'État, fut l'œuvre personnelle de Bonaparte. Très différente de celles de 1791 et 1795, elle établissait le suffrage universel, mais en même temps *elle supprimait toute élection*. Les citoyens se bornaient à présenter des listes de candidats (on disait de *notabilités*), parmi lesquels étaient choisis les membres des Assemblées, les Consuls et les fonctionnaires.

Il y avait deux Assemblées législatives, le *Tribunat* et le *Corps Législatif*, mais elles étaient presque sans pouvoir. Le Premier Consul avait en effet seul le droit de proposer des lois : il les faisait préparer et rédiger par un *Conseil d'État* nommé par lui. Le projet était ensuite porté au Tribunat qui le discutait et indiquait son opinion par un vœu de refus ou d'acceptation. Enfin le Corps Législatif entendait les arguments de trois Conseillers d'État et de trois Tribuns et acceptait ou repoussait le projet sans pouvoir le discuter ni l'amender. *Ainsi ceux qui discutaient ne votaient pas, ceux qui votaient ne discutaient pas.*

Une troisième Assemblée, le *Sénat*, avait une double fonc-tion : d'une part il choisissait dans les listes de notabilités ses propres membres, ceux du Tribunat et du Corps Législatif et les trois Consuls; d'autre part, il annulait les actes contraires à la Constitution.

Le pouvoir exécutif était confié à *trois Consuls* nommés pour dix ans. Mais le deuxième et le troisième Consul se bornaient à faire connaître leur avis. *La réalité du pouvoir appartenait au Premier Consul* : celui-ci proposait et promulguait les lois, nommait et révoquait les ministres et tous les fonctionnaires. Lui-même n'était responsable devant personne. En théorie les Consuls devaient être choisis par le Sénat, mais, pour la première fois ils furent désignés par la Constitution elle-même. Le Premier Consul fut *Bonaparte*, le second fut *Cambacérès*, un ancien conventionnel, et le troisième *Lebrun*, un royaliste modéré.

Bonaparte consulta les Français par un *plébiscite* pour leur demander s'ils approuvaient la Constitution. Mais, bien avant que le plébiscite fût achevé, elle entra en vigueur. Le peuple témoigna d'ailleurs sa confiance à Bonaparte par plus de 3 millions de voix contre 1 600.

La centralisation administrative et judiciaire

La disparition des élections et la toute-puissance du gouvernement furent aussi le trait caractéristique de la réforme administrative (février 1800). Tandis que la Constituante avait partout fait élire les fonctionnaires et leur avait laissé une large autonomie, Bonaparte les nomma lui-même et les mit dans son entière dépendance. Il y eut désormais un préfet et des conseillers généraux par département, un sous-préfet et des conseillers d'arrondissement par arrondissement[1], un maire et des conseillers municipaux par commune. Tous furent choisis par le gouvernement ou par les préfets.

La réforme judiciaire (mars 1800) apporta de profondes modifications à l'œuvre de la Constituante. D'une part les juges furent non plus élus mais nommés par le Premier Consul ; du moins étaient-ils inamovibles à l'exception des Commissaires du gouvernement : ceux-ci, qui jouaient le rôle des anciens accusateurs publics étaient révocables. D'autre part 29 *Tribunaux d'Appel* furent créés ; enfin Bonaparte institua en faveur des fonctionnaires une juridiction d'exception, la *justice admi-*

1. Le mot *arrondissement* remplaça celui de *district*. Les districts, institués en 1789, avaient d'ailleurs été supprimés en 1795.

nistrative, dont les tribunaux furent le Conseil de préfecture dans chaque département et, en appel, le Conseil d'État.

Jamais encore la centralisation administrative n'avait été poussée aussi loin : sous l'Ancien Régime en effet, l'intendant avait en face de lui des corps privilégiés (Parlement, États provinciaux, officiers de justice et de finances) avec lesquels il devait compter. La Révolution les avait détruits : plus rien n'existait qui pût contrebalancer l'omnipotence de l'État. Le principal instrument de cette toute-puissance du gouvernement fut le Conseil d'État. *Véritable institution d'Ancien Régime transportée dans la République, le Conseil d'État ressuscitait l'ancien Conseil du roi.* Ses membres rédigeaient les projets de loi ; ils pouvaient aussi interpréter les lois ; ils constituaient, on l'a vu, la Cour suprême de justice administrative.

Le redressement des finances

La restauration des finances acheva de rallier au Gouvernement le monde des affaires. L'entrée au ministère des Finances d'un technicien réputé, *Gaudin*, et la suppression de l'emprunt forcé remplacé par une taxe de 25 p. 100 des contributions donnèrent confiance aux capitalistes et aux banquiers qui avancèrent l'argent nécessaire. Puis Gaudin, complétant l'œuvre du Directoire, assura une rentrée régulière des impôts par la création de la *Direction des Contributions directes* (24 novembre 1799) : à la place des municipalités qui s'étaient montrées négligentes, incompétentes, peu indépendantes, des fonctionnaires appelés *contrôleurs* furent chargés de dresser les rôles des contributions[1], tandis que d'autres, les *percepteurs* et *receveurs* recueillaient l'argent.

Restait à restaurer le crédit et la monnaie. En février 1800, une association de banquiers, dont les principaux furent *Perregaux* et *Le Coulteux*, fondèrent avec l'aide de l'État la *Banque de France*, société privée par actions au capital de 30 millions. Le succès de cette entreprise fut tel, que le Premier Consul lui attribua en 1803 *le monopole de l'émission des billets de banque.* Ceux-ci étaient remboursables à vue, c'est-à-dire qu'on pouvait toujours les échanger contre du numéraire. La direc-

---

1. On appelle rôle des contributions la liste des contribuables avec l'indication du montant des impôts que chacun d'eux doit payer.

tion de la Banque fut, à partir de 1806, contrôlée par le gouvernement.

Le crédit et la monnaie se reconstituèrent rapidement. Dès le mois d'avril 1800, cinq mois après le coup d'État, on put décider de reprendre le paiement des rentes en numéraire. A la fin de l'année 1800, le titre de rente de 100 francs, qui ne valait que 12 francs le 18 Brumaire, était remonté à 60 francs. En 1801, la liquidation des dettes de l'État fut opérée : les créanciers perdirent les trois quarts de leur créance et, pour le reste ils reçurent des rentes 5 p. 100. Le budget de l'an X se trouva en équilibre.

Le redressement financier allait permettre à Bonaparte de donner à la France une «bonne monnaie». La loi du 7 germinal an XI (27 mars 1803) réalisa le vœu de la Convention thermidorienne et créa une monnaie d'argent, le *franc*. Le rapport de l'or à l'argent fut de 1 à 15 1/2, c'est-à-dire que la valeur d'un kilogramme d'or fut égale à celle de 15 1/2 kilogrammes d'argent. Le *franc-germinal devait rester stable jusqu'à la crise monétaire déterminée par la guerre de 1914.*

La politique d'apaisement

Le grand mérite de Bonaparte fut de se servir de son immense pouvoir dans une vue d'ordre et d'apaisement. Personne ne fut moins que lui homme de parti : «Gouverner par un parti, disait-il, c'est se mettre tôt ou tard dans sa dépendance, on ne m'y prendra pas.» Le personnel de gouvernement fut soigneusement trié, parfois avec une évidente volonté d'équilibre : *Fouché* fut ministre de la Police, *Talleyrand* ministre des Affaires Étrangères : «L'un garde ma gauche, l'autre ma droite. J'ouvre une grande route où tous peuvent aboutir.» Pourvu qu'on se ralliât sans arrière-pensée à son gouvernement, pourvu aussi qu'on fût capable et laborieux, il ne s'inquiétait pas des opinions passées. Il prit pour collaborateurs des régicides aussi bien que des modérés.

D'ailleurs Bonaparte affirma dès le lendemain du coup d'État sa volonté d'apaiser les discordes. La loi des otages fut abrogée, les proscrits de Fructidor furent rappelés et les prêtres remis en liberté, la liste des émigrés fut close. Les royalistes

allaient bientôt déserter la cause du Prétendant et beaucoup
devinrent fonctionnaires. Ce fut une force pour Bonaparte
d'avoir tant de places à distribuer : où se réfugierait l'opposition quand tous pouvaient trouver rang et traitement dans la
nouvelle administration ?

Quant aux Chouans, Bonaparte leur donna le choix entre
l'oubli du passé ou une répression sans pitié. Dès janvier 1800
tous les chefs s'étaient soumis ou avaient été pris. Le reste des
rebelles fut traqué.

L'opposition brisee

A l'égard de ceux qui refusaient de se rallier à lui, Bonaparte
était en effet décidé à se montrer impitoyable. Des deux sortes
d'adversaires qu'il trouvait devant lui, les royalistes et les républicains, c'étaient d'ailleurs les seconds qu'il redoutait le plus.

Louis XVIII, alors réfugié en Courlande, dans les États du
tsar, écrivit par deux fois à Bonaparte pour lui demander de
restaurer les Bourbons. Bonaparte refusa dédaigneusement.

Peu après Bonaparte raya d'un seul coup 52 000 émigrés de
la liste de proscription et retira ainsi au Prétendant une bonne
partie de ses fidèles. L'armée de Condé, privée des subsides
anglais, se dispersa. Quelques royalistes exaltés, groupés autour du comte d'Artois réfugié en Angleterre, rentrèrent alors
en France pour assassiner Bonaparte. Le 24 décembre 1800,
comme le Premier Consul se rendait à l'Opéra par la rue Saint-
Nicaise, ils firent éclater une *machine infernale* sur son passage : il y eut 22 morts et 56 blessés, mais le Premier Consul
était sauf.

Bonaparte profita de l'occasion pour se débarrasser de ceux
des républicains qu'il considérait comme irréconciliables. Il
leur attribua le complot de la rue Saint-Nicaise, en fit exécuter
une dizaine et déporter une centaine. Des tribunaux d'exception, jugeant sans appel, prononcèrent en six mois 724 jugements.

Le Concordat

Le rétablissement de l'ordre, l'assainissement des finances, la politique de conciliation, avaient rendu Bonaparte très populaire. Cependant l'ancien clergé réfractaire et un certain nombre de catholiques lui étaient encore hostiles, parce qu'ils étaient royalistes. Pour les attirer à lui, Bonaparte décida de se rapprocher du Saint-Siège. Dès le lendemain de la victoire de Marengo (juin 1800), il entama des pourparlers avec le nouveau pape *Pie VII*. Après un an de négociations difficiles, qui furent souvent sur le point d'être rompues, ils aboutirent à la signature du *Concordat* de 1801[1].

Le pape renonçait officiellement, au nom du clergé français, aux biens ecclésiastiques mis en vente depuis 1789 et promettait que le clergé n'inquiéterait jamais les acheteurs de ces biens. De son côté, le Premier Consul reconnaissait que la religion catholique était la «religion de la grande majorité des Français»; il s'engageait à assurer l'exercice public du culte et à mettre les églises et les chapelles à la disposition du clergé.

Comme d'après le Concordat de 1516, le gouvernement français nommerait les évêques, puis le pape leur donnerait l'investiture spirituelle. Les curés seraient choisis par les évêques sous le contrôle du Directeur des Cultes. La distribution de la France en diocèses serait remaniée et Bonaparte exigea que parmi les nouveaux prélats il y eût à la fois des réfractaires et des assermentés. Comme il voulait absolument écarter certains évêques d'Ancien Régime qu'il savait lui être hostiles il obtint que le pape demandât leur démission à tous les prélats réfractaires[2]. Bonaparte ferait ensuite son choix parmi ces démissionnaires et confierait des diocèses à ceux qu'il considérerait comme ralliés à son régime.

Le Concordat ne faisait *aucune mention du clergé régulier*. supprimé en France depuis 1792.

Évêques et curés devaient prêter un serment de fidélité au gouvernement et, puisqu'ils ne pouvaient plus désormais vivre

1. On appelle *Concordat* un traité conclu entre le Saint-Siège et un État pour fixer la situation de l'Église catholique dans cet État.

2. C'était là demander au pape de faire un véritable coup d'État. Jamais le Saint-Siège n'avait joui du droit d'exiger la démission d'un ecclésiastique à qui l'Église n'avait rien à reprocher. Pie VII ne céda qu'à contrecœur. D'ailleurs des 90 évêques d'Ancien Régime encore subsistants, 37 refusèrent leur démission et formèrent le schisme de la *Petite Église*.

du revenu des biens d'Église, ils recevraient de l'État un traitement. *Par la nomination, le serment, le traitement, Bonaparte
pensaient devenir le maître de son clergé — et par là même, en
partie, des fidèles.*

Les Articles organiques

Le Concordat rallia les Catholiques, mais parmi les intellectuels
formés à l'école des Philosophes, dans le personnel administratif, au Conseil d'État même, et surtout dans l'armée l'opposition fut très vive. Pendant que Chateaubriand faisait paraître
en faveur de la religion catholique le *Génie du Christianisme*
(avril 1802), l'Institut, où dominaient les Idéologues, mettait au
concours l'éloge de Luther.

Pour apaiser le parti anticatholique, Bonaparte décida d'une
part de reconnaître l'existence légale des cultes protestants
luthérien et réformé, d'autre part d'accentuer la mainmise de
l'État sur le clergé catholique. A cet effet il publia en 1802 un
règlement de la police des Cultes, les *Articles organiques.*
D'inspiration gallicane, les Articles organiques détachaient,
dans toute la mesure possible, le clergé de France de l'autorité
pontificale, en exigeant l'autorisation du gouvernement pour la
publication des bulles et des actes des conciles, ainsi que pour la
tenue des assemblées ecclésiastiques, et ils imposaient aux séminaires l'enseignement de la Déclaration de 1682. Ils légi-
féraient même en matière ecclésiastique, décidant qu'il n'y
aurait dans toute la France qu'une liturgie et qu'un catéchisme,
et subordonnant les curés à l'évêque comme les fonctionnaires
l'étaient au préfet. Quoique Pie VII eût formellement
condamné les Articles organiques, Bonaparte unit le Concordat et les Articles en un même texte législatif, qu'il fit voter par
les Assemblées en 1802.

*Ainsi l'Église catholique sortait du Concordat uniformisée,
hiérarchisée, centralisée; le clergé de France était devenu un
corps de fonctionnaires* dépendant du Directeur des Cultes. Le
nouvel épiscopat comprit 16 évêques réfractaires et 12 évêques
constitutionnels sur un total de 60 prélats; les évêques durent
prendre dans le nouveau personnel un quart de prêtres provenant de l'Église constitutionnelle. Là, comme ailleurs, Bonaparte tentait une *politique de conciliation.*

Le Consulat

II. — La pacification générale et la marche à l'Empire

I. — La pacification générale

Campagne victorieuse contre l'Autriche

La campagne de 1799 avait sauvé le pays de l'invasion, mais, épuisées, les armées avaient été incapables de tirer parti de leurs succès. Bonaparte savait que les Français voulaient avant tout la fin de la guerre. Pour faire effet sur l'opinion, il adressa aux souverains d'Angleterre et d'Autriche, le 25 décembre, des lettres pathétiques en faveur de la paix : elles n'eurent aucun résultat. Il fallut donc continuer la lutte. A nouveau, comme en 1796, une armée commandée par Bonaparte allait opérer en Italie, pendant que le général *Moreau* marcherait sur Vienne par l'Allemagne.

Bonaparte passa par la Suisse, franchit les Alpes au *col du Grand-Saint-Bernard* et déboucha dans la plaine du Pô. Il occupa sans coup férir la Lombardie et rétablit la République cisalpine. Puis il marcha contre les Autrichiens qui venaient de faire capituler le général Masséna à Gênes et, après un combat très disputé, il les battit à *Marengo* (juin 1800). Quelques mois plus tard, Moreau infligea aux Autrichiens une écrasante défaite à *Hohenlinden*, en Bavière (décembre 1800).

L'empereur François II dut signer la *paix de Lunéville* (1801) dont les stipulations étaient à peu près celles du traité de Campo-Formio. La Toscane, possédée jusque-là par un prince autrichien, fut donnée à une infante espagnole qui devint reine d'Etrurie. Le roi de Naples dut s'engager à cesser tout commerce avec les Anglais, à laisser des troupes françaises occuper les ports principaux de son royaume. Comme la Russie s'était déjà détachée de l'Angleterre, *la paix était rétablie sur le continent.*

La paix d'Amiens avec l'Angleterre

Restaient en ligne les Turcs et les Anglais. En Egypte les Français furent vaincus. Kléber remporta la victoire d'*Héliopolis* sur les Turcs (mars 1800) mais, peu après, il fut assassiné par un musulman. Son successeur, le général Menou, signa une capitulation pour le rapatriement de ses troupes (1801).

L'Angleterre semblait encore toute-puissante. Elle venait d'occuper l'île de *Malte*; son industrie et son commerce progressaient. Mais le prix de la vie montait, la dette de guerre devenait écrasante et la population aspirait à la paix. Après des négociations très laborieuses, les deux adversaires signèrent enfin la *paix d'Amiens* (mars 1802). L'Egypte était rendue à la Turquie, Malte serait évacuée par les Anglais, et les ports napolitains le seraient par les Français. L'Angleterre rendait les colonies qu'elle avait conquises, à l'exception de l'île hollandaise de *Ceylan* et de l'île espagnole de la *Trinité*. Le traité ne disait mot des transformations territoriales opérées en Europe et ne stipulait rien sur les relations commerciales franco-anglaises.

Pour la première fois depuis dix ans l'Europe se trouvait en paix.

Réorganisation de la Suisse et de l'Allemagne

Cependant l'ambition de Bonaparte ne s'apaisait pas. Il intervint en Suisse pour mettre fin aux rivalités entre cantons. Par l'*acte de médiation* (1803), il imposa une constitution fédérale qui lui accordait, à titre de «Médiateur», le droit d'arbitrage et la direction de la politique extérieure de la Confédération : celle-ci lui fournirait un contingent de 16 000 soldats.

Enfin Bonaparte *modifia de fond en comble l'organisation du Saint-Empire*. Depuis le traité de Bâle avec la Prusse (1795), il était entendu qu'à la paix générale les Etats laïques, qui avaient perdu au profit de la France des territoires situés sur la rive gauche du Rhin, recevraient en compensation des domaines ecclésiastiques. A la suite de longs marchandages à Paris, dans lesquels Talleyrand et l'ambassadeur de Russie jouèrent le rôle principal, la carte politique de l'Allemagne fut bouleversée. Les principautés ecclésiastiques et presque toutes les «villes libres» disparurent. La Prusse, la Bavière, le Wurtemberg, le Duché de Bade se partagèrent ces dépouilles et se rapprochèrent de la France. Au lieu de 350 Etats, le Saint-Empire n'en compta plus que 82. L'influence des catholiques et celle de l'Autriche y étaient très diminuées. La Diète de Francfort sanctionna ces arrangements par un décret connu sous le nom de *Recez de 1803*.

La conquête par la France des frontières naturelles, la transformation de l'Allemagne et de l'Italie du Nord, telles étaient les conséquences de la lutte engagée depuis dix ans entre la Révolution et l'Europe — sans en oublier une autre, celle qu'avait tant redoutée Robespierre : la dictature militaire établie en France au profit du général vainqueur, c'est-à-dire de Bonaparte.

II. — La marche à l'Empire (1802-1804)

Despotisme accru du Premier Consul

Bonaparte ne pouvait se contenter longtemps d'un pouvoir limité. «Une victoire, avait-il dit à son frère Joseph en partant pour l'armée d'Italie, me laissera maître d'exécuter ce que je voudrai. » Son retour après la bataille de Marengo, célébrée comme un succès décisif, fut triomphal. Ce fut bien autre chose après la paix de Lunéville. Bonaparte tira aussitôt les conclusions de cette adoration universelle. On s'aperçut vite qu'il n'était plus le même : son ton plus impérieux et plus âpre fut celui d'un maître ; il tançait ses ministres ; il traitait avec désinvolture son Conseil d'Etat ; il éclatait en violentes apostrophes. Moins que jamais, il était disposé à admettre une résistance quelconque.

Les Libéraux en firent l'amère expérience. Au Tribunal et au Corps Législatif ils avaient souvent critiqué âprement les projets du gouvernement. Leur opposition, provenant d'un groupe d'intellectuels peu nombreux, n'était pas dangereuse mais elle irritait Bonaparte.

Il se débarrassa de l'opposition libérale par une sorte de coup d'Etat. Le premier renouvellement par cinquième des assemblées législatives devait avoir lieu en l'an X. Sans attendre, Bonaparte fit désigner nominativement par le Sénat les quatre cinquièmes qui resteraient : tous les libéraux furent ainsi exclus et remplacés par des hommes dociles (début 1802).

Les Lycées. La Légion d'honneur

La réorganisation de l'enseignement témoigna de la même tendance autoritaire. Les Ecoles Centrales qui formaient dans tous les départements des foyers de vie intellectuelle avec leurs bibliothèques, leurs laboratoires, leurs cours libres où pouvaient fréquenter les adultes, étaient souvent prospères ; mais, dans la pratique, elles répondaient mal aux conditions d'une formation scolaire. Surtout elles étaient pénétrées d'un esprit de liberté que Bonaparte ne pouvait supporter, et elles ne donnaient pas l'enseignement religieux.

La loi du 1er mai 1802 les remplaça par les *lycées*, dont la conception était bien différente. Administrateurs et professeurs, astreints au célibat, formaient une véritable congrégation laïque. Les élèves étaient organisés militairement. Les programmes s'inspiraient de ceux qu'avaient jadis appliqués les Jésuites. Les écoles spéciales d'enseignement supérieur furent transformées dans le même sens utilitaire, ou militarisées comme l'Ecole Polytechnique. Bonaparte ne dissimulait pas sa pensée : préparer les jeunes générations au service du nouveau gouvernement.

«L'institution qu'on vous propose, dit-il au Tribunat, n'est pas seulement morale ; elle est aussi une institution politique. Elle a pour but d'unir au Gouvernement et la génération qui commence et la génération qui finit, d'attacher au Gouvernement les pères par les enfants et les enfants par les pères, d'établir une sorte de paternité publique.»

Quelques jours plus tard Bonaparte alla plus loin. En dépit de la conception égalitaire de la Révolution, il estimait nécessaire qu'il y eût entre le peuple et le gouvernement des «corps intermédiaires», soutiens de l'Etat. Il créa donc une sorte de patriciat, la *Légion d'honneur* : le territoire de la France serait divisé en 15 circonscriptions dans lesquelles les militaires qui auraient rendu des «services majeurs» et les citoyens qui auraient «par leur savoir, leurs talents et leurs vertus, contribué à établir et à défendre les principes de la République», formeraient une *cohorte* de légionnaires, liés par un serment spécial de défendre l'Etat et la Société. Le caractère monarchique de cette institution provoqua au Conseil d'Etat et dans les assemblées une si vive opposition que Bonaparte ajourna la réalisation de son dessein.

Le Code Civil

L'un des vœux de la nation en 1789 était la publication d'un code unique de lois applicables à toute la France. La rédaction en était d'autant plus nécessaire que la Révolution avait affirmé et appliqué les principes nouveaux d'égalité et de liberté, ignorés des anciennes lois. Toutes les Assemblées avaient travaillé, sans aboutir, à cette tâche colossale : Bonaparte décida de reprendre l'œuvre et de la mener à terme. Lui-même et *Cambacérès*, qui avait rédigé plusieurs des projets précédents, participèrent souvent à la discussion. En 1804, le *Code civil* — on l'appelle aujourd'hui le *Code Napoléon* — était terminé.

De même que Bonaparte avait appelé à lui tous ceux qui pouvaient lui être utiles, quel que fût leur passé politique, de même les rédacteurs du Code firent des emprunts à toutes les lois antérieures : au droit romain, aux coutumes, aux ordonnances des rois, à la législation révolutionnaire. Sur bien des points, le Code fut moins libéral que les projets de la Convention. Bonaparte y fit triompher *l'esprit de conservation sociale et l'esprit d'autorité*, en garantissant solidement le droit de propriété et en rétablissant dans la famille la forte autorité du père sur la femme et sur les enfants. En revanche, le Code *incorpora à la législation les conquêtes sociales de la Révolution* : la liberté individuelle, l'égalité des citoyens, la laïcité (c'est-à-dire le principe que l'Etat ne se préoccupe pas des opinions religieuses des citoyens) et même le divorce, le partage égal des successions entre les enfants, l'abolition du régime féodal, la garantie des propriétés (donc des biens nationaux).

Très admiré pour la clarté de sa rédaction, le Code Civil fut, au cours du XIXe siècle, adopté par de nombreux pays étrangers.

Le Consulat à vie. La Constitution de l'An X

La paix d'Amiens permit à Bonaparte de rouvrir la France aux émigrés par une *amnistie générale* (avril 1802), puis de faire un nouveau pas vers la monarchie. Pour donner à Bonaparte «un témoignage de la reconnaissance nationale», le Sénat le réélut, par anticipation, Premier Consul pour 10 années nouvelles. Peu satisfait, Bonaparte déclara qu'il ne pouvait accepter que «si le vœu du peuple le lui commandait». Mais au lieu de le consulter sur le vote du Sénat, il lui posa une question toute différente : *Napoléon Bonaparte sera-t-il Consul à vie ?* Il y eut près de 3 600 000 oui contre 8 374 non. Le Sénat proclama Bonaparte Premier Consul à vie (août 1802).

Bonaparte en profita pour accroître ses pouvoirs. La *Constitution de l'An X* (4 août 1802) lui donna le droit de désigner son successeur, de présenter des candidats pour les fonctions des deux autres Consuls et de membre du Sénat, d'adjoindre à cette assemblée 40 nouveaux membres nommés directement par lui. Le Sénat reçut le pouvoir d'annuler les arrêts des tribunaux, de transformer la Constitution par des *sénatus-consultes organiques* et de dissoudre les Chambres. Enfin le Tribunat fut réduit de 100 à 50 membres. Pour faire accepter par l'opinion publique cette augmentation de pouvoirs, Bonaparte supprima les listes de notabilités : il institua des *Collèges électoraux, d'arrondissement et de département*, élus à vie dont les membres devaient présenter deux candidats pour chaque siège à pourvoir.

Ce gouvernement, dont le titulaire est nommé à vie et peut désigner son successeur, n'est pas autre chose qu'une monarchie, déguisée seulement par la présence de deux collègues à côté du Premier Consul. Bonaparte se constitua une Cour avec des personnes d'Ancien Régime et fit célébrer officiellement, le 15 août, l'anniversaire de sa naissance.

Rupture avec l'Angleterre

Les Français avaient espéré que le traité d'Amiens allait inaugurer une longue ère de paix. Or, un an plus tard, la guerre recommençait. L'initiative de la rupture vint de l'Angleterre, effrayée par les ambitions du Premier Consul.

Commerçants avant tout, les Anglais reprochaient à Bonaparte de ne pas vouloir abaisser les *droits de douane* très élevés qui fermaient le marché français aux produits britanniques. Ils s'effrayaient aussi de ses efforts pour *étendre l'empire colonial* de la France : il avait envoyé une armée reconquérir sur Toussaint Louverture l'île de Saint-Domingue[1] ; il s'était fait rétrocéder la Louisiane par l'Espagne à qui il pensait acheter la Floride ; dans l'Inde, il négociait avec des chefs indigènes hostiles aux Anglais. Enfin Bonaparte essayait de *dominer la Méditerranée*, «but principal et constant de ma politique», dira-t-il plus tard : il envoyait un de ses officiers en Egypte et en Syrie pour une mystérieuse mission et, en Italie même, il annexait le Piémont.

Dans ces conditions, l'*Angleterre se refusa à évacuer l'île de Malte.* Dès l'automne de 1802 les deux gouvernements étaient prêts à la guerre.

Par un ultimatum d'avril 1803 l'Angleterre exigea la cession de Malte pour dix ans et l'évacuation par la France de la Hollande et de la Suisse. Trois semaines plus tard, *la guerre recommençait . elle allait durer onze ans, jusqu'à la chute de Napoléon.*

---

[1] L'expédition échoua et en 1825. la France renonça officiellement a Saint-Domingue

Cadoudal et le duc d'Enghien

La reprise de la guerre fut l'occasion pour quelques émigrés fanatiques de Londres d'organiser un complot dans le dessein de renverser Bonaparte et de soulever l'ouest de la France. Leur entreprise échoua et leurs chefs furent arrêtés à Paris : le général Pichegru, les deux frères Polignac, le général Moreau, *Cadoudal* enfin, ancien chouan breton, l'âme du complot.

Bonaparte répondit par une mesure terrible. Il feignit de croire que le *duc d'Enghien*, petit-fils du prince de Condé, était le prince dont Cadoudal et ses complices attendaient la venue. Par une violation formelle du droit des gens, il le fit arrêter dans le duché de Bade, transférer à Paris et fusiller sur-le-champ au château de Vincennes (mars 1804). Trois mois plus tard, Cadoudal et onze de ses amis furent exécutés. Moreau, acquitté par le tribunal, fut, sur les exigences de Bonaparte, condamné à la prison, puis expulsé de France.

Proclamation de l'Empire

Le complot de Cadoudal permit à Bonaparte de rétablir officiellement la monarchie à son profit. A l'unanimité (sauf la voix de Carnot) le Tribunat émit un vœu demandant que Bonaparte fût nommé empereur. Le 18 mai 1804 un sénatus-consulte, connu sous le nom de *Constitution de l'an XII*, proclama Bonaparte *Empereur des Français*.

Un plébiscite ratifia la décision du Sénat par plus de 3 500 000 voix contre 2 579. Pour donner à son pouvoir une consécration suprême et dans le désir de ressusciter le souvenir de Charlemagne, Napoléon se fit *sacrer* par le pape lui-même, en l'église Notre-Dame de Paris, le *2 décembre 1804*.

L'évolution de la République à la monarchie n'avait pas duré cinq ans.

La France sous le Premier Empire

I. — Le gouvernement

I. — L'Empereur. La Cour. La Noblesse

 Napoléon — Sur l'examen

Napoléon est l'une des personnalités les plus extraordinaires de l'Histoire. Ses qualités et ses défauts le placent, pour ainsi dire, en dehors de la commune humanité.

A trente-cinq ans, au moment de son avènement, il n'est plus le jeune homme de la campagne d'Italie à la silhouette grêle, dont le visage au teint olivâtre, encadré de longs cheveux, avait des traits si accusés. La figure s'est remplie et adoucie : la peau a pris une teinte d'ivoire. Les cheveux sont courts, avec une mèche tombant en désordre sur le front. Merveilleux acteur, dont la physionomie est capable de prendre toutes les expressions et de jouer tous les rôles, il a le regard fulgurant ou charmeur, la bouche dure ou bien, comme disait Chateaubriand, le sourire «caressant et beau».

Nul homme d'Etat ne fut plus laborieux que lui. Sa *puissance de travail*, admirablement servie par une *mémoire* prodigieuse, est presque inconcevable : il travaille douze heures par jour au moins, parfois dix-huit, s'éveillant ou s'endormant à volonté, mangeant à n'importe quelle heure, en quelques minutes; le travail, dit-il, est «son élément».

L'esprit est lumineux, précis, ne se paie jamais de mots, envisage tous les aspects des problèmes : chaque décision est le fruit de longues réflexions : «J'ai l'habitude de prévoir trois ou quatre mois à l'avance ce que je dois faire... Le hasard ne fait rien réussir.» *Grand organisateur*, Napoléon a donné à la France les institutions administratives, judiciaires, financières, ecclésiastiques, universitaires sur lesquelles elle a vécu plus d'un siècle.

Pourtant le fond de sa nature n'est pas le calme de la méditation, mais *un besoin effréné d'agir*. Il s'en est ouvert un jour en une formule triviale : «La place de Dieu le Père? Ah! Je n'en voudrais pas : c'est un cul-de-sac.» Ce désir de l'action n'est que l'expression de son tempérament, avant tout violent. Sa *violence naturelle* se traduit par un flot de paroles, par d'irrésistibles impulsions de colère, souvent brutale et grossière, par une impatience qui ne lui fait pas supporter la moindre contradiction ni même le moindre délai. La tension nerveuse est parfois telle qu'en cas de forte émotion elle provoque de véritables crises physiques : à la nouvelle de la capitulation d'une de ses divisions en Espagne, il reste plusieurs heures à exhaler des cris involontaires.

Le besoin d'agir est servi par une *imagination exaltée*. Ce réaliste est en son genre un poète qui échafaude des rêves prodigieux et semble ne pas voir qu'ils sont peut-être chimériques. Rien ne lui paraît irréalisable, d'autant plus que son *ambition* est insatiable et son *désir de gloire* sans limites. De la race des grands conquérants, Alexandre, Hannibal, César et Charlemagne, il rêve comme eux d'empires immenses et de domination universelle.

Le spectacle des années de la Révolution, la facilité avec laquelle il est arrivé au pouvoir suprême, l'adulation générale dont il s'est vu l'objet, lui ont inspiré *un mépris complet des hommes*. Tous ceux qui l'ont approché signalent qu'il est incapable de comprendre et d'admettre un sentiment généreux et désintéressé, l'amour de la liberté par exemple, ou la puissance de la foi religieuse. Il ne croit pas à la vertu.

Mais il était maître dans l'*art de conduire les hommes* en

s'adressant à leurs passions : l'intérêt, la peur, l'amour-propre, la cupidité. Les hommes sont pour lui des instruments : «Je ne m'amuse guère aux sentiments inutiles», disait-il.

Ce pessimisme et cette sécheresse, joints au sentiment de sa supériorité et à un égoïsme monstrueux, expliquent l'exagération de son *orgueil*, plus grand et plus personnel encore que celui de Louis XIV. Lui qui, à l'origine, avait un sens si juste de la réalité, perdra tout sentiment de la mesure ; le mépris de ses adversaires l'entraînera à de fatales erreurs, le mépris de ses collaborateurs l'amènera à n'accepter aucun conseil. Il brisera chez tous l'initiative. «Tenez-vous-en strictement aux ordres que je vous donne, disait-il à Berthier ; moi seul je sais ce que je dois faire.» Napoléon ne laissera derrière lui que des sous-ordres, en politique des administrateurs, à l'armée de simples exécutants.

La Cour impériale

Dès la proclamation de l'Empire, la Cour, encore peu développée sous le Consulat, fut organisée comme sous les rois.

La famille de Napoléon constitua une dynastie de *Princes Français,* dans la lignée desquels la couronne sera héréditaire. Six *Grands Dignitaires* entouraient le souverain : le Grand Electeur, l'Archi-chancelier d'Empire, l'Archi-chancelier d'Etat, l'Archi-trésorier, le Connétable et le Grand Amiral. Leurs fonctions étaient purement honorifiques. Quatorze maréchaux d'Empire[1] désignés le 19 mai 1804 et huit inspecteurs et colonels généraux formaient les *Grands Officiers militaires.* Les six *Grands Officiers civils* constituaient une hiérarchie parallèle : le Grand Aumônier (Cardinal Fesch, oncle de Napoléon), le Grand Maréchal du Palais (Duroc), Le Grand Chambellan (Talleyrand), le Grand Ecuyer (Caulaincourt), le Grand Veneur (Berthier) et le Grand Maître des Cérémonies (Ségur). La *Maison militaire* de l'Empereur comprenait quatre colonels généraux et la *Garde impériale.* Une longue suite de préfets du palais, de chambellans, d'écuyers, de pages, formaient la do-

---

[1] *Berthier,* le plus âgé (51 ans), *Moncey, Masséna, Augereau, Jourdan, Bernadotte, Brune, Murat, Mortier, Bessières, Soult, Lannes, Ney* et *Davout ;* à titre honoraire, *Kellermann, Sérurier, Pérignon* et *Lefebvre.* Napoléon nomma encore *Victor* en 1807, *Oudinot, Macdonald* et *Marmont* en 1809, *Suchet* en 1811, *Gouvion Saint-Cyr* en 1812 et *Poniatowski* en 1813

mesticité du souverain. Une Maison de l'Impératrice, une pour Madame Mère, d'autres pour les princesses et les princes achevaient de former l'ensemble de la Cour.

Tout ce monde chamarré, gorgé de traitements considérables, de dotations et gratifications diverses, évoluait selon une étiquette aussi rigide que celle des anciens rois. Napoléon, d'ailleurs, s'efforça d'y introduire le plus possible de membres de l'ancienne société. Mais il manquait à la Cour impériale la tenue, l'aisance, l'esprit et le charme de l'autre. La somptuosité des fêtes des Tuileries, de Saint-Cloud, de Fontainebleau n'en dissimulait pas l'ennui et la contrainte.

La noblesse impériale

A l'exemple des rois, Napoléon voulut appuyer son pouvoir sur une *noblesse*. Il avait dû, en 1802, renoncer à créer sous le nom de Légion d'Honneur un corps de citoyens, dotés de droits et de devoirs particuliers. La Légion d'Honneur ne fut, à partir de 1804, qu'une décoration.

Napoléon n'abandonna point cependant son projet de créer une noblesse. En 1806, il distribua à certains de ses ministres et de ses maréchaux des fiefs dans les pays conquis en *Italie*, avec les titres de duc ou de prince. Cambacérès devint duc de Parme, Fouché duc d'Otrante, Talleyrand prince de Bénévent. Puis Napoléon créa en France même une noblesse impériale : d'une part les titulaires de certaines fonctions furent de droit princes, comtes ou barons ; d'autre part certains services privés furent récompensés par l'octroi d'un titre nobiliaire. Napoléon décida même que le titre pourrait devenir héréditaire en faveur du fils aîné si le père constituait pour ce dernier un *majorat*, c'est-à-dire un capital d'un montant fixé pour chaque titre. Au total, Napoléon créa environ 30 ducs, 450 comtes, 1 500 barons et 1 300 chevaliers. L'ancienne noblesse restait supprimée.

II. — Le gouvernement. Progrès du despotisme

I e Gouvernement impérial

Les pouvoirs de Bonaparte étaient déjà si grands que l'établissement de l'Empire n'amena pas de profondes modifications dans le régime politique. On conserva même le mot de République française sur les monnaies jusqu'à la fin de 1808 et le calendrier républicain ne disparut qu'au 1er janvier 1806. Les institutions ne furent que très peu modifiées, d'autant que Napoléon tint de moins en moins compte des lois constitutionnelles. Le Tribunat fut supprimé en 1807. Les sessions du Corps Législatif furent réduites à quelques semaines ; il arriva même que l'Empereur ne le convoqua pas de l'année. Napoléon légiféra de plus en plus par *décrets* et par *sénatus-consultes*. Les sénateurs en effet se montraient d'une docilité exemplaire ; d'ailleurs il s'assurait de leur zèle par le moyen des *sénatoreries :* c'étaient des domaines d'un revenu au moins égal au traitement de sénateur. qu'il concédait à titre viager à ceux qu'il voulait récompenser.

Le Gouvernement impérial fut donc une dictature personnelle. Toute la correspondace administrative des douze ministères passait par l'Empereur qui se réservait la décision. Le travail du Conseil d'Etat et des ministres n'était plus qu'un travail de préparation ou d'exécution[1].

Police et arbitraire

La liberté des individus n'était rien devant la volonté du Maître. Une police immense enveloppa la capitale et les départements. Elle était composée non seulement des agents du Ministère de la Police. mais encore de cinq ou six autres Polices officielles. L'Empereur lui-même avait ses agents secrets, qui étaient parfois des membres de la haute société.

Pour les «suspects». il n'exista plus aucune garantie de liberté ; une décision administrative les faisait arrêter «par mesure de sûreté» et incarcérer «sans qu'il soit convenable ni de

[1] Voici les noms de ces ministres qui furent. pour la plupart. hommes de valeur Aux affaires étrangères. *Talleyrand* remplacé en 1807 par *Champagny.* auquel succédèrent *Maret* en 1811. puis *Caulaincourt* en 1813 A la Police. *Fouché* jusqu'en 1810. puis *Savary* A la Guerre. *Berthier* jusqu'en 1811. puis *Clarke* Aux Finances *Gaudin* et *Mollien*. a la Marine *Decrès*. L'Intérieur changea davantage de titulaires *Chanpagny* d'abord. puis en 1807 *Crétet*. en 1809 *Montalivet*. A la Justice. *Régnier* jusqu'en 1813. puis *Molé*.

les faire traduire devant les tribunaux ni de les faire mettre en liberté». Le maire d'Anvers, homme respecté, traduit pour un motif imaginaire devant la Cour d'assises qui l'acquitta, fut maintenu en prison et y mourut (1813).

La Presse et la vie intellectuelle

La liberté de la pensée ne fut pas plus respectée que celle des personnes. Dès le Consulat la *censure* des journaux, des livres, des pièces de théâtre avait été déférée aux Ministères de la Police et de l'Intérieur. Un décret de 1810 constitua le service de la *Direction générale de l'Imprimerie et de la Librairie* qui organisa administrativement toute la vie intellectuelle. Pour être libraire ou imprimeur il fallut posséder un brevet et prêter serment : «Il m'importe beaucoup, disait Napoléon, que ceux-là seuls puissent imprimer qui ont la confiance du gouvernement.»

A Paris les journaux furent réduits à quatre, et le directeur de chacun d'eux fut désigné par le Gouvernement. En province, il n'y eut plus qu'une feuille d'annonces par département : l'administration s'en servait pour diriger l'opinion. Aucune allusion politique n'était tolérée dans la presse.

Napoléon ne laissa pas plus de liberté aux écrivains qu'aux journalistes. Il s'acharna contre les Idéologues parce qu'ils étaient libéraux en politique et opposés au catholicisme. Dès 1803 il avait supprimé à l'Institut la classe des Sciences morales et politiques, où ils étaient nombreux.

A l'astronome Lalande, coupable à ses yeux d'être athée, il interdit de rien publier. Les deux plus grands écrivains du règne, Mme de Staël et Chateaubriand furent en butte à son hostilité : il est vrai que l'un et l'autre attaquaient ouvertement le régime.

L'Université

Adversaire de toute liberté, Napoléon ne pouvait pas laisser à chacun le droit d'enseigner, selon le régime établi par la Convention en 1795. Il voulait que l'école — et particulièrement l'enseignement secondaire — lui formât de futurs fonctionnaires dévoués et capables. C'est pourquoi il organisa en

1808 un corps spécial, *l'Université*, et lui donna le monopole d'enseigner — ce qu'on appelle le *monopole universitaire.*

L'Université comprit d'une part les établissements d'enseignement de l'Etat (écoles primaires, collèges et lycées, établissements d'enseignement supérieur) et d'autre part des écoles privées, que l'Etat autorisait, qu'il contrôlait et sur lesquelles il levait une forte rétribution. A la tête de l'Université, Napoléon plaça un *Grand Maître.* L'Empire fut divisé en une quarantaine de circonscriptions universitaires ou *Académies,* dirigées chacune par un *Recteur.* Un corps d'Inspecteurs faisait régner partout le même esprit.

Napoléon se désintéressa tout à fait de l'enseignement primaire et l'abandonna aux *Frères des Ecoles chrétiennes* qui s'y consacraient déjà sous l'Ancien Régime. En fait, cet enseignement ne fit aucun progrès. Au contraire l'Empereur s'intéressa vivement aux collèges et aux lycées, où étaient instruits les fils de la bourgeoisie. Les études se répartissaient sur six années : cinq années où l'enseignement était commun à tous, fondé surtout sur les lettres et les mathématiques, et une sixième année, facultative, où l'élève pouvait suivre soit la classe de philosophie (avec un peu de physique et d'astronomie), soit celle de Mathématiques transcendantes (mathématiques, physique, chimie, un peu d'histoire naturelle). La formation des professeurs de lycée fut assurée par l'*Ecole Normale*, fondée à Paris en 1808.

L'enseignement supérieur fut donné soit dans certaines Ecoles spéciales (Ecole Polytechnique, Ecole des Arts et Métiers de Chalon, Collège de France), soit dans les Facultés de Théologie, Droit et Médecine qui existaient déjà sous l'Ancien Régime et dans celles, nouvellement créées, de Lettres et de Sciences.

Le conflit avec le pape

A l'Eglise aussi Napoléon demandait de lui former des générations dociles. Il n'eut d'abord qu'à se féliciter du loyalisme du clergé à son égard. En retour, il autorisa la formation de quelques congrégations, laissa les Jésuites ouvrir, sous des noms d'emprunt, des noviciats et des séminaires et créer une société d'exercices pieux, mi-ecclésiastique mi-laïque, qu'on appellera plus tard la *Congrégation*. Mais la bonne entente ne dura pas.

Pour fermer l'Italie au commerce anglais, Napoléon fit occuper morceau par morceau les Etats pontificaux. Pie VII riposta en refusant d'accorder l'institution canonique aux évêques nommés par l'Empereur : de la sorte, à partir de 1808, certains évêchés restèrent sans titulaires. Alors Napoléon occupa Rome, la dernière ville qui restât au pouvoir du pape (1809). Pie VII répondit par une *sentence d'excommunication* contre «tous ceux[1]» qui lui avaient enlevé ses Etats. Furieux, Napoléon le fit arrêter et incarcérer près de Gênes, à Savone.

Pour sortir de l'impasse, l'Empereur réunit un *Concile à Paris* (1811). Malgré leur répugnance, les évêques admirent que l'investiture canonique pût être donnée par l'archevêque au cas où le pape ne l'aurait pas accordée dans les six mois ; mais ils subordonnèrent leur vote à l'assentiment de Pie VII. *Dans le conflit entre Napoléon et le Souverain Pontife, les évêques, pourtant de tradition gallicane, prenaient le parti du Souverain Pontife.* Or Pie VII ne donna pas son consentement. L'Empereur s'entêta dans la violence. En Italie, en Espagne, en France des prêtres, des évêques même, furent arrêtés ou exilés. Les fidèles s'inquiétaient ; de nombreuses sociétés secrètes se fondaient, groupant les catholiques royalistes : c'est par le moyen de la plus importante d'entre elles, les *Chevaliers de la foi*, que le texte de la bulle d'excommunication fut secrètement répandu en France.

Au retour de la campagne de Russie, Napoléon qui avait fait transporter le pape à Fontainebleau, l'amena, par la séduction ou les menaces, à préparer les bases d'un arrangement *provisoire* qu'il publia immédiatement sous le nom de *Concordat de Fontainebleau* (février 1813). Pris de scupules, Pie VII se rétracta aussitôt, mais l'Empereur rendit obligatoire le nouveau Concordat et sévit brutalement contre tous ceux qui refusaient de l'appliquer. Bientôt d'ailleurs des défaites militaires en Allemagne, puis en France le contraignirent à renvoyer le pape à Rome (mars 1814).

Par son despotisme et ses violences Napoléon avait détruit dans le domaine religieux l'œuvre si fructueuse du Premier

[1] Le nom de Napoleon n'était pas prononcé dans la bulle d'excommunication

Consul : *la masse des catholiques se détacha de lui et se trouva gagnée d'avance aux Bourbons.*

La France sous le Premier Empire

II. — La vie économique

Accroissement de la population

Napoléon pensait que les masses populaires sont plus sensibles à la bonne administration des intérêts matériels qu'aux combinaisons de la politique. Il comptait s'attacher le peuple par le bien-être autant que par la gloire. Comme Colbert, il voulut *enrichir la France.*

Malgré les guerres incessantes qui coûtèrent à la France environ 800 000 hommes entre 1800 et 1815[1] la population augmenta. Le premier recensement, fait en 1802, donna 27 millions d'habitants, soit une densité moyenne de 50 à 55 au kilomètre carré ; les départements maritimes de la Manche, ceux du Nord et de la Belgique étaient les plus peuplés. Jusque vers 1810, la population continua de s'accroître, puis elle diminua, mais, en 1814, elle atteignait 29 millions, dans les mêmes limites qu'en 1802. Paris passa de 548 000 habitants à 650 000, Lyon avait 115 000 habitants, soit 6 000 de plus qu'en 1802. En revanche, Bordeaux et Marseille, appauvries par l'arrêt du commerce maritime, perdirent une douzaine de milliers d'âmes et tombèrent à un peu moins de 100 000. Le fond de la popula-

---

[1] 340 000 tués ou morts de maladie et 440 000 disparus.

tion restait essentiellement agricole et rural ; à Paris même, en 1807, on ne comptait pas 100 000 artisans.

Prospérité agricole

Une fois l'ordre rétabli, *les paysans purent profiter des avantages que leur avait valus la Révolution :* la disparition des dîmes et des droits féodaux et la vente des propriétés d'Église et des biens d'émigrés[1]. Une administration régulière, une police vigilante, des routes refaites, une monnaie stable favorisèrent les campagnes. Les journaliers agricoles étaient nourris et entretenus par le fermier ou le propriétaire ; ils souffraient donc moins qu'on ne pourrait croire de ce que leur salaire fût bas. La vie, dans les villages et les bourgs où l'on consommait les produits locaux, était à bon marché — d'ailleurs, même dans les villes, on vivait largement avec cinq à six cent francs de revenu par an.

La lutte contre la jachère, inaugurée au XVIIIe siècle, se poursuivit activement. La culture des fourrages artificiels se répandit. Les récoltes de blé — c'était la culture fondamentale — furent abondantes jusque vers 1810[2]. La consommation de plus en plus grande de vin et de viande montrait l'aisance générale des campagnes et des petites villes ; l'augmentation considérable du bétail — au moins de 15 à 20 pour 100 en dix ans — attestait les progrès de l'élevage, dont la qualité avait été d'ailleurs considérablement améliorée par la création de haras, les croisements avec des bêtes de race achetées au-dehors. La nouveauté la plus importante fut l'*introduction de la culture de la betterave,* tant fourragère que sucrière. La betterave rendait des principes fertilisants au sol épuisé par la culture des céréales et permettait de supprimer la jachère ; elle fournissait une nourriture pour les bestiaux ; elle pouvait fournir du sucre.

Il fallait en effet *remplacer par des produits indigènes ce que le Blocus continental empêchait d'importer.* La pomme de terre a achevé de s'imposer vers 1814. Les plantations de chi-

---

[1] A la suite des *reventes,* beaucoup de biens nationaux qui avaient été achetés par des nobles ou des bourgeois passèrent aux mains de paysans.

[2] Les récoltes de 1810 et 1811 furent déficitaires et il y eut en 1811 une véritable disette, parfois accompagnée de troubles.

corée dans le Nord et en Belgique permirent de se passer de café. Le tabac fut cultivé dans le Midi sous le contrôle de l'État qui en décréta le monopole. Pour remplacer le sucre de canne on traita d'abord des fruits, par exemple les gros raisins sucrés du Midi : en 1810 on produisit jusqu'à 100 000 kilogrammes de sucre de raisin, assez médiocre. Puis on utilisa un procédé de laboratoire, trouvé en Allemagne, qui tirait le *sucre de la betterave*. Cinq sucreries furent créées à Paris, dans le Nord et dans l'Est. On cultiva plus activement la garance et le pastel, qui fournissaient à la teinturerie la couleur rouge et la couleur bleue. L'Empereur encouragea les initiatives privées par des subventions et des décorations.

L'industrie

L'industrie bénéficia davantage encore du grand élargissement que représentait pour le marché français l'occupation de la moitié de l'Europe par nos armes, et surtout de l'absence de la concurrence anglaise par suite du Blocus continental. Il fallut à la fois se suffire et approvisionner l'Europe. Ce programme flattait l'orgueil de l'Empereur : sa correspondance offre maintes preuves de sa sollicitude pour ce que nous appellerions aujourd'hui *l'impérialisme économique*.

L'industrie était encore essentiellement soumise aux conditions de la production et de la consommation locales, elle était donc dispersée et morcelée en petits ateliers. Les salaires restaient très bas, presque misérables pour un bon tiers de la population ouvrière, et le travail se faisait encore surtout à la main. Cependant le machinisme, qui avait commencé à s'introduire avant 1789, se développait, surtout dans l'industrie textile. On employa d'abord des machines importées d'Angleterre. La machine à tisser, inventée en Angleterre dès 1733, fut utilisée en Alsace depuis 1803 et se répandit lentement : elle permettait pourtant une économie de temps et de main d'œuvre et fournissait un tissu plus homogène. D'autres machines furent inventées en France même : la machine à filer le lin de *Philippe de Girard*, les rouleaux à imprimer les étoffes, installés par *Oberkampf* dans sa manufacture de toiles de Jouy, enfin le métier du Lyonnais *Jacquard* qui permettait de tisser des étoffes aux dessins les plus compliqués aussi facilement qu'une étoffe unie. De grandes entreprises s'organisèrent, comme les fabriques de draps de laine de l'industriel *Ternaux*, les fabriques de cotonnades des Normands *Richard* et *Lenoir*, des Alsaciens *Koechlin*, *Dollfus-Mieg* et *Schlumberger*, du Belge *Bauwens* : on faisait venir le coton du Levant par la péninsule des Balkans et le Danube — les tentatives pour l'acclimater en Provence et en Italie avaient échoué.

Richard (1765-1839) est un bon type de ces grands hommes d'affaires, qu'on a parfois appelés «les maréchaux économiques». Fils d'un modeste fermier du Calvados, il fut d'abord garçon de café puis marchand de toile. Avec son collaborateur *Lenoir*, il spécula sur les biens nationaux. Avec l'aide de quelques ouvriers anglais, il créa à Paris une filature et un atelier de tissage, où les machines étaient mues par un manège de chevaux. Devenu riche, il fonda de nouveaux établissements à Alençon (1800) à Séez (1802) à Laigle (1806), dans la région de Caen, à Chantilly. En 1806, à la mort de son associé, il ajouta le nom de Lenoir au sien. En 1810 Richard-Lenoir dirigeait une armée de 12 822 ouvriers et ouvrières.

L'industrie métallurgique utilisait encore la plupart du temps le charbon de bois pour traiter le minerai de fer. Déjà cependant on commençait à l'exemple de l'Angleterre et des hauts fourneaux du Creusot, à employer le *coke* dans les usines que *Charles de Wendel* possédait en Lorraine à Moyeuvre et Hayange. De 1789 à 1814 la production de la houille tripla, celle de la fonte et du fer brut doubla. Les premiers grands ouvrages en fer furent, à Paris, le pont des Arts et la coupole de la Halle au blé.

Enfin une nouvelle forme d'industrie, les industries chimiques, sortit des découvertes de *Chaptal*, de *Berthollet*, de *Vauquelin*. C'est alors que l'on fabriqua pour la première fois l'*eau de Javel*. Leblanc inventa un procédé pour obtenir la *soude artificielle*. Ph. Lebon découvrit le *gaz d'éclairage* et s'en servit même pour actionner un moteur, mais sa découverte fut négligée : la France ne la connut que plus tard, par l'entremise de l'Angleterre et de l'Allemagne.

En 1812, d'après les calculs de Chaptal, la valeur de la production industrielle atteignait presque la valeur de la production agricole.

L'action de l'État

Une partie de ce succès était dû au soutien que les entreprises recevaient du gouvernement. Des *foires-expositions*, comme il s'en était déjà tenu une en 1798, aidèrent à la diffusion des produits nouveaux de l'industrie. Une industrie fléchissait-elle? des commandes de l'État la tiraient momentanément d'affaire : ainsi en 1810 pour les soieries de Lyon, en 1811 pour les fabriques de meubles du faubourg Saint-Antoine. Mais c'étaient là des conditions factices. Parfois d'ailleurs, l'excès de réglementation administrative compromit les progrès. Enfin certaines des industries que le Blocus continental avait fait naître périront devant la concurrence anglaise après 1815. Le gouvernement défavorisa les capitalistes lorsqu'il monopolisa les entreprises qui fabriquaient le sucre ou le tabac; il les favorisa au contraire lorsqu'il légiféra sur les mines : en vertu de la loi de 1810, elles étaient propriété de l'État, mais l'exploitation en était concédée aux particuliers pour de longues périodes et à des conditions qui leur étaient très favorables.

Napoléon sacrifia délibérément les ouvriers. Reprenant la législation de l'Ancien Régime et de la Révolution, le Code pénal de 1810 (art. 415 et 416) fit des «coalitions» un délit puni de prison, les tentatives de grèves furent durement réprimées. Tous les ouvriers furent astreints à avoir, comme en 1789, un *livret ouvrier* délivré par la police, où le patron inscrivait les séjours qu'ils faisaient chez lui et les sommes qui leur avaient été avancées. Cependant il semble que les ouvriers furent favorables à l'Empereur.

Les grands travaux publics

Une œuvre dont Napoléon était particulièrement fier était les grands travaux d'utilité économique : l'aménagement du port d'Anvers qu'il inaugura en 1810 — la grande digue de Cherbourg, commencée sous Louis XVI, mais interrompue sous la Révolution, construction gigantesque par où il voulut «renouveler les merveilles de l'Égypte» et qui fit, d'une baie ouverte à tous les vents, une admirable rade —, le desséchement des marais du Cotentin ou de l'Aunis. Napoléon donna un soin particulier au développement des moyens de communication. On creusa les *canaux* du Nord, celui de Saint-Quentin entre la Somme et l'Escaut, celui du Rhône au Rhin, et celui, à peu près inutile d'ailleurs, de Nantes à Brest. Les *routes* furent refaites et prolongées au-delà des anciennes frontières en Belgique et jusqu'au Rhin quatre grandes voies carrossables franchirent les Alpes : par le col du Simplon, le mont Cenis, le mont Genèvre, la Corniche. Ces percées alpines, disait Napoléon, « surpassent en hardiesse, en grandeur et en efforts de l'art, tous les travaux des Romains ».

Son sens de la grandeur le portait à des travaux de prestige autant que d'utilité, tels que les embellissements des villes, à Lyon, à Turin, à Rome, à Paris surtout. Il rêvait Paris capitale de l'Europe, et les rois étrangers s'y faisant construire des palais. Pendant quinze ans, ses architectes de prédilection *Percier et Fontaine*, ou d'autres comme *Brongniart* auteur de la Bourse, *Vignon* auteur de la Madeleine, *Chalgrin* auteur de l'Arc de Triomphe, travaillèrent à en faire une ville impériale. Il voulait une large percée triomphale de la barrière du Trône à l'Étoile ; on en exécuta seulement une partie, la rue de Rivoli, bordée par un bâtiment de raccord entre le Louvre et les Tuileries, et le Carrefour de l'Arc de Triomphe couronnant les Champs-Élysées. Napoléon fit construire les ponts d'Austerlitz, des Arts, d'Iéna, des fontaines, enfin des édifices commémoratifs comme la Colonne de la Grande Armée sur la place Vendôme, la Colonne du Châtelet, l'Arc de Triomphe du Carrousel.

Les finances

Napoléon et ses collaborateurs *Gaudin*, ministre des Finances, et *Mollien*, ministre du Trésor, eurent le mérite de surveiller de très près la comptabilité publique : la *Cour des comptes* fut créée en 1807 pour vérifier tous les titres de dépenses. Pour assurer l'assiette de l'impôt foncier, un *cadastre* de toutes les terres fut commencé. Enfin la France avait une *monnaie stable*, franc germinal et billets de banque.

Mais les dépenses devinrent de plus en plus lourdes. Le gouvernement mit à la charge des départements et des communes une partie des travaux publics et des traitements des fonctionnaires, ou bien il s'en débarrassa sur les particuliers : on paya la construction des nouveaux ponts de Paris en abandonnant aux entrepreneurs le droit de péage sur ces ponts pendant 25 ans. Pour trouver les ressources nécessaires, Napoléon ne voulut pas augmenter le chiffre des contributions directes. Il préféra *développer les contributions indirectes* que l'Assemblée Constituante avait à peu près supprimées et que le Directoire avait commencé à rétablir. Ce fut d'abord un droit sur le tabac, puis sur les boissons, puis sur le sel. En 1813, les *droits réunis*, nom donné à ce système de contributions, fournissaient, avec les douanes, 40 p. 100 des recettes.

En réalité, *le budget de Napoléon ne se soutint que par des recettes extraordinaires :* soit la vente de biens nationaux ou de biens des communes, soit le recours aux capitaux privés : Napoléon prétendait ne pas faire d'*emprunt* public, mais il en fit constamment sous une forme déguisée, par l'intermédiaire de la Caisse d'amortissement qui émettait des bons à court terme à 6 ou 7 p. 100. L'expédient le plus profitable fut les contributions de guerre imposées aux vaincus : Napoléon se vanta d'avoir tiré un milliard de la Prusse. *Tant que la guerre rapporta, Napoléon put à peu près couvrir ses dépenses ;* mais la guerre d'Espagne, puis la campagne de Russie amenèrent l'effondrement du système. Napoléon qui, avait sauvé la France de la ruine sous le Consulat, la laissa, comme l'Ancien Régime et le Directoire, aux prises avec de terribles embarras financiers.

La formation du Grand Empire
(1805-1807)

L'armée de Napoléon

Napoléon est un des plus grands généraux de l'Histoire et par son génie militaire, il a renouvelé l'art de la guerre. Mais l'armée avec laquelle il conquit l'Europe — on l'appela depuis 1805 la *Grande Armée* — garda, à peu de chose près, l'organisation que lui avait donnée le Directoire. En vertu de la loi de conscription de 1798, tous les Français devaient le service militaire de vingt à vingt-cinq ans. *Les conscrits n'étaient d'ailleurs pas tous incorporés :* celui qui «tirait un bon numéro» était exempté ; celui qui devait partir avait le droit de s'acheter un remplaçant ; enfin les hommes mariés et les séminaristes étaient dispensés du service. Cependant, dès 1806, Napoléon dut appeler des classes par anticipation et, plus tard, incorporer ceux-là mêmes qui étaient dispensés. Le nombre total des mobilisés entre 1800 et 1815 dans les limites de l'ancienne France fut d'environ 1 600 000 hommes. Française au début, la *Grande Armée* comprit un nombre de plus en plus considérable d'é-trangers, levés surtout dans les États vassaux ou alliés de la

France : troupes italiennes, allemandes, autrichiennes, grecques, portugaises, espagnoles, polonaises, etc.

Napoléon conserva l'organisation en régiments, brigades, divisions. Deux ou trois divisions constituaient un *corps d'armée*. Les officiers subalternes sortaient du rang et n'avaient d'autre instruction que celle des simples soldats ; à partir de 1808 L'*École de Saint-Cyr* forma les officiers destinés aux grades supérieurs. Napoléon donna une grande importance à l'infanterie légère — *voltigeurs et flanqueurs* — qui, devant la ligne de front, préparait l'attaque ; il augmenta l'effectif de la cavalerie et de l'artillerie ; enfin la *Garde Impériale*, « l'élite de l'élite », finit par constituer une véritable armée de réserve.

En revanche, le service de l'intendance fut toujours très mal organisé malgré la création, en 1807, du *Train des Équipages* qui devait assurer le transport des vivres. L'armée en campagne devait vivre sur le pays : d'où la maraude et le pillage et, dans les régions pauvres comme la Pologne et l'Espagne, le danger de mourir de faim. Quant au service sanitaire, il était très insuffisant.

Ces soldats, souvent mal vêtus, mal nourris, furent loin de former une armée modèle : le pillage, on l'a vu, était de nécessité et les chefs, tels Masséna et Soult, en donnèrent souvent l'exemple. Les actes d'insubordination, les mutineries même, furent assez fréquents, les désertions nombreuses. Mais au feu, jeunes ou vieux, conscrits ou «grognards», montraient un courage, une endurance, un entrain exceptionnels. Ce n'était plus d'ailleurs l'armée citoyenne de 1793-1794 ; c'était l'armée de l'Empereur : elle lui appartenait corps et âme ; tous, et les étrangers même, le suivaient avec un dévouement passionné et subissaient avec joie l'incroyable ascendant qu'il savait exercer sur eux.

L'empereur entretenait ce fanatisme par les récompenses, les grades, les dons en argent, la Légion d'honneur, plus encore par la familiarité qu'il autorisait — les soldats de la Vieille Garde le tutoyaient, l'appelaient le *petit Caporal* ou le *Tondu* —, par ses fréquentes visites au bivouac, la cuillerée de soupe prise à la gamelle, et surtout par la confiance qu'il témoignait à ses soldats. Parfois, comme il fit la veille d'Austerlitz, il leur expliquait sa manœuvre du lendemain.

La lutte contre l'Angleterre. Trafalgar

On a vu que la paix d'Amiens avait duré quelques mois à peine. Bonaparte s'était immédiatement emparé de Hanovre, possession du roi George III ; mais il ne pouvait espérer triompher de l'Angleterre que s'il réussissait à y débarquer. Il concentra donc une armée sur les bords de la Manche, le quartier général étant au *camp de Boulogne*.

Mail il lui fallait absolument écarter du Pas de Calais la flotte anglaise. L'amiral français *Villeneuve* essaya en vain de l'entraîner aux Antilles ; au retour il s'enferma dans le port de Cadix. Quand Napoléon lui donna l'ordre d'en sortir pour passer en Méditerranée, la flotte franco-espagnole fut presque anéantie par l'amiral anglais *Nelson*, au large de Cadix, près du *cap Trafalgar* (21 octobre 1805). *L'Angleterre eut désormais la maîtrise absolue des mers.*

La troisième coalition. Ulm et Austerlitz

Sur le continent, l'Angleterre pouvait compter sur l'appui de *François Ier* empereur d'Autriche[1] et surtout sur celui du nouveau tsar *Alexandre Ier* (1801-1825). Les deux souverains ne pouvaient rester indifférents devant les progrès de la puissance française en Italie : annexion de la République de Gênes à la France et du duché de Parme à la République Cisalpine, qui s'appelait maintenant *Royaume d'Italie*. Alexandre Ier groupa la Russie, l'Autriche, les royaumes de Suède et de Naples autour de l'Angleterre : ce fut la *Troisième Coalition* (été 1805). Immédiatement, sans déclaration de guerre, l'armée autrichienne envahit la Bavière.

Mais Napoléon veillait. L'armée du camp de Boulogne fit volte-face et marcha vers l'Allemagne du Sud. A la suite d'une habile manœuvre d'enveloppement, Napoléon fit capituler les Autrichiens du général *Marck* dans la ville de *Ulm* (octobre 1805). Puis il descendit le Danube à marches forcées, occupa Vienne, et, remontant vers le Nord, remporta sur les forces réunies austro-russes l'éclatante victoire d'*Austerlitz* (2 décembre 1805).

---

[1] François de Habsbourg, archiduc d'Autriche, roi de Bohême et de Hongrie élu empereur allemand en 1792 sous le nom de François II, avait pris le titre d'*Empereur d'Autriche* en 1804, peu après que Napoléon se fut fait proclamer empereur

L'armée russe se retira en Pologne, où Napoléon ne la poursuivit pas. Mais l'Empereur imposa à François Ier le *traité de Presbourg, qui chassa l'Autriche d'Allemagne et d'Italie*. Elle dut céder à la Bavière le Tyrol, et à la France la Vénétie, l'Istrie et la Dalmatie. La Prusse, qui venait de passer secrètement aux côtés du tsar, fut déconcertée par la victoire d'Austerlitz et accepta de s'allier à la France : pour la brouiller avec l'Angleterre, Napoléon lui céda le Hanovre.

La formation du Grand Empire

Les succès de Napoléon donnèrent un brusque élan à son ambition. Ils lui permirent de se poser en nouveau Charlemagne et de reconstituer à son profit une sorte d'*Empire d'Occident*, en groupant autour de la France agrandie l'Italie, la Hollande et l'Allemagne du Sud.

En Italie, par simple décret, comme s'il se fût agi de la révocation d'un de ses préfets, il chassa la dynastie des Bourbons de *Naples* et mit à leur place son frère Joseph; il occupa également une partie des États du Pape. Au nord de la France, il fit de la République batave un *royaume de Hollande* qu'il confia à son frère Louis.

Napoléon bouleversa également la carte politique de l'Allemagne. Les ducs de Bavière et de Wurtemberg furent faits *rois*, ceux de Hesse-Darmstadt et de Bade devinrent *grands-ducs*. Un nouvel État, créé sur la rive droite du Rhin, le *grand-duché de Berg*, fut donné à Murat, beau-frère de Napoléon. Pour prix de son alliance, le roi de Prusse, on l'a vu, avait reçu l'électorat de Hanovre. Avec les deux nouveaux rois, les grands-ducs, les autres princes de l'Allemagne du Sud et de l'Ouest, Napoléon créa la *Confédération du Rhin* (juillet 1806). Il s'en déclara *Protecteur* et, à ce titre, reçut la direction de la politique extérieure, le droit de veto, le commandement de l'armée confédérée dont il fixa l'effectif à 63 000 hommes. *Alors prit fin le Saint Empire romain germanique, fondé par Othon le Grand en 962*. François de Habsbourg renonça à son titre d'empereur allemand (août 1806).

La quatrième coalition

La puissance de la France était telle que l Angleterre et la Russie pensèrent à traiter avec Napoléon. Les négociations engagées au cours de l'été 1806 échouèrent et ce fut une *quatrième coalition*, inspirée par la Prusse, que Napoléon eut à combattre.

Les progrès de l'influence française en Allemagne avaient irrité la Prusse. Le roi Frédéric-Guillaume III (1797-1840), timide, sans volonté, serait peut-être resté fidèle à l'alliance française qui lui avait fait obtenir le Hanovre ; mais la reine Louise, plusieurs ministres, l'opinion publique et l'armée tout entière demandaient la rupture avec la France. Le roi s'y résigna. Il s'allia à la Russie et à l'Angleterre, puis il envoya un ultimatum à Napoléon, en le sommant d'évacuer l'Allemagne dans les huit jours (1er octobre 1806).

Napoléon était alors en Allemagne au milieu de son armée : il prit immédiatement l'offensive. Moins d'une semaine après l'entrée en campagne, deux armées prussiennes furent taillées en pièces le même jour dans deux batailles simultanées : l'une par l'Empereur devant *Iena*, l'autre par Davout devant *Auerstaedt* (14 octobre 1806). Presque aucun corps prussien n'essaya de résister ; des villes fortifiées se rendirent à des régiments de cavalerie. La *Prusse s'effondra*.

Il fut difficile de triompher des Russes. Dans les immenses plaines de Pologne et de la Prusse orientale, l'armée souffrit terriblement du froid, de la boue, de la faim. La bataille d'Eylau (février 1807) fut une inutile boucherie dans une tempête de neige ; mais la victoire de *Friedland* (juin 1807) contraignit le tsar à poser les armes.

La paix de Tilsitt

Mécontent des Anglais, dont il ne recevait même plus d'appui financier, Alexandre décida de rencontrer immédiatement Napoléon. Les deux souverains eurent une entrevue en juin 1807 sur un radeau ancré au milieu du Niémen, près du village de *Tilsitt*.

Ils tinrent le roi de Prusse complètement à l'écart des négociations et conclurent un traité de paix et un traité d'alliance.

Le traité de paix démembra la Prusse : elle perdit d'une part tout ce qu'elle possédait à l'ouest de l'Elbe et d'autre part ce qu'elle avait acquis aux deuxième et troisième partages de la Pologne — en tout, la moitié de son territoire et de sa population.

Des provinces qu'il lui enleva, Napoléon constitua deux États nouveaux : à l'Ouest le *royaume de Westphalie* qu'il donna à son plus jeune frère, Jérôme ; à l'Est le *grand-duché de Varsovie* qu'il donna à l'électeur de Saxe. Ces deux États, joints à l'électorat de Saxe, qui prit rang de royaume, entrèrent dans la Confédération du Rhin : celle-ci comprit ainsi toute l'Allemagne, à l'exception de la Prusse.

L'alliance franco-russe

Un autre traité jeta les bases d'une *alliance franco-russe :* le tsar promit de déclarer la guerre à l'Angleterre si elle refusait de faire la paix avec la France ; Napoléon, de son côté, promit sa médiation entre la Turquie et la Russie alors en guerre et, si la médiation n'aboutissait pas, son concours pour un démembrement de l'Empire turc. Il admit aussi que la Russie enlevât la Finlande au royaume de Suède, allié de l'Angleterre. *En fait l'entente entre les deux empereurs ne pouvait être durable :* la création du grand-duché de Varsovie, résurrection partielle de la Pologne sous l'influence de la France, devait nécessairement inquiéter la Russie et allait être un germe de mort pour l'alliance.

Cependant la gloire de Napoléon était plus éclatante que jamais. En trois ans il avait battu les trois grandes puissances militaires de l'Europe : Autriche, Prusse, Russie. L'Angleterre seule résistait encore ; mais Napoléon espérait la réduire par un nouveau mode de guerre, inauguré par lui un mois après la victoire d'Iéna, le *Blocus continental.*

Le Grand Empire (1807-1811)

I. — Le blocus continental. — La cinquième coalition

Le Blocus continental

Napoléon ne trouvait plus en face de lui que l'Angleterre. Ne pouvant, depuis le désastre de Trafalgar, la vaincre par les armes, il entreprit contre elle une politique nouvelle, connue sous le nom de *Blocus continental*.

Il s'agissait d'empêcher toute relation commerciale entre l'Angleterre et le reste de l'Europe. Or l'Angleterre lui vendait ses cotonnades et les produits de sa métallurgie ; elle lui achetait le lin, le chanvre et le bois nécessaires à ses constructions navales, le blé et le minerai de fer. En mettant les Iles Britanniques en état de blocus, Napoléon espérait y créer une terrible crise économique et sociale : les industriels seraient contraints de fermer leurs usines, les ouvriers jetés au chômage et menacés de la famine se soulèveraient, et le gouvernement de Londres serait contraint de demander la paix. Pendant ce temps, au contraire, la France, maîtresse de tout le marché européen, doublerait son hégémonie politique d'une hégémonie économique.

Décrets de Berlin et de Milan

L'initiative de cette politique était venue des Anglais eux-mêmes. En mai 1806, ils avaient déclaré les côtes françaises en état de blocus ; leurs navires arrêtaient en haute mer les bateaux neutres et confisquaient les marchandises françaises qui pouvaient s'y trouver. Au lendemain de la victoire d'Iéna, Napoléon répondit par le *décret de Berlin* (novembre 1806) : «Les Iles Britanniques sont déclarées en état de blocus.»

Comme par défi, le gouvernement anglais fit bombarder *Copenhague*, arraisonner la flotte danoise et occuper l'îlot de *Heligoland* au large de l'embouchure de l'Elbe. Puis il déclara n'accorder la libre circulation des mers aux navires neutres que s'ils venaient dans un port britannique payer des droits de douane. Napoléon riposta par le *décret de Milan* (décembre 1807) : «Les Iles Britanniques sont en état de blocus *sur mer* comme sur terre.» Tout navire neutre qui se serait soumis aux exigences anglaises serait considéré par les Français comme un navire anglais et donc de bonne prise. *Entre la France et l'Angleterre, il n'y avait plus pour les autres États de neutralité possible.*

Conséquences économiques

En France, les résultats du Blocus ne correspondirent pas à l'attente de Napoléon. On arriva bien à remplacer le sucre de canne et le café des Antilles par le sucre de betterave et la chicorée ; mais la vie renchérit. L'industrie textile manqua de coton, les agriculteurs n'eurent plus de débouchés pour leurs grains et leurs eaux-de-vie, ni les marchands de Lyon pour leurs soieries. En vain Napoléon permit-il à certains négociants français de commercer avec l'Angleterre, directement ou par l'intermédiaire des neutres, l'Europe continentale n'en connut pas moins une très grave crise économique en 1810 et 1811. De très nombreuses usines firent faillite, pendant que l'activité des ports de France, de Hollande, d'Italie et d'Allemagne était presque arrêtée.

Quant à l'Angleterre, elle ne sembla guère souffrir au début du Blocus. Elle augmenta ses ventes aux États-Unis, dans l'Inde, et surtout dans l Amérique espagnole et au Brésil. En

Europe, ses contrebandiers forcèrent tous les cordons douaniers : par Amsterdam et Hambourg, par Malte et les îles Ioniennes, par Salonique, par Odessa même, les marchandises anglaises parvenaient au cœur de l'Allemagne et, de là, à Paris.

Mais, par la suite, *la situation de l'Angleterre devint critique.* D'une part, le Blocus fut plus efficace après l'annexion à l'Empire de la Hollande, et par suite d'une surveillance plus stricte des côtes. D'autre part, le marché de l'Amérique espagnole et portugaise ne suffisait pas à absorber les marchandises que les Anglais y apportaient, d'autant que ceux-ci y trouvaient la concurrence des hommes d'affaires des États-Unis. Enfin, la politique brutale de l'Angleterre à l'égard des neutres amena en 1812 une *guerre anglo-américaine :* les marchands britanniques perdirent les marchés de New York et de Boston. Matières premières et produits fabriqués s'accumulèrent dans les entrepôts anglais, faute de débouchés, et des milliers d'ouvriers furent licenciés. *A la crise de surproduction s'ajouta une crise financière.* Pour améliorer le rendement de leurs usines beaucoup d'industriels avaient acheté des machines et s'étaient endettés ; pour attirer les clients ils vendaient à crédit, surtout dans l'Amérique latine, — et n'arrivaient pas toujours à se faire payer. De plus, la livre sterling perdit de sa valeur : il fallut donner cours forcé aux billets de banque et se lancer dans l'inflation. Enfin, *une montée du prix de la vie* vint rendre plus tragique la situation des travailleurs : à la suite d'une série de mauvaises récoltes, le blé — et donc le pain — atteignit des prix inconnus jusque-là. Jetés au chômage, guettés par la famine, des ouvriers se soulevèrent, brisèrent les machines.

L'Angleterre aurait peut-être succombé si le Blocus lui avait été appliqué pendant de longues années de suite. Mais l'élément essentiel à son succès, la durée, manqua à l'Empereur. A la fin de 1812, le Blocus avait porté des coups très graves à l'économie anglaise, mais déjà la campagne de Russie avait amené l'effondrement de la puissance française.

Conséquences politiques

Plus importantes encore que les conséquences économiques du Blocus furent ses conséquences politiques. Le système conduisit à sacrifier économiquement, au profit de la France, les pays vassaux et alliés : ce leur fut un grief de plus contre Napoléon. D'autre part, pour que le Blocus atteignît son but, il devait être étendu à tout le continent : une seule fissure le rendait inefficace. *La stricte application du Blocus devait nécessairement mener à de nouvelles conquêtes.*

La *Suède* fut punie de son indocilité par la perte de la Finlande, annexée à la Russie. Napoléon occupa les ports de *Hambourg*, *Brême* et *Lubeck* ; il rattacha à la France la *Hollande*, parce que son frère Louis n'y appliquait pas assez strictement le Blocus ; il annexa le *royaume d'Étrurie* ; il partagea entre la France et le royaume d'Italie, ce qui subsistait des *États pontificaux*. Le *Portugal* ne vivait guère que de son commerce avec l'Angleterre. Napoléon le fit occuper par le général Junot et la famille royale de Portugal s'enfuit au Brésil (1807).

L'intervention en Espagne

L'occupation du Portugal fut un prétexte à intervenir en *Espagne*. Napoléon jugeait que si l'Espagne passait sous sa domination, il y trouverait des ressources considérables pour sa lutte contre l'Angleterre et il pensait à chasser les Bourbons de Madrid comme il avait chassé les Bourbons de Naples. Sous prétexte d'envoyer des renforts à Junot, il fit entrer en Espagne une armée commandée par Murat. Une émeute de patriotes renversa le roi *Charles IV* au profit de son fils *Ferdinand*. Le père et le fils firent alors appel à Murat, dont les troupes entrèrent à Madrid (mars 1808).

C'était l'occasion qu'attendait Napoléon. Il convoqua la famille royale à Bayonne. Au moment où elle y arrivait, on apprit qu'un très grave soulèvement avait éclaté à Madrid le 2 mai contre les troupes françaises. Napoléon en prit prétexte pour terroriser ses hôtes. Ferdinand dut renoncer au trône et fut placé en résidence forcée dans un château du Berry ; quant à Charles IV, il abdiqua en faveur de Napoléon. L'Empereur donna la couronne d'Espagne à son frère *Joseph*, que Murat remplaça comme roi de Naples.

Le soulèvement espagnol. L'entrevue d'Erfurt

Les Espagnols répondirent au guet-apens de Bayonne par un soulèvement général. En quelques mois, 150 000 hommes prirent les armes et formèrent des bandes, ou *guérillas*, de paysans et d'artisans animés d'un patriotisme farouche, encore fanatisé par les prêtres et les moines. Dès le début, ils remportèrent un éclatant succès : ils cernèrent dans les montagnes, à *Bailen*, une division française et la contraignirent à se rendre. Joseph s'enfuit de Madrid (juillet 1808). Un mois plus tard, le Portugal était perdu : des troupes anglaises venues au secours des insurgés contraignirent Junot à capituler à *Cintra*.

Napoléon était alors tout entier à ses projets grandioses en Orient. Les armées française et russe occuperaient la péninsule des Balkans ; puis, une fois maîtresses de Constantinople, elles passeraient en Asie et *marcheraient sur l'Inde* pour en chasser les Anglais. Bailen et Cintra firent crouler ces projets. A ces coups terribles portés à son prestige, Napoléon comprit qu'il devait répondre en venant lui-même sur place rétablir la situation. Mais avant de partir pour Madrid, il voulut assurer la paix en Europe Centrale, où les événements d'Espagne avaient éveillé d'ardents espoirs de revanche. Il accorda à la Prusse l'évacuation de son territoire, moyennant une très lourde contribution de guerre et l'engagement que l'armée prussienne ne dépasserait pas l'effectif de 42 000 hommes. D'autre part, pour resserrer l'alliance franco-russe, il rencontra le tsar à *l'entrevue d'Erfurt* (septembre-octobre 1808). Il consentit à Alexandre Ier le droit d'occuper les provinces turques de Moldavie et de Valachie ; en retour le tsar promettait de faire la guerre à l'Autriche au cas où celle-ci attaquerait la France.

La guerre d'Espagne

Rassuré, Napoléon partit pour l'Espagne avec la Grande Armée. Une série de victoires lui ouvrit la route de Madrid (novembre-décembre). L'Empereur crut rallier les Espagnols à son frère en décrétant l'abolition des droits féodaux et de l'Inquisition. Après quoi, il rentra en France (17 janvier 1809), laissant à Soult et à Ney le soin d'achever la pacification. Les troupes anglaises, venues au secours des Espagnols, durent se rembarquer.

Ces succès n'étaient qu'un leurre. Au moment même où Napoléon était en Espagne, le *siège de Saragosse*, qui dura quatre mois et coûta la vie à 40 000 personnes, était un exemple de l'acharnement et du fanatisme que montraient également les deux adversaires.

La guerre se continua sans interruption jusqu'en 1814, guerre féroce, sans événements décisifs, mais cependant événement capital. *Pour la première fois Napoléon se heurtait non à une armée, mais à tout un peuple*. D'autre part, les Anglais trouvèrent au Portugal et en Espagne un champ de bataille inespéré et ils y furent commandés par un chef de grand talent, *Wellesley*, futur duc de *Wellington*. De 1808 à 1814 la guerre d'Espagne absorba 300 000 des meilleurs soldats de Napoléon.

La cinquième coalition

Les événements d'Espagne firent espérer à l'Autriche que le moment était venu pour elle de prendre sa revanche d'Austerlitz. Elle savait que le tsar, effrayé par les ambitions démesurées de Napoléon, ne ferait rien contre elle, malgré les engagements qu'il avait pris à Erfurt. Elle comptait d'autre part sur un soulèvement de la Prusse, où la capitulation de Bailen avait ranimé tous les espoirs. En avril 1809, elle envahit la Bavière.

Une fois de plus, par sa rapidité, Napoléon déjoua les calculs de ses adversaires. Les principales opérations eurent lieu sur la rive gauche du Danube, en face de Vienne. Après la bataille furieuse d'*Essling* (mai 1809), qui fut pour lui un échec, Napoléon fut vainqueur à *Wagram* (juillet 1809). Mais, pendant ce temps, les Anglais avaient tenté de débarquer en Hollande ; le Tyrol, pays autrichien donné à la Bavière en 1805, s'était soulevé sous la direction d'un aubergiste patriote, *Höfer* ; enfin plusieurs mouvements insurrectionels avaient éclaté en Allemagne. Aussi Napoléon s'empressa-t-il de signer avec François Ier le *traité de Vienne* (octobre 1809). L'Autriche dut céder la plus grande partie de ses possessions polonaises au grand-duché de Varsovie et à la Russie, quelques provinces à la Bavière, enfin la Carniole et les ports de Trieste et de Fiume à la France : ces dernières régions, jointes à l'Istrie et à la Dalmatie que Napoléon lui avait enlevées en 1805, formèrent les *Provinces Illyriennes*, rattachées à la France.

Napoléon semblait plus puissant que jamais, d'autant qu'en Espagne ses maréchaux paraissaient prendre le dessus. Il ne lui manquait qu'un élément de sécurité, un fils à qui transmettre ses couronnes. Après de longues hésitations, il répudia l'impératrice Joséphine de qui il n'avait pas d'enfants, puis, en 1810, il épousa une fille de François Ier, l'archiduchesse *Marie-Louise*. L'année suivante la naissance d'un fils qui reçut le titre de *roi de Rome* sembla assurer l'avenir du régime napoléonien

II. — L'Europe en 1811

L'Europe napoléonienne

Si l'on met à part la Suède, le Danemark (qui possédait la Norvège), la Prusse et les trois Empires autrichien, russe et turc, toute l'Europe continentale obéissait officiellement à Napoléon[1]. On pouvait y distinguer deux groupes de territoires :

1) *L'Empire français* qui, à la France du traité de Lunéville (1801), ajoutait au Nord la Hollande et les villes de Brême, Hambourg, Lubeck ; et au Sud le Piémont, Gênes, la Toscane, la partie occidentale des États pontificaux, enfin, au-delà de la mer Adriatique, le Provinces illyriennes. L'Empire comptait 130 départements avec une population d'environ 44 millions d'habitants.

2) *Les États vassaux.* Trois d'entre eux dépendaient immédiatement de Napoléon : la *Confédération du Rhin* qui comprenait tous les États allemands (à l'exception de la Prusse) et le grand duché de Varsovie ; la *Confédération helvétique* : le *royaume d'Italie* administré par un vice-roi, Eugène de Beauharnais, beau-fils de Napoléon. Deux autres royaumes avaient pour rois des membres de la famille napoléonienne : le *royaume de Naples*, donné à Murat, et le *royaume d'Espagne*

[1] La Sardaigne et la Sicile échappèrent toujours à la domination de Napoléon

(auquel le Portugal était officiellement rattaché), donné à Joseph[1]. L'ensemble des États vassaux comptait environ 38 millions d'habitants. Les États gouvernés par des membres de la famille de Napoléon étaient, on l'a vu, étroitement soumis à l'autorité de l'Empereur. Les autres États conservaient en principe leur autonomie, mais ils étaient tenus de payer un tribut, de fournir un contingent militaire, de laisser la direction de leur politique extérieure à l'Empereur, d'adhérer au Blocus continental. En fait, ils subissaient, eux aussi, même dans leur politique extérieure, l'influence de Napoléon. Ainsi s'explique que, dans une grande partie de l'Europe, le régime napoléonien ait laissé des traces plus ou moins profondes, détruisant ou ébranlant l'Ancien Régime, préparant la *naissance d'une Europe nouvelle*.

L'Europe antinapoléonienne. La régénération de la Prusse

Napoléon comptait cependant trois ennemis acharnés à sa perte : l'Angleterre, l'Espagne, la Prusse — et deux alliées très peu sûres : l'Autriche et la Russie. Depuis 1808, on l'a vu, l'Angleterre et l'Espagne avaient partie liée.

La Prusse, à l'égard de laquelle Napoléon s'était montré si dur et si méprisant, fit, au lendemain de Tilsitt, un *grand effort de régénération*. Des patriotes allemands — dont presque aucun d'ailleurs n'était Prussien d'origine, mais qui plaçaient dans la Prusse leur espoir pour la libération de l'Allemagne — essayèrent de la relever. Deux hommes dominèrent cette équipe : *Stein*, un vrai féodal, caractère d'une rare énergie et puissant animateur, *Hardenberg*, un diplomate, plus souple, d'esprit plus ouvert, plus accessible aux idées nouvelles. Tous deux comprirent que ce qui avait fait la puissance de la France révolutionnaire et impériale c'était l'élan national, et que, par suite, si l'on voulait avoir chance de vaincre, il fallait *faire de la Prusse une nation*, intéresser toutes les classes de la société au sort de l'État, pour donner à celui-ci la force morale qui lui manquait.

C'était *une véritable révolution par en haut* à opérer. Elle ne réussit que très partiellement, parce qu'elle se heurta aux pré-

---

[1] Le royaume de Wesphalie qui était, on le sait gouverné par Jérôme Bonaparte faisait partie de la Confédération du Rhin.

jugés et aux intérêts de la noblesse et à l'indécision du roi Frédéric-Guillaume III.

Réformes sociales et administratives

Stein fut appelé au ministère après Tilsitt. Il promulgua, par un édit d'octobre 1807, la grande réforme sociale préparée par son prédécesseur Hardenberg : *le servage des paysans fut aboli ; le droit à la propriété de la terre, jusque-là réservé à la noblesse, fut étendu aux autres classes de la société*. Stein réorganisa aussi le gouvernement central : les collèges ministériels furent remplacés par un *Chancelier d'État* et cinq ministres. Enfin les villes eurent des *municipalités élues*.

Mais Stein ne cachait pas son désir de revanche. Napoléon exigea son renvoi (septembre 1808). Hardenberg, revenu au pouvoir peu après, reprit et compléta l'œuvre commencée. Il établit l'*égalité devant l'impôt*, la *liberté de l'industrie* par la suppression des corporations (1810). Les paysans les plus riches purent devenir propriétaires d'une partie du sol qu'ils cultivaient héréditairement, quitte à renoncer au reste (1811). Hardenberg tenta aussi de *faire participer la nation au gouvernement :* des Assemblées de notables furent réunies en 1811 et 1812 à Berlin.

Ces réformes ne furent pas toutes durables ; certaines ne reçurent qu'un commencement d'application et furent abandonnées par la suite.

Les réformes militaires

Dans le même temps, un Hanovrien, le général *Scharnhorst* dirigeait la réorganisation militaire. Convaincu que le secret de la victoire des armées françaises était dans le ressort moral que leur donnait leur *caractère national et démocratique*, il voulut réorganiser dans ce sens l'armée prussienne. La carrière d'officier, jusque-là réservée presque uniquement aux jeunes nobles, fut accessible à tous et ouverte par un concours (1808). Les peines corporelles furent adoucies. En revanche, Scharnhorst ne put faire accepter le principe du service obligatoire pour tous.

Napoléon interdisait à l'armée prussienne de dépasser un effectif de 42 000 hommes. Scharnhorst s'efforça de tourner la difficulté : il imagina de *convoquer tour à tour un certain nombre de recrues pour une période très courte.* De cette façon, sans que l'effectif dépassât le chiffre fixé, le nombre des hommes ayant reçu l'instruction militaire (on les appelait *Krumper[1]*) atteignait 400 000 en 1813.

L'Université de Berlin

Pour que l'œuvre de régénération fût viable, il allait changer non seulement les institutions, mais les esprits. Il fallait orienter la jeunesse dans le sens du relèvement national. Il fallait enfin donner à la Prusse la force et le prestige d'une vie intellectuelle active. Ainsi s'explique la création de l'*Université de Berlin* (1810), sur les plans d'un grand esprit, *Guillaume de Humboldt.*

La régénération de la Prusse était un signe des temps. Dans l'Europe bouleversée par Napoléon, s'éveillaient des forces morales qui travaillaient contre lui, minaient l'édifice du Grand Empire et en préparaient l'écroulement. En dehors de l'Espagne, elles n'étaient pas cependant suffisantes pour le mettre en péril — à condition toutefois que Napoléon pût compter sur l'alliance franco-russe. Or cette alliance s'était montrée bien peu efficace en 1809 ; depuis lors elle n'avait fait que se relâcher et, en 1811, elle n'existait plus que de nom.

[1] Ce nom s'appliquait originairement aux chevaux en surnombre dans les régiments de cavalerie.

La chute de l'Empire (1812-1814)

Fragilité du Grand Empire

La puissance de Napoléon était plus apparente que réelle. Moins de deux années et trois campagnes malheureuses suffirent pour l'abattre. Les causes de faiblesse étaient nombreuses et graves.

En France même, les libéraux souffraient de l'inquisition policière et de la suppression des libertés politiques ; les catholiques reprochaient à Napoléon ses violences à l'égard du pape ; les hommes d'affaires rendaient le Blocus continental responsable de la crise économique ; enfin la population tout entière s'irritait du poids de la conscription, des levées anticipées, de l'enrôlement de conscrits exonérés antérieurement : le nombre des insoumis ne cessait d'augmenter. Rien ne montre mieux la fragilité du régime impérial que la *conspiration du général Malet*. Pendant que Napoléon était en Russie avec la Grande Armée, cet officier, mis en disponibilité à cause de ses opinions républicaines, tenta un coup d'État (octobre 1812). Exhibant de fausses dépêches et de faux décrets du Sénat, il annonça la mort de l'Empereur, arrêta les ministres de la

Guerre et de la Police, installa un Gouvernement provisoire à l'Hôtel de Ville. Il fut rapidement démasqué et fusillé. Il n'empêche qu'au premier moment, à l'annonce de la mort de Napoléon, personne n'avait songé à son successeur légitime, le roi de Rome. Pareil fait révèle l'absence complète d'attachement à la dynastie.

Hors de la France proprement dite, la situation était plus inquiétante encore. La lourdeur de la domination napoléonienne développait chez les peuples annexés ou vassaux le *sentiment de leur nationalité* et la haine de la France. La *guerre d'Espagne*, véritable plaie au flanc de l'Empire retenait 300 000 hommes et les meilleurs généraux dans une lutte atroce et sans issue. Enfin, chez les alliés de Napoléon, il n'y avait aucune sincérité. L'unique pensée de la Prusse était la revanche. Pour l'Autriche, l'union dynastique ne compensait pas les pertes territoriales. La Russie, qui avait été la mieux traitée par Napoléon, fut la première à se détacher de lui, la première à lui porter un coup mortel. La guerre de Russie (1812) fut la catastrophe imprévue, d'où sortit la ruine de l'Empire.

Rupture de l'alliance franco-russe

L'alliance franco-russe avait été l'œuvre personnelle de Napoléon et d'Alexandre, mais l'un et l'autre en étaient également déçus. Napoléon ne pouvait oublier que le tsar n'avait rien fait pour contenir l'Autriche en 1809. De son côté, le tsar s'irritait de voir le projet de partage de l'empire turc indéfiniment ajourné, l'annexion de Lubeck porter la puissance française jusque sur la Baltique, un maréchal français, *Bernadotte*, devenir prince héritier de Suède[1]. D'autre part, l'alliance avait contre elle toute la noblesse russe, dont elle heurtait non seulement les sentiments mais surtout les intérêts. Le Blocus, en effet, ruinait les grands propriétaires qui jusque-là vendaient en Angleterre leur blé, leur bois, leur chanvre, leur suif. A la fin de 1810, le tsar ouvrit ses ports aux marchandises britanniques et frappa de lourdes taxes les produits français. C'était une *véritable trahison*.

Enfin la plus grave de toutes les causes de conflit entre

[1] Le roi de Suède Charles XIII n'avait pas d'enfants. Sur les conseils de la Diète, il adopta pour prince héritier le maréchal Bernadotte (1810).

Napoléon et Alexandre était *la question du grand duché de Varsovie*. Le tsar ne voulait à aucun prix d'une résurrection de la Pologne qui se ferait sans lui et contre lui.

En février 1810, Alexandre voulut obtenir de Napoléon l'engagement de ne pas restaurer la Pologne : l'Empereur refusa. Le tsar projeta alors de s'emparer du grand duché par un coup de main et concentra des troupes à la frontière. Napoléon, averti, fit de même. L'entreprise échoua, mais la guerre était imminente.

Les adversaires en présence

Alexandre Ier se hâta de signer la paix avec les Turcs, auxquels il enleva la *Bessarabie* ; puis il obtint l'alliance de la Suède qui ne pardonnait pas à Napoléon d'avoir annexé en Allemagne la Poméranie suédoise. De son côté, Napoléon avait pour alliés l'empereur d'Autriche et le roi de Prusse, mais c'étaient des alliés suspects qui, personnellement, faisaient des vœux pour le succès des Russes.

Les forces militaires paraissaient singulièrement inégales. Napoléon avait concentré une armée formidable, la plus grande qu'on eût jamais vue en Europe, plus de 600 000 hommes. Sur ce nombre, on ne comptait pas 200 000 Français. En revanche, Allemands, Suisses, Italiens, Hollandais, Croates, Polonais, Espagnols et même Portugais, toute l'Europe était représentée dans cette armée, que les Russes appelèrent l'*armée des vingt nations*. Le tsar ne disposait guère que de 150 000 hommes de troupes régulières, en deux armées principales, mais la levée en masse lui permit de renforcer ses effectifs. Les généraux russes, redoutant de livrer bataille à Napoléon, reculèrent devant lui et l'entraînèrent dans l'intérieur du pays. Ils adoptèrent la tactique la plus dangereuse pour lui : point de batailles, faire le vide devant les Français, détruire les villages, enterrer les provisions, de façon que l'envahisseur ne puisse se ravitailler.

La Campagne de Russie

Les plans de Napoléon furent bouleversés par cette tactique. Il espérait une victoire rapide : or, au bout de deux mois et sans avoir livré de grande bataille, il avait perdu 150 000 hommes par la maladie ou la désertion ; les chevaux étaient morts en si grand nombre que les services de l'intendance et de l'artillerie étaient entièrement désorganisés.

La première grande bataille se livra à 150 kilomètres de Moscou, près de la rivière de *la Moskova* (7 septembre 1812). La lutte fut d'un acharnement inouï : à la fin de la journée les Russes avaient perdu 40 000 hommes et les Français 30 000. Napoléon força le passage, mais l'adversaire n'était pas anéanti. Une semaine plus tard, les Français entrèrent à Moscou. Dès le lendemain un incendie, allumé sans doute par ordre du gouverneur, détruisit une grande partie de la ville. *L'incendie de Moscou*, attribué à tort aux Français, exalta encore la haine des Russes contre l'envahisseur. Comme en Espagne, la guerre fut une guerre sainte. Quand Napoléon comprit qu'Alexandre n'implorerait pas la paix, il ordonna la retraite (19 octobre).

Les Français se trouvèrent contraints de reprendre la route de l'aller, dans un pays déjà dévasté et par une température qui, par moments, fut d'une rigueur exceptionnelle. L'armée ne fut bientôt qu'un immense troupeau de malheureux, torturés par la faim et le froid, et harcelés par les Cosaques. L'épisode le plus tragique fut le passage de la rivière *Bérésina* (novembre). A la mi-décembre on atteignit enfin le Niémen.

Des 610 000 hommes qui étaient entrés en Russie, 100 000 à peine revinrent en Allemagne. *Il n'y avait plus de Grande Armée.*

Le mouvement national en Prusse

Cependant, aux yeux de Napoléon, rien n'était encore perdu. Les Russes étaient si épuisés eux-mêmes qu'ils n'osaient pas poursuivre les Français. *Ce fut l'initiative de Stein, l'ancien ministre de Prusse passé au service du tsar, qui décida du sort de Napoléon.*

Stein sut convaincre Alexandre Ier de ne pas conclure la paix avant d'avoir détruit la puissance de l'Empereur. Il fut d'ailleurs servi par les événements. Le général *York* qui commandait un corps d'armée prussien fit défection et, avec les troupes russes, envahit la Prusse orientale. Il y fut rejoint par Stein qui, *de sa propre autorité*, convoqua les États provinciaux de Prusse et leur fit voter l'organisation d'une *Landwehr*, c'est-à-dire d'un contingent formé de conscrits tirés au sort et de volontaires. Le mouvement gagna le Brandebourg où les patriotes constituèrent un gouvernement insurrectionnel dirigé contre les Français. Il affecta surtout les intellectuels et la jeunesse des universités et des collèges. Le roi Frédéric-Guillaume III, d'abord hostile à ce mouvement d'allure révolutionnaire et qui s'organisait en dehors de lui, finit par céder à la pression de Stein, de Hardenberg et de Scharnhorst : il signa un traité d'alliance avec le tsar, puis, dans un *Appel à mon peuple*, il annonça la «guerre de libération» et étendit l'organisation de la landwehr à tout le royaume (février-mars 1813). Les Français durent se replier à l'ouest de l'Elbe.

La campagne d'Allemagne

Cependant Napoléon, avec une incroyable activité, constituait une armée nouvelle de 300 000 hommes, pour la plupart des conscrits de dix-huit et dix-neuf ans, qu'on instruisit en marchant, les «Marie-Louise». Il n'avait pas voulu dégarnir l'Espagne où Wellington prenait l'offensive, entrait à Madrid, était vainqueur à *Vitoria* (21 juin 1813).

Napoléon prit l'offensive et, par deux fois, battit les Prussiens et les Russes à *Lutzen* et à *Bautzen* (mai 1813). C'est alors que l'Autriche devint l'arbitre de la situation : sans son concours les Alliés ne pouvaient vaincre : la crainte de son intervention pouvait sans doute amener Napoléon à faire des sacrifices. *Metternich proposa la médiation de l'empereur François* ; Napoléon, pour gagner du temps et ménager l'opinion, accepta. Un congrès pour la paix s'ouvrit à Prague. L'Autriche demanda à la France l'abandon des Provinces Illyriennes et des villes hanséatiques (Lubeck, Brême, Hambourg), la dissolution du grand duché de Varsovie et la reconstitution de la Prusse dans ses limites du début de 1806. Il n'était pas question d'enlever à la France ses frontières naturelles. Napoléon refusa ces conditions. L'Autriche se joignit alors aux Alliés : la *coalition générale* était formée (août 1813).

Trois armées alliées marchèrent sur la Saxe : une armée autrichienne sous *Schwarzenberg*, une armée russo-prussienne sous *Blücher*, une armée russo-suédoise sous *Bernadotte*. Les maréchaux de Napoléon furent battus à plusieurs reprises : enfin l'Empereur lui-même fut vaincu, après une lutte acharnée de trois jours, à *Leipzig* (octobre 1813). L'un après l'autre les princes allemands firent défection. Au début de novembre, ce qui restait de l'armée française, repassait le Rhin.

Dans le même temps, les troupes anglaises de Wellington franchissaient les Pyrénées occidentales et entraient en France. Comme l'Allemagne, l'Espagne était perdue.

L'invasion

Les Alliés savaient les Français las de la guerre. Pour les détacher de Napoléon, ils lancèrent un manifeste où ils disaient ne faire la guerre qu'à l'Empereur et à son insatiable ambition : ils s'engageaient à laisser à la France «une étendue de territoire qu'[elle] n'a jamais connue sous ses rois». La manœuvre réussit en partie : le Corps Législatif invita Napoléon à ne continuer la guerre «que pour l'indépendance et l'intégrité du territoire».

Les Alliés franchirent le Rhin (décembre 1813-janvier 1814). Bernadotte envahit la Hollande et la Belgique, où la domination française s'écroula, puis il pénétra en France par la vallée de l'Escaut. Blücher et Schwarzenberg (celui-ci accompagné des souverains d'Autriche, de Russie et de Prusse), avaient passé le Rhin entre Bâle et Coblence. Ils battirent l'Empereur sur l'Aube, à *La Rothière* (1er février), puis se séparèrent pour marcher sur Paris : Blücher par la Marne, Schwarzenberg par la Seine.

Contre leurs 260 000 hommes (sans compter les 100 000 qu'amenait Bernadotte), Napoléon n'avait que 70 000 soldats, dont beaucoup de conscrits. Comme en 1796 en Italie, il tenta de suppléer au nombre par la rapidité de la manœuvre. D'autre part, sur les arrières ennemis, les paysans, d'abord indifférents, furent bientôt exaspérés par les violences commises : ils s'armèrent de fourches, de faux, de fusils de chasse et attaquèrent en francs-tireurs : en Lorraine une colonne russe perdit 3 000 hommes sans avoir vu un soldat.

La Campagne de France

Les maréchaux, lassés, faisaient la guerre à contrecœur. *Napoléon seul refusa de désespérer.* Selon sa propre expression, il «chaussa les bottes du général de l'armée d'Italie» et la *campagne de France* montra, une fois de plus, son génie militaire.

Se plaçant entre Blücher et Schwarzenberg, Napoléon battit le premier à *Champaubert* et *Montmirail*, puis le second à *Mormant* et *Montereau* (février 1814). Mais, par le *pacte de Chaumont* (1er mars), les Alliés s'engagèrent à continuer la lutte jusqu'à la victoire finale.

Vainqueur en février, Napoléon échoua en mars. Il ne put déloger Blücher des plateaux escarpés de *Laon* (7-10 mars) et il fut lui-même battu par Schwarzenberg à *Arcis-sur-Aube*. Il conçut alors le plan audacieux de se diriger vers l'Est pour couper les lignes de ravitaillement de l'ennemi et l'obliger à interrompre son avance vers Paris. Déjà il était à Saint-Dizier. Mais, apprenant que la bourgeoisie parisienne était prête à les accueillir, les coalisés hâtèrent leur marche en avant.

Paris, que l'Impératrice et le gouvernement venaient de quitter, n'était pas en état de se défendre. Les maréchaux *Moncey* et *Marmont* luttèrent tout un jour puis durent capituler. *Les Alliés entrèrent à Paris* (31 mars 1814).

Les Autrichiens avaient déjà occupé Lyon, Wellington marchait sur Toulouse, des royalistes français se soulevaient dans l'Ouest, d'autres livraient Bordeaux aux Anglais.

Chute de l'Empire

L'entrée des Alliés dans Paris eut pour conséquence la chute de l'Empire et la restauration des Bourbons. Cette révolution, à laquelle le peuple français ne prit aucune part, fut le résultat d'intrigues royalistes qui réussirent grâce à la collaboration décisive de *Talleyrand*.

Les Alliés étaient d'accord pour renverser Napoléon, mais ils ne savaient par qui le remplacer. Cependant depuis trois mois, les royalistes français préparaient la voie au rétablissement des

Bourbons. Dès que les souverains alliés avaient pénétré en France, le *comte d'Artois*, frère de Louis XVIII, les avait rejoints en Champagne, et son fils le *duc d'Angoulême* avait rallié l'armée de Wellington. Quand le tsar et le roi de Prusse entrèrent dans Paris, les royalistes arborèrent des cocardes blanches en criant : « Vivent les Bourbons ! »

Talleyrand se servit de ces manifestations pour convaincre les Alliés d'écarter non seulement Napoléon mais encore le roi de Rome et Marie-Louise, et d'appeler au trône Louis XVIII. Il fit nommer par une soixantaine de sénateurs un *Gouvernement provisoire*, dont il fut le chef ; puis, sur son initiative, le Sénat et le Corps Législatif votèrent la *déchéance de Napoléon et de sa famille* (3 avril 1814). Enfin le Sénat rédigea une Constitution et déclara que Louis XVIII serait « roi des Français » dès qu'il l'aurait acceptée (6 avril).

Cependant Napoléon ne s'avouait pas vaincu. Il était revenu à bride abattue de Saint-Dizier et, le 31 mars, au moment où les Alliés entraient dans Paris, il était à Fontainebleau avec 60 000 hommes, bien décidé à tenter de nouveau la fortune et à livrer bataille. Le dévouement des soldats était à toute épreuve, mais les maréchaux refusèrent de marcher. Napoléon abdiqua alors en faveur du roi de Rome (4 avril) puis, après la défection du corps d'armée de Marmont, il *abdiqua sans conditions* (6 avril). Les Alliés lui conservèrent le titre d'Empereur et lui donnèrent *la souveraineté de l'île d'Elbe*, entre la Corse et la Toscane.

Premier traité de Paris

Le sort de la France fut fixé un mois plus tard par le premier *traité de Paris* (30 mai 1814). Malgré leurs promesses antérieures, les Alliés ramenèrent la France à ses *limites du 1er janvier 1792*.

Cependant ils lui laissèrent une partie de la Savoie, Avignon, le Comtat Venaissin, Montbéliard et Mulhouse. La frontière du Nord fut améliorée de façon à lui conserver les forteresses de Philippeville, Marienbourg, Sarrelouis et Landau. La France recouvra également ses colonies, à l'exception de l'île de France dans l'océan Indien, et des deux Antilles. Elle n'eut à payer aucune contribution de guerre et les troupes alliées éva cuèrent immédiatement son territoire.

La gloire de Napoléon n'en coûtait pas moins à la France ses frontières naturelles, acquises par la Révolution.

La civilisation européenne à l'époque napoléonienne

I. — Influence française et sentiments nationaux

La politique d'unification

L'ambition de Napoléon n'était pas seulement de dominer l'Europe ; *il voulait encore étendre à tous les pays du Grand Empire l'organisation administrative et sociale qu'il avait donnée à la France*. Sa passion pour l'uniformité, son caractère autoritaire, le désir d'augmenter sa puissance, tout le poussait à cette œuvre d'unification.

Pour la réaliser, Napoléon comptait surtout sur le *Code civil*. L'introduction du Code devait entraîner la disparition du servage, de la féodalité et des privilèges, l'égalité civile et religieuse, la diminution des grandes propriétés de l'aristocratie par le jeu des lois successorales, l'essor de la bourgeoisie et du capitalisme, la sécularisation des biens du clergé. Napoléon comptait aussi sur *l'influence de l'armée*. Armée nationale, la seule où les châtiments corporels étaient interdits, où le simple soldat pouvait, comme le général, être décoré de l'étoile de la Légion d'honneur, et tout roturier qu'il fût, accéder au grade d'officier, l'armée française était un exemple d'égalité sociale.

Convaincu que tous les hommes sont semblables les uns aux autres, Napoléon pensait pouvoir imposer sans difficultés le même régime aux Français, aux Allemands, aux Italiens, aux Espagnols, aux Polonais. Il rêvait de faire de Paris la capitale non seulement politique, mais intellectuelle et artistique de l'Europe. C'est pourquoi, il y faisait transporter les chefs-d'œuvre des musées étrangers. Le français, seule langue employée dans la haute administration et les hauts grades de l'armée, s'imposerait petit à petit à tous les hommes cultivés. *Ainsi se créerait une civilisation nouvelle, marquée par l'adoption dans toute l'Europe des Principes de 1789.* Si les Français reprochaient à Napoléon son despotisme, à l'étranger les hommes d'Ancien Régime voyaient au contraire en lui le soldat de la Révolution et le chancelier autrichien Metternich le traitait de « Robespierre à cheval ».

Succès et échecs de l'unification politique et sociale

Les États où l'assimilation fut la moins incomplète furent les royaumes de Westphalie, d'Italie et de Naples. Le Code civil et le régime administratif français y furent introduits et en général appliqués. En revanche dans le grand-duché de Varsovie, l'aristocratie et le clergé étaient si puissants que Napoléon n'osa ni supprimer les droits féodaux et la dîme, ni séculariser les biens du clergé, ni enlever aux prêtres la tenue de l'état civil, ni même imposer en faveur des juifs l'égalité devant la loi.

Dans les vieux États de l'Allemagne (royaume de Bavière, de Wurtemberg, de Saxe, grand-duché de Bade) les souverains réformèrent le gouvernement et l'administration en prenant modèle sur le régime français. Ils y trouvaient l'avantage de fortifier considérablement leur autorité et surtout d'unifier les territoires, souvent d'origine et de traditions très diverses, que la faveur de Napoléon leur avait permis d'annexer. En revanche, les transformations sociales furent en général peu importantes, parce qu'ils se refusèrent à abaisser l'aristocratie. Cependant, en Bavière, le gouvernement supprima les ordres privilégiés, le servage, la vénalité des offices ; il établit l'égalité civile, sécularisa les biens des couvents, accorda la tolérance aux protestants (mais non aux juifs). Dans le Wurtemberg en revanche les droits féodaux, la dîme, les corvées subsistèrent : à Bade et en Saxe l'égalité devant la loi ne fut même pas proclamée.

Plus à l'Est, en Prusse, en Autriche, en Russie, le système politique et social français n'exerça à peu près aucune influence. L'aristocratie jouait dans ces États un rôle si important que les monarques ne purent ou ne voulurent rien tenter qui pût diminuer son influence. On sait la faible portée de beaucoup de réformes entreprises par Stein et Hardenberg. Alexandre Ier créa un conseil d'État et des ministères à l'exemple de Napoléon, mais il ne tenta pas de supprimer le servage. Quant à François Ier d'Autriche, il se refusa à toute réforme. En revanche, le gouvernement insurrectionnel espagnol, réuni à Cadix, publia la *Constitution de 1812*, inspirée de la Constitution française de 1791.

L'organisation économique du Grand Empire

Le Blocus continental, qui opposait à l'Angleterre le reste de l'Europe, aurait dû hâter, semble-t-il l'œuvre d'unification. Le Grand Empire aurait pu devenir un vaste marché commun à l'intérieur duquel les produits des différentes régions se seraient librement échangés. Il n'en fut rien.

Pas un instant en effet, Napoléon n'envisagea de mettre sur le même plan les intérêts de la France et ceux des pays vassaux. A ses yeux, la France devait avoir sur eux la même primauté dans le domaine économique que dans le domaine politique. Elle recevrait d'eux les matières premières dont elle avait besoin et elle les contraindrait à acheter ses vins, ses eaux-de-vie, et les produits de son industrie. Pour protéger les industriels français de la concurrence qu'auraient pu leur faire leurs rivaux de Hollande, ce pays qui, à la fin de l'Empire, faisait partie de la France, resta séparé d'elle par une ligne de douanes. Pour réserver à la France le marché espagnol et italien, Napoléon contraignit Joseph, roi d'Espagne, à laisser péricliter l'industrie textile de Catalogne et il interdit l'entrée du royaume d'Italie à la quincaillerie et aux cotonnades du grand-duché de Berg. Quand, malgré le Blocus continental, il permit à certains négociants de commencer avec les Anglais il n'accorda ce privilège qu'à des Français.

Les principales *routes commerciales* étaient celle de Strasbourg à Vienne qui passait par les grandes villes de foires : Francfort-sur-le-Main et Leipzig ; celle du Simplon qui réunissait Genève à Milan ; celle du Mont-Cenis qui permettait à la soie d'Italie d'arriver à Lyon ; celle du Mont-Genèvre, quoiqu'elle fût d'un intérêt surtout militaire ; enfin celle de la Corniche, entreprise pour relier Marseille à Ancône sur l'Adriatique, par Gênes, Livourne et Florence. Une autre route traversait d'Ouest en Est l'Italie septentrionale et atteignait Trieste : là arrivait, par Salonique et les provinces illyriennes, le coton du Levant, si nécessaire depuis que le coton de l'Inde ou de l'Amérique était arrêté par le blocus anglais.

Ces échanges routiers, seuls possibles puisque les navires anglais surveillaient les côtes, se heurtaient malheureusement à un terrible obstacle : l'immensité des distances. C'était le temps où, sur une bonne route et en terrain plat, un chariot lourdement chargé ne faisait guère que 35 kilomètres par jour.

Mécontentement général et sentiments nationaux

En même temps que le Blocus continental appauvrissait les souverains et les hommes d'affaires, le poids de la conscription, la lourdeur croissante des impôts, le renchérissement de la vie créaient dans les masses un vif mécontentement contre le régime napoléonien.

Chez certains peuples, ce mécontentement renforça le sentiment national déjà existant. Ce fut le cas chez les *Hollandais*, toujours fiers de leur grandeur passée, aux XVIe et XVIIe siècles. De tous les vassaux de Napoléon ils furent sans doute ceux qui souffrirent le plus de la domination française : aussi se soulevèrent-ils en novembre 1813, au lendemain de la bataille de Leipzig, et ils offrirent la couronne au Prince d'Orange, fils du stathouder qui avait dû quitter la Hollande en 1795, au moment de la conquête du pays par Pichegru.

En *Italie*, il n'y eut pas de soulèvement antifrançais : le sentiment national était encore très faible. Les Italiens étaient reconnaissants à Napoléon d'avoir remis en honneur le nom d'« Italie » et simplifié la carte politique de la péninsule : au lieu des dix États qui existaient en 1789 il n'y avait plus que l'Italie française, le royaume d'Italie et le royaume de Naples. Mais les habitants supportaient mal de voir leurs ports de Gênes, Livourne, Venise ruinés par le Blocus, leur industrie sacrifiée à celle de la France, leurs soldats tomber par dizaine de milliers sur les champs de bataille. Les intellectuels s'indignaient de voir les richesses artistiques de l'Italie refluer sur Paris, la langue italienne se charger de néologismes imités du français. Quelques grands poètes, *Alfieri* sous la Révolution, *Foscolo* sous l'Empire, exaltèrent la gloire passée de l'Italie, firent honte à leurs contemporains de leur veulerie, les appelèrent à l'unité et à l'indépendance. En fait ces sentiments étaient ceux d'une infime minorité ; les masses restaient apathiques.

L'Allemagne et le sentiment national

Le sentiment national si vif en France, en Russie, en Hollande et surtout en Espagne, n'existait pas en Allemagne à la fin du XVIIIe siècle. A cette date, il n'y avait pas plus de patrie allemande qu'il n'y avait d'État allemand. On se sentait Hessois, Saxon ou Prussien, on ne se sentait pas « Allemand ». Tout au plus l'existence d'un grand nombre d'écrivains éminents — *Klopstock, Lessing, Herder, Gœthe, Schiller*, les philosophes *Kant* et *Fichte* — avait-elle créé ce qu'on pourrait appeler un *patriotisme intellectuel*. Les esprits cultivés voulaient que l'Allemagne fût grande dans le domaine de l'esprit, ils ne se préoccupaient pas de sa puissance politique. Ni la guerre de la France contre l'Autriche, la Prusse et les princes de l'Empire, ni le recez de 1803 imposé par Bonaparte et Alexandre Ier, ni même la disparition du Saint-Empire ne causèrent en Allemange aucune émotion.

Rôle de Fichte et de Stein

Mais l'effondrement de la Prusse à Iéna, son démembrement au traité de Tilsitt et surtout l'extrême dureté de la domination française en Prusse contribuèrent à transformer profondément le caractère du patriotisme allemand.

Dans les conférences qu'il fit à Berlin en 1807-1808, le philosophe *Fichte* fit appel non aux Prussiens mais à la «nation allemande» tout entière. Selon lui, puisque les Allemands avaient conservé leur langue originelle, ils formaient une nation, en dépit du morcellement politique de l'Allemagne[1]. Fichte ajoutait que Dieu leur avait réservé la mission de civiliser et de guider le reste de l'humanité ; mais, disait-il, le rayonnement spirituel exige au préalable l'indépendance politique : il faut donc chasser les Français. La fondation de l'Université de Berlin en 1810 eut, on l'a vu, un but patriotique autant que scientifique.

Hors de Prusse aussi, des hommes de lettres, des philologues, des juristes, des historiens publièrent des recueils de chants et de récits populaires, remirent en honneur l'épopée des *Niebelungen*[2] qu'ils présentèrent comme le poème national des Allemands, opposèrent le droit germanique au droit français, exaltèrent la grandeur politique de l'Allemagne au Moyen Age, sous le règne de Frédéric Barberousse.

Plus que tout autre, Stein contribua à développer un sentiment national agressif, de caractère tout politique. On a vu son rôle capital au début de 1813. Le sursaut d'insurrection patriotique organisé par lui en Prusse orientale et soutenu par les poètes de la «guerre de libération», gagna d'autres régions de l'Allemagne, sans être d'ailleurs général ni partout aussi ardent : l'Ouest ne fut pas touché et, à la différence de ce qui se passait en Espagne, aucune guérilla ne vint harceler l'armée française en retraite. En même temps, Stein et ses amis fixaient à l'Allemagne libérée son aire géographique : toute l'Europe centrale, des Vosges à la Russie et aux Carpathes, et du Jutland à la crête des Alpes. *A peine né le nationalisme allemand prenait un caractère expansionniste*, dirigé à la fois contre les Français et contre les Polonais.

Mouvements nationaux dans les Balkans

Dans le même temps, d'autres peuples prenaient, plus ou moins nettement, conscience de leur nationalité. C'était d'une

1 *Herder* (1744-1803) avait déjà affirmé que la nationalité s'exprime dans les mœurs et les usages traditionnels, dans les légendes et les chants populaires, et surtout dans la langue
2. Vaste épopée allemande, rédigée au XIIe et XIIIe siecles

part les Irlandais, d'autre part, les Roumains, les Serbes et surtout les Grecs, sujets du Sultan.

Soumis à de lourds impôts et à de multiples vexations, les chrétiens de l'empire turc avaient conservé le libre exercice de la religion orthodoxe, leur clergé, leurs monastères qui servaient d'écoles, leurs langues, leurs lois, leurs coutumes particulières, leurs chefs élus de villages et de cantons. Ainsi les Grecs, les Serbes, les Roumains avaient pu sauver leur nationalité. Dans la seconde moitié du XVIIIe siècle, leur désir d'indépendance s'accrut d'abord sous l'influence de la Russie qui cherchait à se créer une clientèle parmi les chrétiens des Balkans, puis sous l'influence de la Révolution française.

Les Serbes furent les premiers à se soulever. Des paysans qui, en 1804, s'étaient insurgés contre la tyrannie des autorités locales, finirent par battre les troupes turques et s'emparèrent de Belgrade. Mais, en 1813, le sultan *Mahmoud* (1809-1839), qui venait de signer la paix avec la Russie, jeta toutes ses forces en Serbie et exerça d'horribles représailles.

De là un nouveau soulèvement (avril 1815), dirigé par un riche marchand de porcs, *Miloch Obrenovitch*. Tout en menant vigoureusement la révolte, ce rusé personnage négocia avec les Turcs. Par crainte de la Russie, le sultan préféra traiter avec lui (décembre 1815). Il le reconnut *chef suprême des Serbes* et le laissa administrer le pays à la manière d'un pacha chrétien. Ce n'était pas encore l'indépendance, c'était du moins une demi-autonomie.

Le réveil du peuple grec

En Grèce la situation se présentait de façon tout à fait différente. Il y avait dans les montagnes des hommes toujours prêts à faire le coup de feu contre les Turcs. Mais le peuple grec, répandu sur tout le pourtour de l'Archipel, comprenait aussi d'autres élements qui tenaient une place importante dans l'empire. Le patriarche de Constantinople et tout le haut clergé des Balkans etaient Grecs. Grecs egalement les gouverneurs ou *hospodars* des provinces roumaines, les grands commerçants et les banquiers dans les ports et les îles ; Grecs enfin presque tous les marins de la flotte ottomane. Hors de l'empire, on trouvait d'importantes colonies de Grecs dans toutes les cités commerçantes de la Méditerranée, de même qu'à Bucarest, à Odessa, à Vienne, à Francfort, à Paris. La *Révolution française* avait propagé parmi les Grecs la passion de la liberté : quelques patriotes étaient même entrés en relations avec le gouvernement du Directoire et avec Bonaparte, dans l'espoir d'organiser un soulèvement.

Les patriotes avaient échoué, mais l'espoir de secouer le joug turc restait toujours vivant. Les Grecs riches fondaient des écoles pour élever leurs jeunes compatriotes dans le culte de la gloire passée de leur peuple et, malgré les profits que leur rapportait la domination turque, ils rêvaient de restaurer un jour l'indépendance des Hellènes.

La civilisation européenne à l'époque napoléonienne

II. — Le mouvement des idées — Traditions et nouveautés

Philosophie et religion

De même que la vie politique, la vie intellectuelle et morale de l'Europe à l'époque napoléonienne présente l'aspect d'un combat entre la tradition et les idées nouvelles.

En France, *la philosophie matérialiste recula devant le spiritualisme.* Les matérialistes — on les appelait alors Idéologues — affirmaient que l'homme tout entier n'est que matière ; il n'y a pas d'un côté le corps et de l'autre la pensée ; le cerveau, travaillant sur les impressions que les sens lui transmettent, produit la pensée, tout comme l'estomac, recevant les aliments, produits les sucs gastriques qui permettent la digestion. Les matérialistes ne croyaient pas en l'existence d'un Dieu qui serait pur esprit. Les plus célèbres au temps de Napoléon étaient *Destutt de Tracy* et *Cabanis*. En face du matérialisme le spiritualisme affirmait que l'homme possède en lui un principe spirituel qui n'a rien de commun avec la matière et qu'on appelle communément : l'âme. A la fin du XVIIIᵉ siècle et au début du XIXᵉ, les grands philosophes allemands, *Kant*, *Fichte*, *Schelling*, *Hegel*, étaient spiritualistes. En France la réaction contre les Idéologues fut menée par un amateur, *Maine de Biran* et par un professeur de philosophie à la Sorbonne, *Royer-Collard*.

Le catholicisme, en progrès depuis le 9 Thermidor, présenta à l'époque de Napoléon un caractère nouveau. Des épreuves qu'elle avait subies, la *Papauté sortit fortifiée*. Au lendemain de la signature du Concordat, on vit Pie VII exiger, pour des raisons politiques, la démission de tous les prélats français, alors que la tradition n'avait jamais reconnu au Saint-Siège un droit pareil. D'autre part, le même Pie VII fut soutenu par tous les évêques de France dans le conflit qui l'opposait à Napoléon. En même temps apparaissait dans les masses, à la suite de la déportation de Pie VI, puis de Pie VII, un sentiment nouveau, celui de la *dévotion au Pape*.

La doctrine ultramontaine, qui affirme la toute puissance du pape dans l'Église, gagna ainsi du terrain en France. Dans les dernières années de l'Empire, un prêtre breton *La Mennais* et un gentilhomme savoyard, ambassadeur du roi de Sardaigne en Russie, *Joseph de Maistre*, travaillaient à des ouvrages destinés à ruiner le gallicanisme. *La victoire de l'ultramontanisme sur le gallicanisme sera l'un des faits les plus importants de l'histoire du catholicisme au XIXᵉ siècle.*

Les idées politiques

Si le programme de la Révolution était battu en brèche dans le domaine religieux, il l'était aussi dans le domaine politique. Beaucoup d'émigrés rentrés rejetaient les Principes de 1789 et restaient fidèles aux doctrines de la Contre-Révolution exposées par l'Anglais *Burke* dès 1790, par le *vicomte de Bonald* et par *Joseph de Maistre* en 1796.

Leur mot d'ordre était : rejet de l'individualisme, rejet de la souveraineté de la nation, refus d'accepter une constitution écrite, réhabilitation de la tradition au détriment de la raison, restauration de l'autorité suprême du roi. La Société seule, disaient-ils, a des droits, et elle organise les individus en groupes hiérarchisés et héréditaires, plaçant chacun là où il peut remplir, au mieux de l'intérêt général, son rôle politique et social. Les lois n'ont chance d'être bonnes et viables que si elles se sont créées lentement, sous la pression des circonstances, et si elles se sont développées à la façon d'un organisme vivant, bref si elles représentent une *tradition*.

Quel démenti plus éclatant à l'individualisme, à l'exaltation des «droits de l'homme» que ces phrases de Bonald : «Dans la Société, il n'y a pas de droit [pour l'individu]; il n'y a que des devoirs... J'ai voulu faire la philosophie de l'homme social, du *nous*, si je peux ainsi parler... L'homme n'existe que pour la Société; la Société ne le forme que pour elle-même.»

La Révolution avait laïcisé l'État. Les partisans de la Contre-Révolution demandaient au contraire que le catholicisme fût proclamé religion de l'État, que le divorce fût interdit, que le clergé rentrât en possession de ses biens et qu'il contrôlât l'enseignement.

La littérature

Dans le domaine intellectuel le grand événement de l'époque impériale est l'apparition du *Romantisme*. Le Romantisme a pris des formes très diverses selon les pays, les époques, les écrivains et les artistes; mais il présente partout et toujours un trait commun : il est essentiellement une révolte contre le Classicisme français des XVIIe et XVIIIe siècles.

La littérature classique était *psychologique*, c'est-à-dire qu'elle étudiait exclusivement l'homme; — la nature ne l'intéressait pas. Bien plus, elle représentait toujours l'homme dans ce qu'il a de plus général, l'homme tel qu'on peut le rencontrer dans tous les temps et dans tous les lieux. L'œuvre d'art, avait dit Boileau, doit satisfaire la raison; or la raison ne s'intéresse qu'à l'universel; il faut donc bannir tout ce qui est non seulement exceptionnel mais même individuel et particulier. Voilà pourquoi la littérature classique rejetait le lyrisme, qui exprime les sentiments personnels. Ce goût pour la raison explique aussi les règles acceptées par les classiques — par exemple, la règle des trois unités dans les pièces de théâtre — et les distinctions tranchées entre genres littéraires différents, par exemple entre la comédie et la tragédie.

Or, depuis le milieu du XVIIIe siècle, le classicisme était battu en brèche, non seulement en Angleterre et en Allemagne, mais même en France. L'élite intellectuelle, jusque-là raisonneuse, spirituelle et souvent sceptique, se détournait de la raison qui lui donnait une impression de sécheresse et de vide. Aux exigences de la raison elle opposait les «droits du cœur». *Le héros était raisonnable, il fut désormais sensible.* La mode fut au sentimentalisme et à l'enthousiasme, on prit goût au mystère, parfois même aux sciences occultes et aux pratiques de la magie. Les écrivains se plurent à représenter leur personnage non pas heureux et optimiste mais inquiet, mélancolique et désenchanté ; ils le placèrent dans une atmosphère de mystère, de brume et de nuit, parmi les ruines et les tombeaux, tout prêt à quitter avec soulagement cette vie qui ne lui a apporté ce qu'il espérait d'elle. Souvent le héros romantique finit par se suicider. Dans d'autres cas, au contraire, il est un révolté qui se dresse contre le régime politique et social existant et prend le parti des opprimés et des pauvres. Ce héros on le replace dans son époque, dans son pays, dans son milieu : ainsi apparaissent le goût du détail concret et pittoresque, le sentiment de la nature et ce qu'on appelle la «couleur locale».

Au contraire de l'écrivain classique qui ne laissait jamais deviner ses propres sentiments l'auteur se met désormais en scène et prend le public pour confident de ses joies, de ses souffrances, de ses haines. Impatient de toute contrainte, il repousse ce qui pourrait entraver son «originalité», rejette les traditions et les règles : à la tragédie et à la comédie, jusqu'alors bien séparées, il substitue le *drame*, où le tragique et le comique se mêlent intimement.

Enfin la *source d'inspiration* n'est plus les chefs-d'œuvre de l'Antiquité gréco-latine, mais l'histoire nationale des différents pays, particulièrement celle des pays du nord de l'Europe. La mode est aux ballades naïves qui, dit-on, font communiquer le lecteur avec l'âme populaire. Alors on commence à s'engouer du Moyen Age que l'âge classique avait toujours méprisé et à s'enthousiasmer pour le théâtre de Schakespeare.

Les *Nuits de Young*[1], vers 1745, les poèmes d'*Ossian* vers

---

[1] Le titre exact du poème de Young était : *« La Plainte ou pensées nocturnes sur la vie, la mort et l'immortalité »*

1760[1], les romans sentimentaux de *Richardson* en Angleterre ; les drames de *Diderot*, le roman de la «Nouvelle Héloïse» et les «Confessions» de *J.-J. Rousseau*, «Paul et Virginie» de *Bernardin de Saint-Pierre* en France ; les ballades du jeune *Gœthe*, son roman de «Werther», son drame de «Goetz» et les drames du jeunes *Shiller* en Allemange, telles sont les principales œuvres, qui, dès le XVIIIe siècle, annonçaient le Romantisme.

Les débuts du Romantisme européen

Le Romantisme s'exprima d'abord en Angleterre, de 1789 à 1815 par le recueil de «Ballades» de *Coleridge* et *Wordsworth*, puis par les poésies écossaises et les premiers romans historiques de *Walter Scott*, enfin par les premiers poèmes de *Byron* et de *Shelley*.

Gœthe et Sschiller s'étaient tournés vers une nouvelle forme de classicisme[2]. Les premiers écrivains romantiques allemands furent les deux frères *Schlegel*, qui furent surtout des critiques littéraires, les poètes *Tieck*, *Novalis* et *Chamisso*, le dramaturge *Kleist*.

En France nombre d'écrivains cherchèrent des formules nouvelles. Ils prirent pour héros de leurs pièces ou de leurs épopées Richelieu ou Philippe Auguste ; ils publièrent des *romans noirs* c'est-à-dire terrifiants et composèrent des *mélodrames*, où les péripéties inattendues et le pathétique brutal jouent le premier rôle. Ainsi s'annonçait le Romantisme, que préparaient dans le même temps *Madame de Staël* et *Chateaubriand*.

Dès 1800 dans son livre *De la littérature*, Mme de Staël affirmait, contrairement à la doctrine classique, qu'il n'existe pas un beau absolu, découvert par les Anciens, mais que la beauté peut revêtir des formes très diverses dans les différents pays selon le climat, le caractère des habitants, le gouvernement auquel ils sont soumis et la religion qu'ils professent. Dans son ouvrage *De l'Allemagne* (1810) Mme de Staël fit connaître ce pays, ses mœurs, sa religion, sa philosophie, sa

---

[1] Ces poemes attribues a un barde irlandais qui aurait vecu au 3e siècle ap. J.-C. étaient l'œuvre d'un Écossais du XVIII[c] siècle. *Macpherson*

[2] Gœthe avait publie *Iphigenie en Tauride* (1787) et *Torquato Tasso* (1790), les *Années d'apprentissage de Wilhelm Meister* (1796). *Hermann et Dorothée* (1797). la première partie de *Faust* (1808) Schiller avait publié de 1799 à 1804 plusieurs drames : *Wallenstein. Marie Stuart.* la *Pucelle d'Orléans. Guillaume Tell.*

littérature. Elle y disait que «Le Nord [de l'Europe] est romantique, et le Midi classique»; elle souhaitait l'apparition d'une littérature nouvelle fondée sur l'émotion et l'enthousiasme, sur le sentiment religieux et l'histoire nationale.

Dans le *Génie du Christianisme* (1802), Chateaubriand avait montré que la religion catholique peut être une source d'inspiration artistique — alors que, par respect religieux, l'école classique s'était toujours refusée à l'utiliser. Pour le prouver il écrivit *Les Martyrs*, vaste épopée en prose où le merveilleux chrétien remplace le merveilleux païen. D'autre part, Chateaubriand incarnait, par son amère mélancolie, son ennui de vivre, son désenchantement hautain, le type du futur héros romantique : son roman *René* (1805) fut un nouveau *Werther* et mit à la mode ce qu'on appela plus tard «le mal du siècle». Enfin dans *Les Martyrs* et dans l'*Itinéraire de Paris à Jérusalem*, le sentiment de la nature s'affirmait avec une magnificence inconnue jusque-là.

Ainsi préparé, le romantisme français allait donner ses premiers chefs-d'œuvre quelques années après la chute de Napoléon.

Le romantisme dans l'art

Si Napoléon goûtait fort les œuvres de Rousseau et les poèmes d'Ossian, en art il était un classique. Les monuments qu'il fit construire à Paris, les bas-reliefs qui les décoraient étaient d'inspiration classique. A l'étranger, les sculpteurs s'inpiraient également de l'art antique, tels l'Italien *Canova* et le Danois *Thorwaldsen*.

Le peintre préféré de Napoléon fut *David*, dont on sait l'admiration pour l'Antiquité. Au *Serment des Horaces*, qui avait fait sa réputation en 1785, répondent en 1798 les *Sabines* et en 1814 *Léonidas aux Thermopyles*. Aujourd'hui on préfère en général ses vastes compositions d'histoire contemporaine, le *Sacre de Napoléon*, la *Distribution des aigles*, et surtout ses portraits, qui sont d'un maître. Très différent de David était *Prudhon*, chez qui subsistait le charme du XVIIIe siècle avec un peu de la grâce de Leonard de Vinci et de Corrège, ses maîtres favoris. D'ailleurs, parmi les elèves même de David, quelques-uns tentèrent de s'affranchir du joug de l'Antiquité : Tel *Gros* (1771-1835), le peintre des batailles impériales, porté par son tempérament à des mouvements plus violents, à une couleur plus riche. Tout à la fin du règne, *Géricault* (1791-1824), suivant l'exemple de Gros, peignit avec fougue les magnifiques cavaliers de la Grande Armée, pendant que le jeune *Ingres* (1780-1867) s'enthousiasmait alors pour les peintres italiens du XVᵉ siècle.

Hors de France, deux pays au moins, l'Espagne et l'Angleterre produisirent des œuvres originales qui ne devaient rien à la doctrine classique. Dans les tableaux et les eaux-fortes de *Goya* (1746-1826) revit toute l'Espagne de son temps avec ses souverains, ses gens du peuple, ses amusements, ses processions, ses supplices et les scènes d'horreur de la guerre de l'Indépendance. En Angleterre l'art du portrait, illustré à la fin du XVIIIᵉ siècle par *Gainsborough* et *Reynolds*, le fut sous la Révolution et l'Empire par *Raeburn* (1756-1823) et *Lawrence* (1769-1830). Dans le même temps *Crome*, *Constable* et *Turner* inauguraient la série des grands paysagistes et des peintres de marines.

Enfin, dans l'art de la musique, si le Français *Méhul* donne son chef-d'œuvre, l'opéra comique *Joseph*, en 1807, un génie rejette dans l'ombre tous ses contemporains : l'Allemand *Beethoven* (1770-1827). Maître de la musique instrumentale, classique par la clarté de ses compositions et le développement de ses thèmes, romantique par le lyrisme de son inspiration puisée au plus profond du cœur humain, Beethoven est surtout célèbre par ses *symphonies:* quatre d'entre elles, dont l'«Héroïque» de la «Pastorale», datent de l'époque napoléonienne.

La première Restauration.
Les Cent-Jours. — Le congrès de Vienne

I. — La première Restauration — les Cent-Jours

La restauration des Bourbons

Louis XVIII, retenu en Angleterre par une crise de goutte, ne put débarquer à Calais que le 24 avril 1814. Jusqu'à son arrivée, son frère, le comte d'Artois, fut lieutenant général du royaume.

Tout autant que Louis XIV, Louis XVIII était convaincu qu'il était roi «de droit divin». Il n'admit jamais le principe de la souveraineté du peuple, il remplaça le drapeau tricolore par le *drapeau blanc* et interdit la «Marseillaise». Cependant il était assez avisé pour comprendre qu'il ne pouvait restaurer purement et simplement l'Ancien Régime. A la veille d'entrer à Paris, il promit par la *déclaration de St Ouen* (mai 1814) de garantir les libertés politiques, l'égalité devant la loi, la liberté des cultes, la possession des biens nationaux et de donner à la France un régime constitutionnel. Un mois plus tard, en effet, il promulgua une Constitution, la *Charte* (juin 1814).

La nation était si lasse de la guerre et du despotisme napoléonien qu'elle accepta sans résistance cette restauration des Bourbons à laquelle elle n'avait pris aucune part.

Imprudence des Bourbons

Quelques mois suffirent pourtant à dresser le pays contre les Bourbons. Déjà le sentiment national leur reprochait d'être «rentrés dans les fourgons de l'étranger». D'autre part l'entourage du roi et surtout celui de son frère, le comte d'Artois (qu'on appelait *Monsieur)* multiplièrent les maladresses comme à plaisir. Ils accueillirent une foule de gentilshommes émigrés que leurs prétentions rendaient odieux et ridicules. Les mesures prises en faveur de l'Église alarmèrent les non-catholiques. Les violences des émigrés qui réclamaient avec des menaces la restitution de leurs propriétés, l'attitude de certains prêtres qui, malgré les promesses du Concordat, inquiétaient les acquéreurs de biens d'Église et parfois leur refusaient les sacrements, indignèrent des milliers de propriétaires bourgeois et paysans. Enfin la mise à la retraite, après la signature de la paix, de 12 000 officiers, à qui on ne laissa que la moitié de leur solde, exaspéra l'armée : ces *demi-soldes* devinrent de furieux adversaires du régime, d'autant plus qu'ils voyaient les émigrés se faire compter, pour leur avancement, les campagnes qu'ils avaient faites dans les rangs ennemis. En outre, la censure avait été rétablie.

Dans la France, d'abord indifférente, la colère grandit et l'on assista, contre les nobles et les prêtres, à un réveil des passions révolutionnaires. En plusieurs régions les paysans refusèrent de payer les impôts, des régiments se mutinèrent. Brusquement, on apprit le retour de Napoléon.

Le «Vol de l'Aigle»

De l'île d'Elbe, Napoléon surveillait attentivement tout ce qui se passait en Europe. Il n'ignorait pas qu'à Vienne on parlait de le déporter dans une île plus lointaine ; il savait quelle était l'impopularité des Bourbons. Il décida de rentrer en France pour essayer de ressaisir le pouvoir.

Le 1er mars 1815, il débarqua en Provence, près de Cannes, accompagné de 700 soldats. Trois semaines plus tard il était à Paris. Dans sa prodigieuse carrière il n'est rien peut-être de plus extraordinaire que cette marche de vingt jours, le «Vol de l'Aigle[1]». Pour éviter la vallée du Rhône, où les royalistes l'avaient si violemment insulté dix mois auparavant, il prit la route des Alpes et gagna Lyon par Gap et Grenoble. Les troupes envoyées contre lui passèrent à ses côtés, leurs officiers en tête — le colonel *Labédoyère* près de Grenoble, le maréchal *Ney* en Bourgogne. Le 20 mars, au milieu d'un fol enthousiasme, il rentra dans le palais des Tuileries, d'où Louis XVIII s'était enfui la veille en direction de la Belgique.

Napoléon aurait pu s'appuyer délibérément sur la masse des paysans, en exploitant leur haine contre les nobles et les prêtres. Il n'osa pas; il eut peur de déchaîner un mouvement révolutionnaire qu'ensuite il ne pourrait plus maîtriser. Il se contenta, pour rallier la bourgeoisie libérale, de lui accorder, sous le nom d'*Acte additionnel aux Constitutions de l'Empire*, une constitution analogue à la Charte. Ce fut pour beaucoup de Français une immense déception.

Waterloo

Le sort de la France dépendait des souverains alliés. Or ceux-ci mirent Napoléon «au ban de l'Europe» et refusèrent d'entrer en négociation avec lui. Puisqu'il fallait combattre, l'Empereur décida de prendre l'offensive.

Les deux armées prussienne et anglaise de Blücher et de Wellington tentaient de se rejoindre vers Bruxelles. Il essaya de les anéantir l'une après l'autre. Il refoula d'abord les Prussiens à *Ligny*, non loin de Fleurus (16 juin) mais ne put les écraser. Laissant au général Grouchy le soin de les contenir, il se retourna contre les Anglais.

Wellington s'était solidement retranché près du village de *Waterloo*, sur le plateau de *Mont-Saint-Jean*. Le combat s'engagea le 18 juin, vers midi seulement — l'Empereur avait dû faire reposer ses troupes et laisser sécher le sol détrempé par les orages de la veille. Ce retard lui fut fatal parce qu'il permit aux

[1] Dans sa proclamation à l'armée, Napoléon avait dit : «l'aigle, avec les couleurs nationales, volera de clocher en clocher jusqu'aux tours de Notre-Dame ».

Prussiens d'arriver sur le champ de bataille avant que les Anglais ne fussent vaincus. La bataille, l'une des plus furieuses de l'Empire, fit rage jusque vers 9 heures du soir. L'infanterie anglaise, bien appuyée par une excellente artillerie, fit preuve, comme son chef[1], d'une tenacité qui est restée légendaire et son tir, d'une précision meurtrière, repoussa toutes les attaques des 10 000 cavaliers du maréchal Ney, puis de la Garde. D'autre part, dès le début de l'après-midi, un corps prussien déboucha sur la droite française ; à peine était-il repoussé qu'un autre apparut, au moment même où la garde, sous le feu des Anglais, commençait à plier. Ce fut alors, dans l'armée française, une brusque panique, puis la déroute. Seule la Vieille Garde résista à tous les assauts.

Seconde abdication. Seconde Restauration

Napoléon rentra à Paris trois jours plus tard. Il n'avait pas perdu tout espoir, parce qu'il croyait pouvoir trouver le soutien de la nation entière. Mais *Fouché* intriguait contre lui, comme avait fait Talleyrand l'année précédente. A son instigation et sur la proposition de *La Fayette*, les députés se déclarèrent illégalement en permanence et sommèrent l'Empereur d'abdiquer. Il s'y résigna et abdiqua en faveur de son fils, le roi de Rome, *Napoléon II* (22 juin).

Sans tenir compte de cette désignation, les députés constituèrent un gouvernement provisoire sous la présidence de Fouché. On décida de ne pas défendre Paris, quoique Davout disposât de 80 000 hommes. L'armée française se retira derrière la Loire, et les Anglo-Prussiens occupèrent Paris (3 juillet). Louis XVIII, réfugié à Gand, les suivit de très près, impatient de se réinstaller rapidement aux Tuileries pour couper court à toutes les intrigues — il redoutait surtout celles du duc d'Orléans (le futur Louis-Philippe). Il en passa par les conditions de Fouché et le prit comme ministre de la Police.

Chateaubriand raconte ainsi l'entrée de Fouché dans le cabinet du roi : «Je m'assis dans un coin et j'attendis. Tout à coup une porte s'ouvre ; entre silencieusement le vice appuyé sur le bras du crime, M. de Talleyrand marchant soutenu par

---

[1] Wellington portait le surnom de *Iron Duke* duc de fer.

M. Fouché : la vision infernale passe lentement devant moi. pénètre dans le Cabinet du Roi et disparaît. Fouché venait jurer foi et hommage à son seigneur ; le féal régicide, à genoux, mit les mains qui firent tomber la tête de Louis XVI entre les mains du frère du Roi martyr : l'évêque apostat fut caution du serment. ».

La fin de Napoléon

Le jour même de la capitulation de Paris, Napoléon arrivait à Rochefort, d'où il comptait s'embarquer pour les États-Unis. Comme l'escadre anglaise bloquait les côtes et qu'il craignait d'être arrêté par ordre de Fouché, Napoléon décida de demander asile au gouvernement anglais et il monta à bord d'un navire britannique. Les Anglais le déportèrent dans l'île *Sainte-Hélène*, au large de l'Afrique. Il y vécut jusqu'en 1821, en butte aux vexations du gouverneur anglais, *Hudson Lowe*. Ces six années de souffrances contribuèrent à le grandir dans l'imagination des hommes. On ne voulut plus voir en lui que le soldat de la Révolution, qui, après avoir tant de fois triomphé des rois d'Ancien Régime, avait enfin succombé sous leurs coups et qui se mourait lentement. victime de leur haine et de leur peur, sur un îlot désert perdu dans l'Océan.

Le second traité de Paris

Pendant que 1 200 000 soldats alliés occupaient une partie de la France, se livrant souvent, particulièrement les Allemands. les Belges et les Hollandais, à tous les excès. les vainqueurs imposèrent à Louis XVIII le *second traité de Paris, beaucoup plus rigoureux que le premier.*

Par ce traité (20 novembre 1815), la France perdit la partie de la Savoie qui lui avait été laissée en 1814 ; on ménagea dans sa frontière du Nord des trouées. destinées à faciliter une invasion éventuelle, en lui enlevant Landau. Sarrebruck, Sarrelouis, Bouillon, Philippeville et Marienbourg. On exigea d'elle une lourde indemnité de guerre et la restitution des œuvres d'art qu'elle avait enlevées au cours des guerres de la Révolution et de l'Empire. Une armée de 150 000 soldats entretenue à ses frais occuperait, pendant trois ans au moins, le nord et l'est du pays.

Le résultat final

Tel était le résultat final des guerres de l'Empire et du retour de l'île d'Elbe. Non seulement la France avait perdu ses frontières naturelles, mais elle se retrouvait *plus petite qu'avant la Révolution*. C'était son premier recul sur le continent depuis la fin du XVᵉ siècle.

Les conséquences territoriales s'aggravaient de conséquences morales. Pour s'être solidarisée avec Napoléon, la *France était mise elle-même comme au ban de l'Europe*. Elle était tenue en surveillance par ses vainqueurs. Le jour même où fut signé le second traité de Paris, les souverains alliés renouvelaient contre elle le pacte de Chaumont. Pendant trois ans les ambassadeurs des puissances alliées se réunirent chaque semaine en conférence pour contrôler les actes du ministère français, et lui présenter leurs observations. Surtout, la haine contre la France, éveillée au cœur des Allemands par la domination napoléonienne, allait être au cours du XIXᵉ siècle la première forme de la conscience nationale allemande et le ciment de l'unité de l'Allemagne.

Les Français avaient trop vivement ressenti la gloire que leur avait donnée Napoléon pour ne pas s'indigner de l'état d'abaissement où ils se trouvaient réduits. Ils en gardèrent la *haine farouche des «traités de 1815»* et ils rendirent les Bourbons responsables de leur humiliation.

II. — Le congrès de Vienne et les traités de 1815

Le Congrès de Vienne

Le premier traité de Paris avait réglé le sort de la France. Il restait à régler celui des territoires libérés de la domination napoléonienne. A cet effet un Congrès s'ouvrit à Vienne au début de novembre 1814 : il poursuivit ses travaux jusqu'en juin

1815, au milieu des fêtes que lui offrit la Cour d'Autriche. «Le Congrès ne marche pas, disaient les plaisants, il danse.»

C'était le plus important Congrès européen qui eût été réuni depuis le Congrès de Westphalie : une quinzaine de souverains étaient venus en personne. Les principaux plénipotentiaires furent *Wellington* et *lord Castlereagh* pour l'Angleterre, les chanceliers *Nesselrode* et *Metternich* pour la Russie et l'Autriche, les ministres *Humboldt* et *Hardenberg* pour la Prusse. La France, dont le sort était déjà réglé, semblait n'avoir rien à faire au Congrès, mais Louis XVIII ne pouvait se désintéresser du remaniement de l'Europe et il délégua à Vienne *Talleyrand* qui, par son habileté, sut, petit à petit, s'imposer.

Le Congrès ne tint jamais de séance plénière. Les différentes questions furent discutées et réglées par les Alliés en conférences secrètes. Puis les décisions prises furent réunies dans un texte connu sous le nom de *Acte final du Congrès de Vienne*, qui fut ensuite soumis à l'adhésion des petits États.

Pour refaire la carte de l'Europe, les diplomates ne se préoccupèrent pas des aspirations des peuples. Ils voulurent seulement donner aux Puissances victorieuses leur part du butin, tout en veillant à ce qu'un certain équilibre des forces fût conservé entre elles. La tâche ne fut pas toujours aisée. En particulier les *questions de Pologne et de Saxe* manquèrent déchaîner un conflit entre les Alliés de la veille. Le tsar désirait se faire céder les provinces polonaises de la Prusse qui, en compensation, annexerait la Saxe. L'Autriche, peu désireuse de voir la Prusse achever d'encercler la Bohême, et l'Angleterre, inquiète d'une hégémonie russe en Europe, combattirent très vivement ce projet et elles recherchèrent l'appui de la France : un traité secret d'alliance entre les gouvernements de Londres, Paris et Vienne fut même envisagé. Finalement la question se régla à l'amiable et le retour de Napoléon, en mars 1815, renoua plus étroitement que jamais l'union des Quatre contre la France. Le 9 juin 1815, neuf jours avant Waterloo, l'Acte final du Congrès de Vienne fut publié.

Les quatre vainqueurs

La Russie et l'Angleterre s'agrandirent considérablement sans rien perdre de ce qu'elles possédaient avant 1789. La Prusse et l'Autriche renoncèrent à certains territoires et en acquirent de nouveaux.

1) Le tsar conserva la *Finlande* enlevée à la Suède en 1809, et la *Bessarabie* enlevée à la Turquie en 1812. Il obtint en outre le plus grande partie des provinces polonaises de la Prusse et en fit un *royaume de Pologne*, juxtaposé mais non incorporé à l'empire russe.

2) L'Angleterre garda en Europe *l'îlot de Héligoland* enlevé au Danemark en 1807 ; puis Malte et les *îles Ioniennes* qui, jointes à Gibraltar, lui donnaient la maîtrise de la Méditérranée. Hors d'Europe, elle conserva, outre les deux *Antilles* et *l'île de France* qui lui avaient été reconnues au premier traité de Paris, une Antille espagnole et trois territoires conquis sur la Hollande : la *Guyane*, en Amérique, puis, sur la route de l'Inde, *le Cap et Ceylan*. Maîtresse des mers, victorieuse de la France qu'elle avait chassée de Belgique, l'Angleterre était la principale bénéficiaire des guerres de la Révolution et de l'Empire.

3) La Prusse abandonna à la Russie la plus grande partie de ses possessions polonaises. En revanche, elle acquit la *Poméranie suédoise*, le *nord de la Saxe*, et surtout un groupe compact des deux côtés du Rhin : *Westphalie* et grand-duché de *Berg* sur la rive droite, *Prusse rhénane* sur la rive gauche jusqu'à la frontière française. Cependant le royaume de Prusse n'était pas encore d'un seul tenant.

4) L'Autriche renonça à ce qu'elle possédait en Allemagne en 1789, ainsi qu'à la Belgique. Mais elle acquit la Vénétie qui, jointe à la Lombardie (ou Milanais), constitua le *royaume lombard-vénitien*.

Allemagne et Italie

L'Allemagne resta morcelée. Elle forma une *Confédération germanique* de 39 États (contre 360 en 1789 et 82 en 1803). La Confédération, présidée par l'empereur d'Autriche, n'était qu'une association très lâche de souverains independants et non pas un État fédéral fort, comme le souhaitaient les patriotes allemands. L'Autriche en faisait partie pour ses possessions de langue allemande et pour la Bohême, la Prusse pour l'ensemble de son territoire, à l'exclusion de ce qui lui restait de ses provinces polonaises. A côté de l'Autriche et de la Prusse, les États allemands les plus importants furent les royaumes de Bavière, de Wurtemberg, de Saxe et de Hanovre (ce dernier rendu au roi d'Angleterre). Les États ecclésiastiques demeurèrent tous supprimés et seules subsistèrent *quatre villes libres* : Brême, Hambourg, Lubeck, Francfort-sur-le-Main.

Comme en 1789, l'Italie resta, selon le mot de Metternich, une *expression géographique*. Cependant le nombre des États italiens fut réduit de dix à huit par suite de l'annexion de Venise par l'Autriche et de Gênes par le royaume de Sardaigne. Les souverains légitimes furent rétablis à Naples, à Rome, à Florence, à Turin. Le duché de Parme ayant été attribué à l'ex-impératrice Marie-Louise[1], ceux de Modène et de Florence étant aux mains d'archiducs et le royaume lombard-vénitien étant réuni à l'empire d'Autriche, on voit *quelle influence le gouvernement de Vienne exerçait dans la péninsule.*

Les autres États

L'union de la Norvège et du Danemark fut dissoute ; la Norvège devint un État séparé avec sa propre constitution, mais avec le roi de Suède comme souverain. Le roi de Danemark reçut en compensation, à titre personnel, les duchés allemands de *Holstein* et de *Lauenbourg* : ils s'ajoutèrent à celui du Slesvig qu'il possédait déjà. La Belgique fut rattachée à la Hollande et l'ensemble forma le *royaume des Pays-Bas*, État assez puissant pour résister à toute tentative de la France pour occuper la Belgique. La *Suisse* devint une confédération neutre de 22 cantons. En *Espagne* et au *Portugal* les anciens souverains furent rétablis.

Valeur des traités de Vienne

Les Traités de Vienne n'avaient donc pas restauré purement et simplement l'état de choses antérieur à la Révolution. Le grou-

[1] La famille des Bourbon-Parme reçut en compensation, jusqu'à la mort de Marie-Louise, la principauté de *Lucques* qui était indépendante en 1789.

pement des territoires et l'équilibre des forces qu'ils établirent étaient assez judicieux. puisqu'ils maintinrent la paix en Europe pour un demi-siècle environ. L'œuvre du Congrès de Vienne ne fut sérieusement ébranlée que par les guerres nationales qui aboutirent à la formation de l'unité italienne et de l'unité allemande (1859-1871).

En effet, les traités de 1815 contenaient un germe de ruine : ils n'avaient tenu aucun compte du principe que la Révolution avait proclamé (sans l'appliquer) : le droit des peuples à disposer d'eux-mêmes. La Pologne était de nouveau partagée entre la Prusse, la Russie et l'Autriche, la Belgique était donnée au roi de Hollande. les provinces italiennes de Vénétie et de Lombardie appartenaient à l'empereur d'Autriche. *Toute l'évolution politique de l'Europe au XIXe siècle devait avoir pour objet de réagir sur ce point contre les Traités de Vienne et de réaliser les aspirations nationales.* c'est-à-dire de réunir en des États différents les différentes nationalités.

Réaction et Révolution de 1815 à 1830. Les congrès — L'Amérique latine — La Grèce

I. — La Sainte-Alliance — Congrès et interventions

Réaction et Révolution

La chute de Napoléon n'entraîna pas seulement la revision de la carte de l'Europe. Elle fut suivie d'une réaction violente contre tout ce qui rappelait la conquête française, idées et institutions. Au lendemain du retour du pape Pie VII à Rome, on interdit la vaccine et on détruisit les réverbères, parce qu'ils dataient de l'occupation française. Sans aller tous jusque-là, les souverains étaient décidés à combattre les «Principes de 1789», que les conquêtes françaises avaient plus ou moins largement répandus en Europe. L'adversaire le plus redoutable des doctrines révolutionnaires fut *Metternich*, chancelier d'Autriche depuis 1809. Jusqu'à sa chute en 1848, il fut sans cesse sur la brèche pour faire échec aux mouvements libéraux et aux mouvements nationalistes.

Mouvements libéraux et nationalistes

Les *libéraux* voulaient appliquer à l'intérieur de chaque État les principes de la Déclaration des Droits de l'Homme : égalité devant la loi, liberté individuelle et liberté de la presse, régime constitutionnel avec un Parlement élu. Ils admettaient l'existence de la royauté et se contentaient presque tous du suffrage censitaire.

Plus encore que les mouvements libéraux, les souverains redoutaient les conséquences du *principe des nationalités*. On appelle de ce nom la doctrine en vertu de laquelle les habitants qui appartiennent à une même nationalité devraient être groupés en un même État. Il y avait en 1815 toute une série de peuples qui demandaient à former des États indépendants ou tout au moins à jouir à l'intérieur de l'État auquel ils étaient rattachés, d'une très large autonomie et de l'usage exclusif le leur langue : Tchèques, Lombards, Vénitiens sujets de l'empereur d'Autriche ; Grecs, Roumains, Serbes soumis au sultan ; Polonais partagés entre les monarchies prussienne, autrichienne et russe ; Belges et Irlandais rattachés contre leur gré les premiers au royaume de Hollande, les seconds à la Grande-Bretagne. Dans tous ces cas, le principe des nationalités était un *principe de destruction* pour les États autrichien, prussien, russe, turc, hollandais et britannique.

Dans d'autres cas il était au contraire un *principe d'unité*. Par exemple en Allemagne et en Italie où les habitants d'une même nationalité étaient partagés entre plusieurs États distincts, le principe des nationalités tendait à unifier ces États en un État unique.

Enfin le principe des nationalités était parfois un *appel à la conquête*. Les Allemands voulaient arracher au roi de Danemark les duchés de Slesvig et de Holstein, en partie peuplés d'Allemands.

De toutes façons le principe des nationalités était *révolutionnaire* : il ne pouvait se réaliser que par un bouleversement du statu quo.

Sainte-Alliance et Système des Congrès

Contre les tendances révolutionnaires — on disait «la Révolution» — l'union des Alliés prit la forme de la Sainte-Alliance et adopta le Système des Congrès.

En 1815, le tsar Alexandre Ier traversait une crise de mysticisme et rêvait d'inaugurer en Europe une ère de fraternité chrétienne entre les peuples comme entre les souverains. Tel fut l'objet du pacte de la *Sainte-Alliance*, signé le 26 septembre 1815 entre le tsar orthodoxe, l'empereur d'Autriche catholique et le roi de Prusse protestant.

«Au nom de la Très Sainte et indivisible Trinité... conformément aux paroles des Saintes Écritures qui ordonnent à tous les hommes de se regarder comme frères, les trois monarques demeureront unis par les liens d'une fraternité véritable et indissoluble et, se considérant comme compatriotes, ils se prêteront en toute occasion et en tout lieu assistance, aide et secours · se regardant envers leurs sujets comme pères de famille, ils les dirigeront dans le même esprit de fraternité... Le seul principe en vigueur, soit entre lesdits gouvernements, soit entre leurs sujets, sera de ne se considérer tous que comme membres d'une même nation chrétienne, les trois princes alliés ne s'envisageant eux-mêmes que comme délégués de la Providence pour gouverner trois branches d'une même famille...»

Les diplomates accueillirent avec étonnement ce texte singulier, que Metternich traitait de «monument vide et sonore», et Castlereagh de «document de mysticisme et de sottise sublimes». Mais il y eut un autre pacte conclu en 1815. Le 20 novembre, le jour même où fut signé le second traité de Paris, les souverains renouvelèrent l'alliance conclue à Chaumont en 1814. *Le pacte du 20 novembre 1815* avait pour objet essentiel de se prémunir contre un retour offensif de l'esprit révolutionnaire en France. Mais le tsar y fit inclure un article en vertu duquel les souverains alliés ou leurs ministres se réuniraient de temps en temps en *Congrès* et examineraient les mesures à prendre pour le maintien de la paix.

Congrès d'Aix-la-Chapelle

Le premier Congrès se tint en Prusse rhénane : ce fut le Congrès d'Aix-la-Chapelle (1818). Il s'agissait de savoir si la France continuerait d'être occupée militairement et tenue en tutelle politiquement par les Alliés. Le gouvernement de Louis XVIII ayant liquidé ses dettes de guerre, les quatre souverains décidèrent *l'évacuation du territoire français*. Ils invitèrent ensuite la France à entrer à leurs côtés dans la Ligue monarchique. Mais auparavant ils avaient secrètement renouvelé contre elle le pacte du 20 novembre 1815.

L'agitation en Allemagne

La Confédération germanique, telle qu'elle avait été constituée, ne pouvait pas donner satisfaction aux patriotes allemands : la Diète, qui siégeait à Francfort, était non une Chambre élue, mais la réunion des diplomates des différents États allemands ; il n'y avait ni gouvernement fédéral, ni finances fédérales, ni armée fédérale. L'irritation n'était pas moindre chez les libéraux ; seul de tous les princes allemands, le *grand-duc de Saxe-Weimar* avait accordé une Constitution.

Les mécontents, il est vrai, n'étaient qu'une très faible minorité, *professeurs et étudiants* pour la plupart. Beaucoup d'étudiants entrèrent dans une association, la *Burschenschaft*, dont la devise était «Liberté, Honneur, Patrie». En 1817, pour fêter l'anniversaire de la victoire de l'Allemagne sur Napoléon à Leipzig (1813) et en même temps le tricentenaire de la Réforme, ils organisèrent une bruyante manifestation libérale au *Wartburg*[1]. Metternich s'alarma davantage quand il vit les souverains de Bavière, de Bade, de Wurtemberg donner des Constitutions à leurs peuples (1818-1819). Sur ces entrefaites, un étudiant exalté, *Sand*, affilié sans doute à une société secrète, poignarda l'écrivain *Kotzebue* qui était aux gages du tsar et dénonçait la jeunesse libérale (1819).

Metternich agit sans tarder. Il convoqua les princes allemands à *Carlsbad* en Bohême (1819) puis à *Vienne* (1820). Il leur fit voter l'interdiction de la *Burschenschaft*, la surveillance des étudiants et des professeurs, la *censure* de la presse. En revanche, il ne put obtenir la suppression du régime constitutionnel dans les États allemands du Sud.

---

[1] Château où Luther avait trouvé refuge après avoir été mis au ban de l'Empire en 1521.

Les révolutions de 1820

Au moment même où «la Révolution» était réprimée en Allemagne, elle faisait explosion dans le sud de l'Europe, en Espagne, puis en Italie. Dans ces deux pays, *le foyer révolutionnaire fut l'armée.*

En Espagne, Ferdinand VII, despote cruel et incapable, avait supprimé la Constitution de 1812 et pourchassé les libéraux. La détresse financière, aggravée par la révolte des colonies espagnoles d'Amérique, était telle que la solde n'était plus payée aux troupes. Des régiments qui devaient s'embarquer à destination de l'Amérique se soulevèrent dans plusieurs villes (janvier 1820). Ferdinand dut rétablir la Constitution, mais, en secret, il fit appel au tsar.

Trois mois plus tard, le royaume des Deux-Siciles, à son tour, avait sa révolution militaire. Les libéraux s'y étaient groupés dans une société secrète, dite des *Carbonari* — c'est-à-dire des Charbonniers. En juillet 1820, des garnisons napolitaines s'insurgèrent. le roi Ferdinand Ier dut, lui aussi, accepter la Constitution espagnole de 1812, mais il fit secrètement appel à Metternich.

Congrès de Troppau et de Laybach

Un Congrès des délégués des grandes Puissances se réunit dans les États autrichiens pour régler les affaires d'Italie. Il se tint d'abord à *Troppau* en Silésie, puis à *Laybach* en Carniole (1820 et 1821). Metternich fit accepter aux souverains de Russie et de Prusse le *principe d'intervention*, en vertu duquel les Puissances ont le droit d'intervenir dans les affaires intérieures d'un État pour l'aider à triompher de la Révolution.

A cette déclaration, Castlereagh répondit en affirmant le *principe de non-intervention*, mais il se borna à une protestation de principe. Une armée autrichienne entra dans le royaume des Deux-Siciles, battit les troupes libérales, et restaura l'absolutisme (mars 1821).

Au même moment, une autre révolution militaire, de caractère anti-autrichien et libéral, éclatait dans le *Piémont* (mars 1821). Un mois plus tard les insurgés étaient dispersés par les Autrichiens et l'ancien regime etait restaure. «Voilà ce que c'est, disait Metternich, qu'une révolution prise à temps». La victoire de l'Autriche fut suivie dans toute l'Italie d'une *répression* impitoyable[1].

Congrès de Vérone. Expédition d'Espagne

Restait à régler la question d'Espagne : ce fut l'œuvre du *Congrès de Vérone* (1822). L'antagonisme s'accentuait entre la Russie et l'Angleterre. Le tsar voulait rétablir l'ordre non seulement en Espagne mais encore dans les colonies espagnoles révoltées. Au contraire, le successeur de Castlereagh, *Canning*, était favorable à ces colonies, dont il voulait faire un fructueux marché pour les commerçants anglais. Alexandre Ier dut renoncer à toute intervention en Amérique ; mais l'attitude de la France désireuse de rehausser son prestige par une victoire facile lui permit de faire décider par le Congrès, malgré les protestations de l'Angleterre, l'*envoi d'une armée française en Espagne*.

Une armée de 100 000 hommes, sous le commandement nominal du *duc d'Angoulême*, neveu de Louis XVIII, entra en Espagne (avril 1823) et triompha aisément des troupes libérales. Cadix, où s'étaient réfugiées les Cortès, capitula après la prise du fort du *Trocadéro*. Les représailles ordonnées par Ferdinand VII furent très cruelles.

La révolte des colonies espagnoles et le soulèvement des Grecs contre le sultan allaient achever de disloquer la Sainte-Alliance.

II. — L'indépendance de l'Amérique latine

L'Amérique espagnole

A la fin du XVIIIe siècle, l'Espagne possédait encore dans le Nouveau Monde un immense empire colonial : *toute l'Amérique du Sud à l'exception du Brésil et des Guyanes*, *l'Amérique centrale* et les principales *Antilles*, enfin, dans l'Amérique du Nord, la Floride et le Mexique — ce dernier beaucoup plus

---

[1] Un libéral milanais. *Silvio Pellico*. enfermé dans les affreux cachots de Spielberg. en Moravie. publia plus tard. sous le titre *Mes prisons*. un récit poignant de sa captivité.

étendu qu'aujourd'hui puisqu'il englobait la Californie.

La population, environ 15 millions d'habitants, comprenait des éléments très divers : indigènes ou *Indiens*, esclaves *nègres* importés d'Afrique, Blancs — parmi lesquels on distinguait les Espagnols nés en Espagne et les *créoles*, c'est-à-dire les Espagnols nés en Amérique, — enfin *métis* de toutes nuances.

Selon la politique coloniale alors en vigueur, les colonies espagnoles étaient considérées comme un *domaine d'exploitation réservé à la métropole et destiné à l'enrichir.* Elles n'avaient ni la liberté d'industrie ni la liberté de commerce. L'administration et la justice étaient souvent arbitraires et corrompues. Les créoles s'indignaient d'être traités en inférieurs et exclus de presque toutes les fonctions publiques, d'autant qu'ils étaient encouragés dans leurs aspirations à l'égalité et à la liberté par l'*exemple des États-Unis, puis de la Révolution française.*

La guerre de l'Indépendance

L'occasion de la révolte fut *le détrônement des Bourbons d'Espagne* par Napoléon en 1808. Comme les Espagnols de la métropole, les colons d'Amérique refusèrent de reconnaître Joseph Bonaparte. Mais, tout en affirmant leur loyalisme pour Ferdinand VII, ils exigèrent une large autonomie ; beaucoup pensaient même à l'indépendance *Le mouvement, d'abord antifrançais et loyaliste, devint rapidement antiespagnol et séparatiste.*

La guerre se prolongea quinze ans, de 1809 à 1824. Sa longue durée s'explique surtout par les divisions des Américains entre eux.

D'une part, en raison des distances énormes qui séparaient les différentes colonies, il leur était impossible d'organiser une action commune : en réalité il y eut non pas une, mais *plusieurs guerres d'indépendance.*

D'autre part, dans chaque colonie, les habitants étaient divisés par les *haines de races, de partis,* les *rivalités personnelles* des chefs, si bien que, dès le début, en même temps que les colonies luttaient contre l'Espagne, elles furent en proie aux guerres civiles.

Les principaux chefs de la révolte furent trois créoles : *Bolivar* au Venezuela, *San Martin* en Argentine, *Iturbide* au Mexique.

Principales phases de la guerre

Surpris par la révolte, les autorités espagnoles furent d'abord partout chassées, sauf au Pérou. Mais, après la restauration de Ferdinand VII, elles reconquirent tout le pays perdu, à l'exception de l'Argentine.

Les représailles furent si cruelles que de nouvelles révoltes éclatèrent. Les insurgés reprirent l'avantage, grâce à l'*appui officieux de l'Angleterre et des États-Unis* qui leur procurèrent des armes, et grâce à l'*arrivée d'officiers étrangers*, surtout anglais, que la paix générale rétablie en Europe rendait disponibles. Enfin les *séditions militaires en Espagne* (1820) décidèrent la victoire de l'insurrection.

Iturbide proclama l'indépendance du Mexique et de l'Amérique Centrale. San Martin forma en Argentine une petite armée régulière, franchit les Andes et chassa les Espagnols d'abord du Chili, puis du Pérou (1817-1821). Bolivar s'empara de la Colombie, du Venezuela et de l'Équateur. Son lieutenant, le général Sucre, acheva la conquête du Pérou en battant les Espagnols à *Ayacucho* (1824).

L'Espagne, qui venait de vendre la Floride aux États-Unis, ne conservait plus de ses possessions américaines que les Antilles.

Émancipation du Brésil

A la même epoque, la colonie portugaise du Brésil se séparait elle aussi de la métropole.

Après que Junot eut envahi le Portugal (1807), le Brésil était devenu le lieu de refuge de la famille royale portugaise. Il avait même été élevé à la dignité de royaume et le roi y resta jusqu'en 1821. Lorsque les Cortès portugaises voulurent réduire de nouveau le Brésil au rôle subalterne de colonie, la révolte éclata (1821). Les habitants proclamèrent leur indépendance et se choisirent pour «empereur constitutionnel» *don Pedro*, fils du roi du Portugal (1822).

La Sainte-Alliance en échec

On a vu que les projets d'intervention en Amérique, ébauchés par le tsar et par Louis XVIII, avaient été réduits à néant par l'attitude décidée de l'Angleterre.

En effet, *rien ne pouvait être plus profitable à l'Angleterre que l'affranchissement de l'Amérique latine* : cet immense domaine que le Blocus continental avait ouvert à l'activité des marchands et des financiers britanniques leur eût été fermé si l'Espagne y avait rétabli son autorité. En 1825, Canning reconnut l'indépendance des nouveaux États.

Les États-Unis l'avaient précédé. Eux aussi désiraient profiter de ce marché qui s'ouvrait à leurs portes. Ils redoutaient d'autant plus une intervention de la Sainte-Alliance qu'ils étaient alors en conflit avec le tsar au sujet de la côte occidentale de l'Amérique du Nord[1], dont Alexandre Ier voulait faire une zone d'influence russe. Ils craignaient aussi que l'Angleterre ne s'emparât éventuellement de l'île de Cuba. Aux prétentions européennes le président *Monroë* opposa la doctrine des États-Unis. La fameuse déclaration de *Monroë* (1823) pouvait se résumer ainsi : «L'Amérique aux Américains.»

Vaines tentatives de confédération

L'indépendance conquise et garantie, Bolivar entreprit de fédérer les États de l'Amérique latine. Il convoqua à Panama les délégués de tous les États américains, y compris les États-Unis. Mais le *Congrès de Panama* (1826) se sépara sans avoir obtenu aucun résultat et l'Amérique espagnole se morcela en *quinze républiques* indépendantes[2].

L'échec de la politique d'union était dû d'abord à des *causes*

---

[1] Cette côte, au nord de la Californie, n'avait encore été colonisée ni par les États-Unis ni par le Canada.

[2] A cette date la population de l'Amérique latine (sans compter le Brésil) s'élevait à 18 millions d'habitants : Blancs 3 275 000 ; Indiens 7 350 000 ; Métis 5 300 000 ; Noirs 2 350 000. Le Brésil comptait 4 millions d'habitants, dont près de la moitié était formée d'esclaves noirs.

géographiques : les distances énormes qui séparaient les différents États.

La *question des races* fut aussi un obstacle à l'union. Si la Colombie ou le Pérou acceptaient d'accorder aux «gens de couleur» la liberté, l'égalité et le droit de propriété, le Brésil et l'Argentine s'y refusaient.

Bolivar eut aussi contre lui l'*opposition des États-Unis et de l'Angleterre.* Les États-Unis, surtout les États esclavagistes, étaient hostiles à la politique égalitaire de Bolivar. D'autre part, Canning s'effrayait à l'idée que les États-Unis allaient peut-être étendre leur influence sur l'Amérique latine, au détriment de l'Angleterre. Aussi mit-il tout en œuvre pour faire échouer le Congrès de Panama.

Enfin les guerres civiles et le caractère très autoritaire de Bolivar contribuèrent encore à l'échec des tentatives de fédération.

III. — La question d'Orient

Décadence de l'empire ottoman

Au début du XIXe siècle, l'Empire ottoman était un des plus grands empires du monde. Il comprenait : en Europe toute la presqu'île des Balkans ; toute l'Asie occidentale jusqu'à la Perse ; en Afrique, l'Égypte et la Tripolitaine, la suzeraineté de l'Algérie et de la Tunisie. Placé au *carrefour de trois continents,* entre la Méditerranée et l'Océan Indien, il occupait une situation d'importance capitale.

Cet empire n'en était pas moins en pleine décadence. En droit, le souverain concentrait en lui tous les pouvoirs politiques et religieux : il était à la fois *Sultan* ou chef de guerre et *Khalife* ou successeur du Prophète, «Commandeur des croyants». En fait, les gouverneurs de provinces cherchaient à se tailler des royaumes indépendants, tels *Méhémet-Ali,* pacha d'Égypte, et *Ali,* pacha de Janina en Épire. Les *janissaires,* cette infanterie jadis si redoutée, n'étaient plus qu'une milice indocile et pillarde qui exploitait l'Empire, s'opposait aux réformes, assassinait les ministres et même les sultans : pour avoir voulu réorganiser l'armée turque, Sélim III venait d'être étranglé (1808).

Cette décadence éveillait les craintes de la France et de l'Angleterre et les *convoitises de la Russie et de l'Autriche*. La France, à qui les *Capitulations* de 1569 et 1740 avaient donné d'importants privilèges économiques et religieux, et l'Angleterre qui entendait ne laisser aucune Puissance prendre pied dans le Levant sur la route de l'Inde, voulaient toutes deux protéger l'intégrité de la Turquie. Les tsars, au contraire, se disaient les héritiers des anciens empereurs byzantins ; ils voulaient s'ouvrir les *Détroits* (c'est-à-dire le Bosphore et les Dardanelles), qui sont les portes de la Méditerranée, ils voulaient aussi progresser vers le Caucase et l'Arménie. Quant à l'Autriche elle convoitait la Serbie et même la Macédoine avec le port de Salonique.

Enfin, plus dangereuse encore pour l'autorité du sultan, était la *renaissance des nationalités chrétiennes des Balkans* et en particulier les espérances des patriotes grecs. Depuis 1815, une société secrète, l'*Hétairie*, préparait un soulèvement général. Dans l'espoir d'obtenir l'appui du tsar, elle avait pris pour chef un de ses aides de camp, le Grec *Ypsilanti*, fils d'un hospodar de Valachie. Un incident né de l'anarchie turque allait provoquer l'insurrection.

L'insurrection grecque

Le sultan Mahmoud s'était attaqué au pacha rebelle d'Épire, *Ali de Janina*. Ali appela les Grecs à son aide. Au début de l'année 1821, les montagnards de la Morée prirent les armes, tandis qu'Ypsilanti essayait de soulever les provinces roumaines. Le coup de main d'Ypsilanti échoua. Mais en Morée les insurgés proclamèrent, dès 1822, l'*indépendance de la Grèce*.

Grecs et Turcs se firent une guerre d'extermination. Quand les Grecs eurent pris *Tripolitza* en Morée, ils égorgèrent 12 000 musulmans (1821). Les Turcs ripostèrent en ravageant l'île de *Chio* : de ses 90 000 habitants, 23 000 furent massacrés, près de 50 000 vendus comme esclaves (1822). Deux marins grecs, *Miaoulis* et *Canaris*, vengèrent ce massacre en incendiant la flotte ottomane dans la rade de Chio.

Mais les Grecs étaient profondément divisés entre eux : d'un côté les guerriers de la montagne, à demi brigands, de l'autre les bourgeois, les marchands et les marins. Puis Mahmoud requit l'aide de son puissant vassal, *Méhémet-Ali*, pacha d'Égypte, qui avait une armée et une flotte organisées à l'européenne : 11 000 Égyptiens reconquirent la Morée. *Missolonghi*, principale citadelle des insurgés à l'ouest, succomba après une résistance acharnée (1826). *Athènes* fut prise à son tour (1827). Les Grecs semblaient perdus quand l'intervention européenne se produisit enfin.

Intervention de l'Europe

En Europe les Grecs avaient tout de suite trouvé les sympathies des esprits cultivés. Des comités de *Philhellènes*, c'est-à-dire amis des Grecs envoyèrent aux insurgés de l'argent, des armes, des munitions, des volontaires : tels le grand poète anglais *Byron*, le colonel français *Fabvier*. En revanche, les gouvernements se montrèrent d'abord hostiles aux Grecs.

Pour Metternich les Grecs n'étaient que des insurgés : «Les Turcs égorgent les Grecs, écrivait-il, les Grecs leur coupent la tête, voilà les nouvelles les plus agréables que j'ai apprises. C'est une question hors de la civilisation... Là-bas, par-delà nos frontières orientales, 3 ou 400 000 individus pendus, égorgés, empalés, cela ne compte guère !» De son côté, Castlereagh, qui redoutait avant tout une intervention russe dans les Balkans, affirmait : «La Turquie, si barbare qu'elle soit, constitue dans le système européen ce qu'on peut appeler un mal nécessaire.» Alexandre Ier lui-même, endoctriné par Metternich, n'osa pas intervenir et mourut (1825) sans avoir rien fait.

Tout allait changer avec l'avènement de *Nicolas Ier*, frère d'Alexandre Ier. Le nouveau tsar était résolu à exploiter à son profit la révolte grecque. Pour le contenir, Canning jugea habile de s'associer à lui et même d'entraîner le gouvernement français. Le *traité de Londres* (1827) décida que l'Angleterre, la Russie et la France demanderaient au sultan un armistice – et au besoin le lui imposeraient.

Bataille de Navarin. Guerre russo-turque. Traité d'Andrinople

A cet effet l'intervention diplomatique des trois Puissances fut appuyée par des vaisseaux de guerre. C'est dans ces conditions que la flotte turco-égyptienne, concentrée dans la rade de *Navarin*, au sud-ouest de la Morée, fut détruite par la flotte alliée (octobre 1827).

Furieux, le sultan lança un appel à la guerre sainte contre les Russes. La bataille de Navarin eut ainsi pour conséquence une *guerre russo-turque* (1828-1829). Quand les Russes se furent emparés de la grande ville d'Andrinople, ils imposèrent à Mahmoud le *traité d'Andrinople* (1829).

La Grèce devint un État indépendant, mais elle ne comprit qu'une petite partie du territoire grec et des îles de l'Archipel. *La Serbie et les deux provinces roumaines* de Moldavie et de Valachie devinrent des États vassaux sous des gouverneurs nationaux.

Aux Russes le sultan céda deux ports arméniens sur la mer Noire ainsi que le delta du Danube ; il leur accorda aussi le droit de commercer dans tout l'empire, de faire passer dans les Détroits leurs navires marchands, enfin d'occuper la Moldavie et la Valachie jusqu'au paiement complet de l'indemnité imposée à la Turquie. L'influence du tsar devenait prépondérante dans la région septentrionale des Balkans.

En France, le ministre de Charles X, Polignac, pensa lui aussi profiter de l'affaire grecque. Il se rapprocha de la Russie et, dans l'attente d'un prochain écroulement de l'empire turc, il envisagea un remaniement de la carte de l'Europe qui donnerait à la France la Belgique. Ce *projet Polignac* ne put se réaliser. Faute de mieux et pour donner satisfaction à l'amour-propre national, le gouvernement français entreprit, malgré les protestations de l'Angleterre, *l'expédition d'Alger*. Moins d'un mois après la prise de la ville, la *Révolution de juillet 1830* renversait Charles X et déchaînait une nouvelle crise européenne.

La Restauration

I. La charte — La terreur blanche. Le gouvernement des modérés

I. — La Charte — La terreur blanche

La Charte, un compromis

Les Bourbons restaurés sur le trône en 1814 gouvernèrent la France jusqu'en 1830. On appelle *Restauration* la période de seize ans où ils furent au pouvoir, sous le règne d'abord de *Louis XVIII* (jusqu'en 1824), puis de *Charles X*. En juillet 1830 le régime fut renversé par une émeute parisienne, la *Révolution de Juillet*.

Le mot de «Restauration» ne doit pas faire croire que l'Ancien Régime ait été rétabli en 1814. Louis XVIII, on l'a vu, savait bien qu'il était impossible, après la Révolution et l'Empire, d'en revenir aux institutions politiques et sociales de 1789. Il avait le sincère désir de *réconcilier la France révolutionnaire et impériale avec la monarchie traditionnelle et l'aristocratie d'Ancien Régime*. Dans cette pensée de pacification il promulgua, le 4 juin 1814, une Constitution, la *Charte*, et il la conserva quand il rentra en France, au lendemain de Waterloo.

Louis XVIII repoussait le principe de la souveraineté de la nation et il affirmait que l'autorité tout entière était dans la personne du roi. Pour ne pas utiliser le terme révolutionnaire de «Constitution» il recourut au vieux mot de «Charte». Cette Charte, il «l'octroya», pour marquer qu'elle était de sa part un don gracieux, et il la data de la «dix-neuvième année de son règne», pour rappeler qu'il était le souverain légitime de la France depuis la mort du petit Louis XVII au Temple, en 1795.

Mais, si graves que fussent ces concessions à l'esprit d'Ancien Régime, la Charte n'en *reconnaissait pas moins les conquêtes sociales de la Révolution :* l'égalité devant la loi, l'admissibilité de tous à tous les emplois, la propriété des biens nationaux, le Code civil, la liberté des cultes (encore que la religion catholique fût déclarée *religion d'État*).

Le régime politique

Le pouvoir exécutif appartenait au roi seul ; il choisissait et renvoyait les ministres à sa guise. Ils ne dépendaient que de lui et *n'avaient pas de responsabilité politique devant le Parlement*, c'est-à-dire que, mis en minorité devant les Chambres, ils n'étaient pas tenus de démissionner comme ils auraient dû le faire dans un régime parlementaire.

Le pouvoir législatif était partagé entre le roi et les Chambres. Le roi avait l'«initiative des lois» c'est-à-dire le droit de proposer des projets de loi[1]. A l'exemple de l'Angleterre il y avait deux Chambres : une *Chambre des Pairs* héréditaire, nommée par le roi, et une *Chambre des Députés*, élue au *suffrage censitaire* pour une durée de cinq ans et renouvelable par cinquième tous les ans. Les projets de lois élaborés par les ministres devaient être votés par les deux Chambres. Les députés avaient le privilège de ne pouvoir être poursuivis ni arrêtés pendant les sessions, à moins d'autorisation de la Chambre elle-même : cette garantie, qu'on appelle *l'immunité parlementaire*, restera inscrite dans toutes les Constitutions françaises.

Louis XVIII espérait que ce régime, beaucoup plus libéral que le régime impérial, pourrait rallier à lui tous les Français.

[1] Cependant les Chambres pouvaient suggérer au roi de faire une loi sur tel ou tel sujet

Le roi Louis XVIII

En 1815, le roi avait soixante ans. Il présentait au physique comme au moral un contraste complet avec Napoléon. Il était obèse et goutteux au point d'être incapable de monter à cheval et presque de marcher sans aide. Ce n'était pas un homme d'action : humaniste à l'ancienne mode, il posait au bel esprit. Sa conversation était souvent spirituelle et ses manières vraiment royales : mais il ne s'intéressait qu'aux grandes lignes de la politique générale : pour les détails, il s'en remettait à ses ministres.

Rendu prudent par le malheur et instruit par deux exils successifs, Louis XVIII était décidé à faire le nécessaire pour se maintenir cette fois sur le trône. «Il faut, disait-il, *nationaliser la royauté et royaliser la nation.*» Cette sage modération contrastait avec l'intransigeance et la frivolité de son frère, le *comte d'Artois*, resté imbu des idées de l'émigration. Mais Louis XVIII ne se doutait pas combien il allait lui être difficile de réconcilier les deux Frances qui s'affrontaient alors.

L'irréductible opposition des deux Frances

Les modérés n'étaient en effet qu'une minorité. A leur droite et à leur gauche il y avait deux Frances qui se haïssaient : la France de l'émigration et celle de la Révolution.

Les royalistes les plus ardents reprochaient à Louis XVIII d'avoir accordé la Charte : le partage du pouvoir entre le roi et la nation, l'acceptation de l'œuvre sociale de la Révolution leur semblaient de honteuses capitulations. Ils voulaient rétablir la noblesse et le clergé dans leurs biens et leur donner la direction de l'État. Ils souhaitaient l'union intime du gouvernement et de l'Église catholique (ce qu'on appelait *l'union du trône et de l'autel*) et beaucoup s'indignaient que des non-catholiques pussent accéder aux fonctions publiques. Ils étaient ainsi «plus royalistes que le roi» : leurs adversaires les appelaient «ultra-royalistes» ou *ultras*.

Si, à droite, certains Français refusaient d'accepter la Charte, d'autres, à gauche, refusaient d'accepter les Bourbons. Ils ne voyaient en eux que des émigrés imposés par l'ennemi victorieux, des princes sans honneur qui avaient consenti à signer les traités de 1814 et 1815, se laissaient dicter leur politique par les ambassadeurs étrangers, et interdisaient le drapeau tricolore, symbole des gloires de la Révolution et de l'Empire.

La lutte de ces deux Frances irréconciliables fait toute l'histoire de la Restauration. Laquelle des deux allait l'emporter sur l'autre ?

Terreur blanche et Chambre introuvable

Au lendemain du retour de Louis XVIII après Waterloo, les ultras se livrèrent à une impitoyable réaction, à laquelle on a donné le nom de *Terreur blanche*. Dans le Midi, à Marseille, à Nîmes, à Avignon, des centaines de «bonapartistes» furent massacrés et les vieilles haines religieuses contre les protestants reparurent. Pendant ce temps, les électeurs choisissaient comme députés des royalistes fanatiques. Louis XVIII, très heureux s'écria : «C'est une *Chambre introuvable !*» Le nom est resté avec un sens ironique.

Les députés arrivèrent à Paris, assoiffés de vengeance contre ce qu'ils appelaient le «complot» des Cent-Jours. L'un des plus ardents parmi eux, le comte de la Bourdonnaye, s'écriait : «Pour arrêter les trames criminelles, il faut des fers, des bourreaux, des supplices... Défenseurs de l'humanité, sachez répandre quelques gouttes de sang pour en épargner des torrents.»

Le gouvernement était alors dirigé par un royaliste fervent, mais d'esprit modéré, le *duc de Richelieu*. Les violences de la Chambre introuvable le contraignirent d'aller dans la réaction plus loin que le roi et lui n'auraient voulu. Des *lois d'exception* suspendirent toute les libertés et créèrent des tribunaux extraordinaires, appelés *cours prévôtales*, qui jugeaient sans appel. Beaucoup de fonctionnaires furent révoqués, les Conventionnels «régicides» qui s'étaient ralliés à Napoléon au retour de l'île d'Elbe furent bannis — tels Carnot, Fouché, le peintre David — ; 16 généraux furent *condamnés à mort*. L'exécution qui causa l'émotion la plus vive fut celle du *Maréchal Ney.*

Le parti ultra-royaliste

Très vite, les ultras se donnèrent une solide organisation. Le comte d'Artois se mit ouvertement à leur tête, constituant, à côté du gouvernement, un «gouvernement occulte» et rival. Le vicomte de *Bonald* fut le théoricien du parti ; à côté de lui les députés les plus habiles étaient *Villèle* et *Corbière*, les principaux journaux la *Quotidienne* et le *Journal des Débats*. Dans chaque département, un comité ultra surveillait les fonctionnaires, faisait pression sur les magistrats. Les ultras surent habilement confondre leurs intérêts avec ceux de l'Église et firent travailler le clergé au succès de leur cause. La société secrète des *Chevaliers de la foi* dirigeait sous main la double réaction monarchiste et catholique. A côté d'elle, la *Congrégation* prospérait et compta bientôt une soixantaine de succursales en province. Une *Société des Missions* entreprit des tournées de prédication dans tout le royaume, accompagnées de cérémonies de réparation pour les «crimes de la Révolution» et de plantation de croix. Les *Jésuites*, supprimés en 1773 et reconstitués par Pie VII en 1814, ouvraient des collèges et dirigeaient des séminaires. Les Chambres *interdirent le divorce et donnèrent au Clergé la surveillance de l'enseignement*.

Ces hommes «plus royalistes que le roi», en arrivèrent bientôt à entrer en lutte ouverte avec le gouvernement. On les vit demander le suffrage universel, parce qu'ils avaient pour eux les masses paysannes, et le régime parlementaire parce qu'ils voulaient imposer leur volonté aux ministres. Il apparut au roi que le seul moyen de rétablir la paix intérieure était de se débarrasser de cette Chambre ingouvernable. Le 5 septembre 1816, Louis XVIII signa l'ordonnance de *dissolution de la Chambre Introuvable*.

II. — Le gouvernement des modérés

Formation du parti constitutionnel

Les excès mêmes des ultra-royalistes avaient amené la formation d'un parti modéré qu'on peut appeler *le parti constitution-nel*. Les premiers éléments en furent les hommes du gouvernement : le *duc de Richelieu*, puis *Lainé*, *Pasquier*, *Molé*, *Decazes*, respectivement ministres de la Justice, de la Marine et de la Police.

L'application loyale de la Charte faisait tout le programme de ces hommes, entre lesquels subsistaient des divergences de vues. Richelieu, Lainé, Pasquier penchaient vers la droite : ils se retirèrent du ministère à la fin de 1818. Decazes, pour lequel Louis XVIII avait une vive affection, devint Président du Conseil. Les inspirateurs de ce ministère furent le petit groupe des *Doctrinaires*, ainsi nommés à cause de leurs allures sentencieuses : ils faisaient dans leurs ouvrages ou leurs discours la théorie de la Charte et du gouvernement des classes moyennes. Le député *Royer-Collard* en était le chef, *Guizot*, alors Conseiller d'État, en était l'animateur.

Les élections, en octobre 1816, envoyèrent à la Chambre une *majorité de constitutionnels*, qui augmenta aux élections partielles des années suivantes. Pendant trois ans, ils réalisèrent une œuvre d'organisation qui en beaucoup de points survécut à la Restauration même.

Redressement des finances

La Restauration avait pris à son compte les dettes de l'Empire et même des Cent-Jours ; d'autre part l'invasion, l'occupation et le paiement de l'indemnité aux Alliés avaient exigé des emprunts fort onéreux. Cependant le *baron Louis* et son successeur le *comte Corvetto* parvinrent à surmonter les difficultés financières.

C'est alors aussi que furent posées les *règles qui servirent à l'établissement du budget de l'État*. Le budget des dépenses était divisé en chapitres spéciaux correspondant aux divers ministères et voté section par section ; les recettes, affectées également par spécialités, formaient une loi de finances. Aucune dépense ne pouvait être engagée sans autorisation des Chambres. Après 1821, *Villèle*, remarquable administrateur, fixa les règles de la comptabilité publique. La sincérité du budget assura désormais la réalité du *contrôle parlementaire sur les finances*.

La loi électorale de 1817

La loi électorale de 1817 accorda le droit de vote à tous les contribuables âgés de 30 ans qui payaient 300 francs d'impôt direct. Cela faisait à peine 100 000 électeurs pour tout le royaume. Pour être député il fallait être âgé de 40 ans et payer 1 000 francs d'impôt direct. La loi de 1817 abandonna le système, jusque-là toujours employé depuis 1789, des élections à plusieurs degrés. D'autre part elle choisit le *scrutin de liste* : les électeurs, réunis au chef-lieu du département, formaient un seul collège électoral et nommaient directement, sur un même bulletin, tous les députés du département.

La loi militaire de 1818

Louis XVIII avait promis, à son avènement, de supprimer la conscription. La loi militaire de 1818, œuvre du maréchal *Gouvion-Saint-Cyr*, décida que l'armée se recruterait par engagements volontaires. S'ils ne suffisaient pas à fournir le contingent, on recourait au tirage au sort, avec le droit, pour celui qui était appelé, de s'acheter un *remplaçant.* La durée du service était de six ans. Les soldats libérés constituaient une armée de réserve — ce qui permit de réintégrer beaucoup de vétérans de l'Empire. La loi fixa les conditions de l'avancement des officiers de façon à *rendre impossibles les nominations par la seule faveur:* il fallut, pour devenir officier, ou sortir d'une école militaire ou avoir été deux ans sous-officier ; pour les grades au-dessous de celui de lieutenant-colonel les deux tiers des nominations devaient être faites à l'ancienneté ; on ne pouvait arriver à un grade qu'après être resté quatre ans dans le grade inférieur.

Les lois de 1819 sur la presse

Le régime de la presse fut fixé de façon très libérale en 1819 par le *comte de Serre*, ministre de la Justice. La censure et l'autorisation préalable furent supprimées et les délits de presse furent déférés non plus aux tribunaux correctionnels mais aux cours d'assises, où le jury est moins sévère que les juges de profession. La loi maintint cependant la nécessité pour tout fondateur de journal de déposer un *cautionnement* élevé ; elle soumit aussi chaque numéro à un fort *droit de timbre*. Aussi les journaux étaient-ils d'un prix élevé ; ils ne se vendaient d'ailleurs pas au numéro mais seulement à l'abonnement et ils restaient un luxe réservé aux classes aisées. En 1824 le tirage de toute la presse française ne s'élevait qu'à 56 000 exemplaires — tandis qu'un grand quotidien tire aujourd'hui à 500 000 exemplaires. Le plus important des journaux modérés, le *Constitutionnel*, avait 17 000 abonnés.

Apparition des Indépendants

Cette éducation politique du pays profita surtout aux libéraux. Tout ce qui combattait les prétentions des ultra-royalistes était assuré du succès, comme les pamphlets de *Paul-Louis Courier* ou les chansons de *Béranger*. Il se forma à la fin de 1818 un parti de gauche, les *Indépendants*, où fusionnèrent des éléments très divers : patriotes comme l'éloquent *général Foy*, soldat de la Révolution et de l'Empire ; libéraux comme l'écrivain *Benjamin Constant* et les banquiers *Casimir Perier* et *Laffitte*, qui demandaient un régime politique plus libéral ; républicains enfin comme *La Fayette*, ou bonapartistes comme l'avocat *Manuel*. En 1818 les Indépendants furent 25 à la Chambre, en 1819 ils furent 45 et parmi eux l'abbé *Grégoire*, ancien évêque constitutionnel et ancien Conventionnel qui avait approuvé la mort de Louis XVI.

Assassinat du duc de Berry

Les progrès des Indépendants finirent par inquiéter le ministère et même les gouvernements étrangers. Decazes allait modifier dans un sens réactionnaire la loi électorale lorsque survint une catastrophe. Dans la nuit du 13 au 14 février 1820, le *duc de Berry* fut assassiné à la porte de l'Opéra. Le meurtrier, un ouvrier nommé Louvel, espérait anéantir la maison de Bourbon[1], mais son calcul se trouva déjoué par la naissance d'un fils posthume, le duc de Bordeaux.

L'occasion parut bonne aux ultra-royalistes pour abattre Decazes. «Le poignard qui a tué le duc de Berry est une idée libérale», s'écria Chateaubriand. Un député d'extrême droite demanda la mise en accusation de Decazes comme complice du meurtrier. Le comte d'Artois et la duchesse d'Angoulême arrachèrent à Louis XVIII le renvoi de Decazes.

La chute de Decazes marqua la fin de la période modérée de la Restauration : elle n'avait pas duré quatre ans. Mais, en peu de temps, la France avait fait l'apprentissage du gouvernement représentatif, la presse avait commencé l'éducation de l'opinion et les partis s'étaient constitués.

Le duc d'Angoulême, fils aîné du comte d'Artois, n'avait pas d'enfant ; la couronne reviendrait donc après lui à son frère cadet, le duc de Berry. Or celui-ci, marié récemment, n'avait pas encore de fils. Le duc de Berry disparaissant, la dynastie serait éteinte.

La Restauration

II. Le gouvernement de la droite. La Révolution de juillet

Premières mesures de réaction

Le renvoi de Decazes amena la Droite au pouvoir et elle y resta presque sans interruption jusqu'en 1830. Elle multiplia les mesures de réaction, déchaînant dans les Chambres des discussions furieuses et créant souvent dans le pays une atmosphère d'émeute.

Le duc de Richelieu redevint Président du Conseil et modifia immédiatement le régime électoral. La loi de 1817 fut remplacée par la *loi du double vote* (1820). La Chambre comprendrait désormais 430 députés. Les contribuables qui payaient 300 francs d'impôt direct en éliraient 258 ; puis les plus riches d'entre les électeurs en nommeraient 172 autres : *ainsi les riches votaient deux fois*. La loi du double vote réduisit immédiatement l'opposition à 80 députés.

A la fin de l'année 1821, Richelieu, débordé par les ultras, dut céder la place à l'un d'eux, *Villèle*, qui resta au pouvoir pendant six ans.

Pour arrêter la propagation des idées libérales et faire disparaître les journaux de gauche, Villèle fit voter en 1822 une *nouvelle loi sur la presse*. L'*autorisation préalable* était rétablie ; la censure pourrait l'être ; les délits de presse seraient jugés, non plus par le jury, mais par les tribunaux correctionnels ; enfin la loi permettait d'intenter aux journaux des *procès de tendance*.

L'alliance du trône et de l'autel se resserra. Les autorités constituées assistèrent solennellement aux processions et aux plantations de croix organisées par la Société des Missions. Un prélat devint Grand Maître de l'Université. A la Sorbonne, les cours de l'historien Guizot, du philosophe Cousin furent supprimés ; l'École Normale, la Faculté de Droit, celle de Médecine furent provisoirement fermées. Les professeurs d'opinions libérales furent révoqués et souvent remplacés par des ecclésiastiques.

La Charbonnerie. Son échec

Dépouillée de ses armes légales, l'opposition prit une forme secrète et elle recourut à la force. Au début de 1821 se constitua la *Charbonnerie*, vaste association secrète, fondée par deux jeunes gens qui avaient appris à connaître en Italie les *Carbonari*[1]. Les chefs en furent La Fayette, Manuel et le député *Dupont de l'Eure*. Les adhérents, au nombre d'environ 35 000, étaient des intellectuels, la jeunesse du commerce et des écoles, des militaires en activité ou en demi solde. Les uns étaient bonapartistes, les autres républicains, mais tous étaient décidés à *chasser les Bourbons et à rétablir le drapeau tricolore*.

La Charbonnerie organisa en 1821 et 1822 *plusieurs conspirations militaires qui toutes échouèrent* et aboutirent à de nombreuses condamnations à mort[2]. Elle essaya vainement de soulever les soldats de l'expédition d'Espagne. Après ce dernier insuccès, elle se dispersa (1823). Le peuple y était toujours resté étranger.

Le seul résultat de ces complots fut, en effrayant les électeurs, de renforcer la majorité de la Droite. Aux élections de

---

[1] C'est-à-dire les Charbonniers

[2] Les principaux complots furent ceux de Saumur, de Belfort, de Colmar, de la Rochelle. Parmi les victimes, les *quatre sergents de la Rochelle*, dont la jeunesse, le courage, l'abnégation émurent le peuple ont laissé un souvenir légendaire.

1824, l'opposition ne compta plus que 17 députés. La *Chambre retrouvée* de 1824 fut le pendant de la Chambre Introuvable de 1815. Pour consolider son pouvoir, Villèle fit voter la *loi de septennalité*, qui fixait la durée de la législature à sept ans.

Les quatre grandes mesures réactionnaires

Quelques mois plus tard Louis XVIII mourut (septembre 1824). Depuis le départ du duc de Richelieu en 1821, il se désintéressait de plus en plus de la politique intérieure et laissait les choses aller. L'avènement de son frère, *Charles X*, qui se vantait de n'avoir pas changé depuis 1789, redoubla les espoirs des ultras. Ils imposèrent alors à Villèle, qui n'osa pas les leur refuser, quatre mesures par lesquelles ils pensaient réaliser enfin leur programme.

La *loi du sacrilège* (1825) punit de mort la profanation des hosties consacrées dans les églises. C'était introduire dans le Code le principe du crime religieux. Un catholique tolérant comme Royer-Collard s'indigna de voir la loi, faite pour tous les Français quelles que soient leurs idées religieuses, prendre parti pour le dogme catholique[1].

La même année fut votée la loi sur le *milliard des émigrés*. Dans l'espoir d'éteindre les haines qui continuaient à opposer les acheteurs des biens des émigrés aux anciens détenteurs, Villèle décida d'indemniser ceux-ci : ils recevraient une somme égale à 20 fois le revenu de leur propriété en 1790. Le gouvernement se procura les ressources nécessaires (en fait, 650 millions) par une *conversion des rentes*, c'est-à-dire un abaissement de l'intérêt annuel du coupon de la rente.

Plus imprudent fut le projet qui visait à *rétablir un droit d'aînesse* : dans certains cas le fils aîné pouvait être avantagé à l'égard des cadets. Cette mesure, qui détruisait sur un point essentiel l'œuvre sociale de la Révolution, fut repoussée par la Chambre des Pairs (1826).

Le gouvernement subit un nouvel échec avec un projet de loi sur la presse (avril 1827). Il ne s'agissait de rien de moins que d'*anéantir la presse politique* en exigeant le dépôt des articles

---

[1] Il n'y a en effet «profanation» qu'aux yeux des catholiques, pour qui le corps et le sang de Jésus-Christ sont présents réellement dans les hosties consacrées

cinq jours d'avance[1], en aggravant le droit de timbre et les taxes postales. L'indignation de l'opposition éclata avec véhémence. Le *Moniteur* ayant parlé «de justice et d'amour», le surnom en resta à la loi, dite ironiquement «loi de justice et d'amour». Le gouvernement préféra retirer le projet.

Progrès de l'opposition. Chute de Villèle

L'hostilité de l'opinion devenait de plus en plus évidente. Tout l'attestait : le succès croissant des journaux d'opposition, les obsèques du général Foy (1825) ou de Manuel (1827), suivies par plus de 100 000 Parisiens, l'attitude de la Garde nationale qui, à une revue passée par le roi en 1827, hua les ministres : quand Villèle la fit dissoudre, il blessa profondément la bourgeoisie parisienne.

Les libéraux avaient reçu un renfort inattendu de la Droite. *Chateaubriand*, écarté du ministère des Affaires étrangères en 1824 dans des formes injurieuses, avait entrepris contre Villèle dans le *Journal des Débats* une campagne très violente ; il entraîna dans sa «défection» un groupe de députés et de Pairs d'extrême droite. Deux ans plus tard, certains catholiques se séparèrent, eux aussi, du gouvernement. C'étaient des *gallicans*, groupés derrière le *comte de Montlosier*, catholique ardent mais adversaire acharné des Jésuites : il les accusait de vouloir «renverser la religion, la société et le trône» et demandait la fermeture de leurs séminaires et de leurs collèges.

Encouragés, de jeunes avocats et journalistes groupés autour de Guizot, constituèrent en 1827 la société *Aide-toi, le Ciel t'aidera*. Elle se proposait de répandre des brochures à bon marché pour éclairer les électeurs sur leurs droits, de surveiller les administrations, de vérifier les listes électorales. En quelques semaines, des comités furent créés dans une soixantaine de départements ; par leurs soins quinze mille électeurs, omis sur les listes, y furent rétablis.

Villèle s'entêta : il rétablit la censure, créa une «fournée» de 88 Pairs de Droite pour changer la majorité à la Chambre des Pairs ; puis il prononça la dissolution de la Chambre des Députés. La campagne électorale fut menée des deux côtés avec une ardeur extrême et elle fut un triomphe pour l'opposition.

---

[1] Les journaux d'alors n'étaient pas des journaux d'information ; leurs articles étaient surtout consacrés à des questions de littérature de morale ou de politique générale.

Le ministère ne put faire passer que 170 de ses candidats, tandis que les libéraux avaient 180 sièges et la «défection» 75. Villèle démissionna (janvier 1828).

L'intermède Martignac

Charles X hésitait encore à engager la lutte à fond : il confia le pouvoir à des royalistes modérés, dont le plus important fut *Martignac*.

Martignac donna satisfaction à la majorité par *les deux ordonnances ecclésiastiques de 1828* : l'une exclut de tout enseignement les membres des congrégations non autorisées — donc les Jésuites ; l'autre fixa un chiffre maximum d'élèves pour les petits séminaires. Il renonça également aux procès de tendance.

Martignac proposa ensuite de faire élire, à un suffrage très restreint, les conseillers généraux, les conseillers d'arrondissement et les conseillers municipaux, jusque-là nommés par le gouvernement. Mais son projet, attaqué à la fois par la Droite et par la Gauche, dut être retiré.

Charles X saisit ce prétexte pour se débarrasser de Martignac et appeler au pouvoir son ami *Polignac*, l'un des chefs du parti ultra (1829). *L'épreuve de force allait commencer entre les ultras et l'opposition.*

Le ministère Polignac. Progrès de l'opposition

Le ministère Polignac, par sa composition même, était le *triomphe de la Contre-Révolution*. Polignac, dont la famille était haïe en 1789 pour sa morgue et son âpreté à quémander des pensions, était un ancien Chouan ; *La Bourdonnaye*, ministre de l'Intérieur, s'était montré en 1815 l'un des plus violents partisans de la Terreur Blanche ; le ministre de la Guerre, le général *Bourmont*, avait passé à l'ennemi quelques jours avant Waterloo.

Immédiatement deux partis se formèrent, *décidés à aller jusqu'au renversement de la dynastie*. D'une part un *parti républicain*, formé d'étudiants, d'ouvriers et des débris des sociétés secrètes. Il eut pour journal *La Tribune* et pour chefs des jeunes gens : *Cavaignac, Garnier-Pagès, Hippolyte Carnot* — l'un des fils du Conventionnel. D'autre part un *parti orléaniste :* quelques libéraux groupés autour de Talleyrand, du baron Louis, du banquier Laffite, pensèrent à remplacer Charles X par le duc d'Orléans. Une habile propagande en sa faveur fut entreprise par des jeunes journalistes, dont l'un, *Thiers.* s'était signalé par le succès retentissant d'une *Histoire de la Révolution française.* Un journal créé à cet effet en janvier 1830, *le National,* raconta la révolution anglaise de 1688, pour engager les Français à se débarrasser de Charles X comme les Anglais s'étaient débarrassés de Jacques II au profit de Guillaume d'Orange.

Si des complications surgissaient, comme on pouvait s'y attendre, il y avait donc des hommes prêts, les uns à provoquer, les autres à exploiter un mouvement populaire.

L'Adresse des 221

Or, dès que le ministère, après sept mois d'inaction, eut enfin réuni la Chambre (mars 1830), le conflit éclata. Le discours du Trône contenait une menace de coup d'État : la Chambre y répondit par l'*Adresse des 221* (du nombre des députés qui la votèrent).

Le lendemain la Chambre était prorogée, puis, peu après, dissoute. Les élections eurent lieu en juin et juillet 1830 et, malgré le succès tout récent de la prise d'Alger (5 juillet), l'opposition passa de 221 à 274 députés.

Les Quatre Ordonnances

Charles X refusa de se soumettre à la volonté du pays exprimée par les élections : «Les concessions ont perdu Louis XVI, disait-il, j'aime mieux monter à cheval qu'en charrette.» L'article 14 de la Charte donnait au roi le pouvoir de faire «les ordonnances nécessaires pour l'exécution des lois et la sûreté de l'État» : Charles X et ses ministres s'imaginèrent qu'ils avaient par là le droit de légiférer par ordonnances et de mo difier les lois elles-mêmes. Ils préparèrent *quatre Ordonnances qui constituaient un véritable coup d'État.*

Deux d'entre elles créaient une nouvelle loi sur la presse et une nouvelle loi électorale. Or, d'après la Charte, ces textes auraient dû être votés par les Chambres. Une troisième dissolvait la Chambre nouvellement élue et qui n'avait pas encore siégé. Cela équivalait à casser les élections : nouvelle illégalité. La quatrième Ordonnance fixait la date des nouvelles élections.

Les Ordonnances parurent au *Moniteur* le 26 juillet. Les journalistes, atteints directement par l'Ordonnance sur la presse, se réunirent aux bureaux du *National*. Ils publièrent une protestation, rédigée par *Thiers*, et la signèrent individuellement : «Le régime légal est interrompu, y disaient-ils,... l'obéissance cesse d'être un devoir. »

Les Trois Glorieuses

Comme au 14 juillet 1789 ou au 10 août 1792, *le peuple de Paris se souleva en faveur des libertés politiques menacées.* En trois journées, 27, 28, 29 juillet, qui sont restées célèbres sous le nom *les Trois Glorieuses,* il eut raison des Bourbons.

Paris était toujours la ville aux rues étroites : il suffisait d'une voiture renversée, de quelques arbres, de pavés arrachés pour faire une barricade. D'ailleurs Charles X et Polignac n'avaient prévu *aucune mesure de précaution.* Le commandement des troupes, une dizaine de milliers d'hommes presque sans vivres ni munitions, fut remis au maréchal Marmont, que sa trahison de 1814 avait rendu très impopulaire auprès des Parisiens. Le roi, comme tous les étés, était à Saint-Cloud.

Dans l'après-midi du 27, les premiers coups de feu furent tirés, les premières barricades furent élevées. Dans la nuit le peuple s'arma aux boutiques des armuriers et dépava les rues.

Le 28 au matin, les gardes nationaux armés se joignirent au peuple, et tous les manifestants adoptèrent le *drapeau tricolore.* L'offensive de Marmont échoua. Les soldats, accablés par une pluie de tuiles, de moellons, de meubles lancés par les fenêtres, ou du haut des toits, durent se replier autour du Louvre, des Tuileries et de la Place Vendôme.

Le 29 juillet le peuple attaqua à son tour. Il enleva le Palais

Bourbon, puis le Louvre. Deux régiments firent défection. *Marmont évacua Paris.* Quand, le soir, Charles X fit savoir qu'il retirait les quatre Ordonnances, il était trop tard : *le peuple vainqueur ne voulait plus rien connaître des Bourbons.*

Orléanistes contre Républicains

Les insurgés comptaient sur La Fayette pour faire proclamer la République. De leur côté les orléanistes posèrent officiellement la candidature du duc d'Orléans, en affichant sur les murs de Paris, au matin du 30 juillet, un placard rédigé par Thiers.

«Charles X ne peut plus rentrer dans Paris : il a fait couler le sang du peuple. La République nous exposerait à d'affreuses divisions : elle nous brouillerait avec l'Europe.

«Le duc d'Orléans est un prince dévoué à la cause de la Révolution. Le duc d'Orléans ne s'est jamais battu contre nous. Le duc d'Orléans était à Jemmapes. Le duc d'Orléans est un roi-citoyen. Le duc d'Orléans a porté au feu les couleurs tricolores. Le duc d'Orléans peut seul les porter encore. Nous n'en voulons point d'autres. Le duc d'Orléans ne se prononce pas. Il attend votre vœu. Proclamons ce vœu et il acceptera la Charte comme nous l'avons toujours entendue et voulue. C'est du peuple français qu'il tiendra sa couronne.»

Pour éviter la République, les députés et les Pairs se rallièrent à la candidature du duc d'Orléans. Ils offrirent au prince, sans même lui poser de conditions, la lieutenance générale du royaume et lui exprimèrent leur désir de conserver les trois couleurs. Le duc accepta, le 31 au matin. Puis, dans l'après-midi, avec autant de courage que d'habileté politique, il se rendit à l'*Hôtel de Ville*, quartier général des républicains, pour y recevoir, l'investiture populaire. Ce coup d'audace réussit : au balcon de l'Hôtel de Ville, le duc d'Orléans et La Fayette se donnèrent l'accolade, aux acclamations de la foule. *La victoire des républicains leur était escamotée par les Orléanistes.*

Louis-Philippe roi des Français

Cependant, pour sauver au moins sa dynastie Charles X et son fils le duc d'Angoulême abdiquèrent le 2 août en faveur du duc de Bordeaux, *Henri V*, fils posthume du duc de Berry, et, pour empêcher le duc d'Orléans d'usurper la couronne, Charles X le nomma régent. Ni le peuple, ni les Chambres, ni le duc ne tinrent aucun compte de ces décisions. Lentement, le vieux roi et sa famille gagnèrent Cherbourg, d'où ils s'embarquèrent pour l'Angleterre[1].

Pendant ce temps, au milieu de l'agitation populaire, les Chambres apportaient quelques modifications à la Charte de 1814. Puis elles demandèrent au duc d'Orléans d'accepter solennellement cette *Charte revisée*. Quand il lui eut prêté serment, il prit le titre de «roi des Français» sous le nom de Louis-Philippe 1er (9 août 1830). Déjà il avait adopté le *drapeau tricolore*.

La France de la Révolution l'emportait sur la France de l'Ancien Régime.

---

[1] Charles X passa bientôt en Autriche où il mourut en 1836.

La Monarchie de Juillet

I. — L'organisation et l'affermissement du régime
(1830-1835)

La Charte revisée

La *Monarchie de Juillet* (on appelle ainsi le régime issu de la Révolution de Juillet 1830) fut, comme la Restauration, une monarchie constitutionnelle. *La Charte de 1814 subsista*, avec seulement de légères modifications.

La Charte ne fut plus «octroyée»; la religion catholique ne fut plus religion de l'État, mais seulement de la majorité des Français; l'article 14, dont Charles X s'était prévalu pour rédiger les quatre Ordonnances, fut remanié; le rétablissement de la censure et des tribunaux d'exception fut interdit: les Chambres partageraient désormais avec le roi l'initiative des lois; l'âge pour être député et électeur fut abaissé à 30 et à 25 ans; le renouvellement de la Chambre par cinquième chaque année fut aboli.

Désireux de réduire le plus possible le caractère révolutionnaire de la nouvelle monarchie, les députés ne proclamèrent pas la souveraineté du peuple et, malgré les demandes des républicains, ils se refusèrent à faire ratifier par un plébiscite la Charte revisée.

Si les institutions furent très peu modifiées, en revanche *l'épuration du personnel politique et administratif* fut sévère. La totalité des juges qui formaient les «Parquets[1]», 76 préfets, plus de la moitié des Conseillers d'État furent révoqués et 65 généraux sur 75 furent mis à la retraite. Déjà la Charte revisée avait annulé toutes les nominations de pairs faites par Charles X.

Les lois organiques

La Charte avait annoncé que certaines questions seraient réglées par des «lois séparées». Voici les principales de ces *lois organiques*[2], toutes publiées en 1831.

Une *loi électorale* supprima le double vote, abaissa le cens d'éligibilité de 1 000 à 500 francs et le cens d'électorat de 300 à 200 francs ; furent ajoutés à la liste électorale les membres de l'Institut et les généraux en retraite, même s'ils ne payaient pas le cens. Il y eut ainsi, au début du règne, 168 000 électeurs et, à la fin, 240 000.

Les *Conseils municipaux* (et, en 1833, les Conseils généraux) furent désormais élus au suffrage censitaire.

La *Garde nationale* fut réorganisée. Elle ne comprit que les contribuables capables de payer leur équipement et leurs armes : l'élément populaire en était ainsi écarté. Véritable *armée de l'ordre*, elle fut le soutien fidèle du gouvernement et réprima toutes les insurrections.

Enfin *la pairie cessa d'être héréditaire* et ne fut plus que viagère.

On appelle *Parquet* l'ensemble des juges qui dans un tribunal *requièrent* (c'est-à-dire prononcent le réquisitoire) contre l'accusé A la différence des autres juges, ils ne sont pas inamovibles

[2] On appelle *loi organique* une loi d'organisation qui développe les principes inscrits dans une Constitution La Charte revisée disait qu'il serait pourvu par une loi à «la fixation des conditions électorales et d'éligibilité» La loi électorale de 1831 est une loi organique

Louis-Philippe 1er roi bourgeois

Le roi Louis-Philippe fut la personnification de cette haute bourgeoisie que la Révolution de Juillet avait portée au pouvoir.

Fils de Philippe-Égalité guillotiné en 1793, Louis-Philippe avait combattu à Jemmapes, puis il avait déserté en même temps que son chef Dumouriez (avril 1793) : du moins n'avait-il jamais porté les armes contre la France. Tenu en suspicion par les émigrés, il avait vécu de façon précaire en Suisse, donnant des leçons de mathématiques, puis en Amérique et en Angleterre : il lui resta de ces années de gêne un souci des questions d'argent qui fit tort parfois à sa dignité royale. Sous la Restauration, il vécut bourgeoisement au Palais-Royal, faisant élever ses cinq fils au collège Henri-IV, réunissant autour de lui une société libérale. *Sans faire de politique, il se trouva ainsi avoir fait œuvre de prétendant :* «Il ne remue pas, disait Louis XVIII, et je sens pourtant qu'il chemine.»

Louis-Philippe continua de mener aux Tuileries (on disait «au Château»), la même vie simple et digne, avec une affectation de bonhomie : on le rencontrait dans Paris, son «grand parapluie sentimental», comme disait Heine, sous le bras, s'arrêtant parfois pour causer avec les ouvriers. Au Château, tout cérémonial disparut.

Pourtant le «Roi-citoyen» avait *l'amour et l'ambition du pouvoir personnel.* Mais il aimait mieux louvoyer que combattre. Il prit l'habitude des petits moyens : à force de réussir, son infatuation tourna à l'aveuglement. *Il fut lui-même l'artisan de sa chute.*

Le parti du mouvement

Au lendemain de la Révolution, le roi avait dû appeler au ministère les députés Laffitte et Dupont de l'Eure, nommer préfet de Police Odilon Barrot et laisser à la tête de la Garde nationale La Fayette, tous francs libéraux qui voulaient au-dedans une politique de réformes démocratiques et, au-dehors, une intervention hardie en faveur des nationalités opprimées. Ils constituaient, avec leurs amis, ce qu'on appelait le *parti du mouvement.*

Le ministère Laffite trouva devant lui une situation difficile.

La *crise économique*, qui avait commencé en 1829, persistait. Beaucoup d'ouvriers étaient en chômage : les autres voyaient leurs salaires diminués du tiers, au moment où le prix du pain montait en flèche. Tous les jours c'étaient à Paris des manifestations, des rassemblements, des cortèges le plus souvent pacifiques mais parfois dangereux. Lors du *procès des ministres*, intenté à Polignac et à trois de ses collègues, il faillit y avoir une insurrection parce que les inculpés ne furent pas condamnés à mort comme la foule le demandait. Un peu plus tard, à l'occasion d'un service religieux célébré dans l'*église Saint-Germain-l'Auxerrois* en mémoire du duc de Berry, le peuple saccagea l'église, puis détruisit l'archevêché. Les prêtres, accusés d'avoir soutenu les ultras, étaient insultés dans les rues et n'osaient plus sortir en soutane.

Le parti de la résistance Casimir Perier

Cet état de demi-anarchie semblait intolérable aux hommes d'autorité qui, en face du parti du mouvement, formait le *parti de la résistance*. Quand, en mars 1831, le ministère Laffitte, débordé, dut démissionner, Louis-Philippe appela à la Présidence du Conseil le plus énergique d'entre eux, *Casimir Perier*.

Dominateur, brutal même, Casimir Perier imposa son autorité aux fonctionnaires, à sa majorité à la Chambre, à ses collègues qu'il traitait en petits garçons, à Louis-Philippe même, qu'il écarta des conseils de cabinet. Il interdit les manifestations dans la rue, multiplia les procès contre les partis d'opposition. La violence de ses réactions se montra dans *le conflit social de Lyon* : le préfet ayant fixé un tarif minimum des salaires et les patrons ayant refusé de l'appliquer, les ouvriers en soie, ou *canuts*, se soulevèrent et, pendant deux jours, occupèrent la ville — sans qu'on pût d'ailleurs leur reprocher aucun acte de violence ou de pillage. Casimir Perier les traita en rebelles, envoya contre eux une armée de 20 000 hommes, abrogea le tarif, révoqua le préfet.

En mai 1832, Casimir Perier succomba à l'*épidémie de choléra* qui, en quelques mois, fit à Paris plus de 18 000 victimes. Bien que très court, son ministère est d'une importance capitale : Perier avait affermi le gouvernement, fait voter les lois organiques, orienté définitivement le régime vers le parti de la résistance.

L'opposition légitimiste et bonapartiste

Cependant trois partis politiques refusaient de se rallier à Louis-Philippe, parce qu'ils voyaient en lui un usurpateur. C'étaient les légitimistes, les bonapartistes et les républicains. Cette *opposition antidynastique* essaya à plusieurs reprises, entre 1830 et 1840, de renverser le régime ; il y eut même de nombreux attentats contre la personne de Louis-Philippe.

Les *légitimistes* restaient fidèles au petit-fils de Charles X, le duc de Bordeaux, qui avait pris le titre de *comte de Chambord*. En 1832 sa mère, la duchesse de Berry, tenta de soulever la Vendée. Elle échoua. Les légitimistes se bornèrent désormais à une opposition de salon.

Depuis la mort, en 1832, du fils de Napoléon, l'ex-roi de Rome, qui vivait à Vienne sous le nom de duc de Reichstadt, les bonapartistes reconnaissaient comme chef un neveu de Napoléon Ier, le *prince Louis-Napoléon*, fils de Louis Bonaparte, ancien roi de Hollande. Le jeune homme essaya par deux fois de renverser la monarchie de Louis-Philippe en soulevant d'abord la garnison de Strasbourg (1836), puis celle de Boulogne (1840). Il échoua piteusement. La première fois il fut banni de France, la seconde il fut emprisonné au fort de Ham (près de Péronne), d'où il s'évada en 1846. Cependant la « légende napoléonienne » se répandait, d'abord par les récits des anciens soldats, puis par la publication du *Mémorial de Sainte-Hélène* qu'un ancien compagnon de captivité de l'Empereur, *Las Cases*, avait fait paraître en 1824, enfin par les poèmes de *Victor Hugo* et les chansons de *Béranger*. Le retour des cendres de Sainte-Hélène à Paris, en 1840, sembla une apothéose de Napoléon, mais personne ne pensait encore à son neveu.

L'opposition républicaine

Beaucoup plus dangereuses furent les tentatives des républicains. Habitués à l'action révolutionnaire, ils s'organisèrent en *sociétés secrètes.* Leur première tentative d'insurrection fut celle de 1832 à Paris, à propos des *funérailles du général républicain Lamarque.* Après deux jours de lutte, les émeutiers bloqués dans le cloître Saint-Merry, furent écrasés.

L'année suivante, en 1833, la plupart des sociétés républicaines se fondirent dans une vaste association, la *Société des Droits de l'Homme.* Leurs chefs étaient de jeunes bourgeois, surtout des intellectuels : *Cavaignac, Garnier-Pagès,* le médecin *Raspail,* les journalistes *Marrast, Carrel, Louis Blanc,* un magistrat révoqué *Cabet.* Ils étaient en relation avec tous les révolutionnaires européens et accueillaient les réfugiés politiques étrangers. Leur journal, *la Tribune,* demandait le suffrage universel et l'indemnité parlementaire, l'instruction primaire gratuite, la liberté d'association, l'impôt progressif, l'application des théories sociales de Robespierre, enfin la conquête de la rive gauche du Rhin et l'affranchissement des peuples opprimés.

L'insurrection de 1834. Les lois de septembre 1835

Pour détruire les groupements républicains, les Chambres votèrent en 1834 une nouvelle *loi sur les associations,* plus rigoureuse que celles de la Révolution et de l'Empire. Les Républicains se résolurent alors à un coup de force. Les ouvriers lyonnais s'étant à nouveau soulevés (avril 1834), la Société des Droits de l'Homme voulut généraliser le mouvement dans la France entière. Mais la crise économique était terminée et le peuple ne bougea pas. A Paris, Thiers, alors ministre de l'Intérieur, avait pris de sévères précautions : l'insurrection échoua et la répression fut marquée par un affreux épisode, le *massacre de la rue Transnonain* — les soldats égorgèrent tous les habitants d'une maison d'ou était parti un coup de feu.

L'année suivante un nouvel attentat contre le roi, tenté par le Corse *Fieschi,* permit au gouvernement de faire passer les *lois de septembre 1835,* dont l'une créait de nouveaux délits de presse et aggravait les peines. Le parti républicain n'eut bientôt plus ni journaux, ni chefs. Le gouvernement de Louis-Philippe semblait enfin solidement établi[1].

---

[1] Un coup de main tenté en 1839 par deux chefs révolutionnaires, *Barbès* et *Blanqui,* échoua. Ce fut le dernier du règne.

II. — La vie parlementaire. La stagnation politique. La révolution de février 1848

Les chefs conservateurs et la politique du roi

Depuis l'avènement du ministère de Casimir Perier (mars 1831), jusqu'à la chute de Louis-Philippe (février 1848), le parti de la résistance fut constamment au pouvoir. A la Chambre des députés l'opposition était faible et morcelée. On y distinguait la *Gauche dynastique* d'Odilon Barrot et Laffite, c'est-à-dire l'ancien parti du mouvement; quelques députés légitimistes dirigés par l'orateur *Berryer;* enfin une quinzaine de républicains, dont *Arago, Ledru-Rollin, Marie.*

Les principaux chefs conservateurs étaient le duc de *Broglie, Molé, Thiers, Guizot, Dupin.* Ils étaient séparés les uns des autres beaucoup moins par des divergences de doctrine que par des différences de tempérament et d'âpres rivalités d'ambition, que le roi se plaisait à exaspérer. Louis-Philippe entendait en effet diriger les affaires publiques.

Or, il ne pouvait le faire s'il se heurtait à l'union des chefs conservateurs. Aussi s'ingénia-t-il à les brouiller les uns avec les autres et à imposer celui qui serait le plus docile à ses suggestions. De 1836 à 1839 il soutint *Molé,* sous le nom de qui il gouverna de fait.

La politique du roi, jointe aux rivalités souvent mesquines qui les dressaient les uns contre les autres, explique *l'instabilité des ministères jusqu'en 1836* et *le fractionnement de la majorité en trois groupes.* Thiers adopta la théorie anglaise du *gouvernement parlementaire :* un ministère issu de la majorité de la Chambre et gouvernant d'accord avec celle-ci sans que le roi intervienne. Il résumait sa théorie dans la formule : «le roi règne et ne gouverne pas». Ses partisans formaient le *Centre gauche.* — Pour Guizot au contraire et ses amis du *Centre droit,* il était légitime que la Couronne exerçât une action sur la direction des affaires et notamment que le roi eût le pouvoir de choisir ses ministres sans être lié strictement à la volonté de la Chambre. «Le trône, disait-il, n'est pas un fauteuil vide»; le rôle du ministère devrait être d'amener à des vues communes le souverain et la majorité —. Entre ces deux groupes de force équivalente, une centaine de députés conservateurs sans opinion précise se rangeaient autour du président de la Chambre, *Dupin* et formaient le *Tiers-parti*.

Le ministère Guizot

Molé avait démissionné au début de 1839. Après un court intermède de *Thiers*, qui tomba sur une question de politique extérieure, Louis-Philippe appela au ministère *Guizot* (octobre 1840).

Libéral sous la Restauration, jeté dans le parti de la résistance par la peur de la République en 1830, Guizot était persuadé que le régime de la Monarchie de Juillet, fondé sur la prédominance politique et sociale de la bourgeoisie aisée et instruite, était le meilleur qui fût. *Entre le roi et lui il y avait parfaite communauté de vues pour le maintien du statu quo à l'intérieur et de la paix au-dehors.*

La politique extérieure de Guizot fut l'objet d'âpres attaques. Les uns lui reprochèrent, particulièrement dans ses rapports avec le gouvernement anglais, de sacrifier la fierté nationale par amour de la paix. D'autres s'indignèrent de son entente étroite avec Metternich, champion de la réaction en Europe.

A l'intérieur, l'opposition demanda sans se lasser deux réformes : la *réforme électorale*, qui abaisserait le cens à 100 francs pour augmenter le nombre des électeurs, et la *réforme parlementaire*, qui interdirait aux fonctionnaires d'être en même temps députés — en 1846 la Chambre comptait 186 fonctionnaires, dont le vote était naturellement acquis au gouvernement. A ces propositions, pourtant modérées, Guizot répondit par un refus obstiné. Comme il avait à la Chambre, depuis 1846, une forte majorité, il croyait. très sincèrement, représenter la volonté du pays. Mais «le pays» se réduisait a 250 000 électeurs ; et cette majorité était d'ailleurs tout artificiel. Guizot l'obtenait en accordant aux députés des faveurs de toutes sortes   places, pensions, décorations, participation à des entreprises financières   , ce qui permettait à ses adversaires de l'accuser de «corruption électorale». En réalité, le roi et son ministre ne s'apercevaient pas que, si la Chambre consentait encore à les suivre, la France se détachait d'eux.

La crise économique. La campagne des banquets

La nation en effet ne reprochait pas seulement au gouvernement son refus de toute réforme, elle le rendait responsable de la *grave crise économique* où elle se débattait. Les mauvaises récoltes de blé et de pommes de terre en 1846, des inondations catastrophiques du Rhône et de la Loire, l'augmentation énorme du prix du pain amenèrent çà et là des émeutes de la faim. Par là-dessus arriva une *crise financière*, bientôt doublée d'une *crise industrielle :* le renchérissement des denrées de première nécessité avait diminué le pouvoir d'achat des masses et les stocks s'accumulaient, pendant que la crise financière empêchait les industriels de se procurer les crédits dont ils avaient besoin. Il fallut réduire la production dans les mines et les usines ; il y eut des milliers de banqueroutes et plus d'un million de chômeurs. *La prospérité qui, depuis 1832, faisait la force du régime, disparaissait.*

L'opposition résolut d'exploiter le mécontentement général. Le Centre gauche, la Gauche dynastique et les Républicains s'unirent pour lancer dans le pays une *campagne de banquets*, au cours desquels des orateurs exigeraient les deux réformes parlementaire et électorale (mai 1847). Il y eut 70 banquets environ. A mesure que la campagne se déroulait le Centre gauche et même la Gauche étaient *débordés par les éléments avancés*, mais le roi, dont l'infatuation touchait à l'aveuglement, se refusait à voir le danger.

L'attaque contre le ministère, lors de la discussion de l'Adresse en janvier 1848, fut très violente. Guizot fut plus altier et méprisant que jamais. L'opposition décida alors d'organiser un nouveau banquet le 22 février et de l'accompagner d'une grande manifestation. Malgré l'interdiction du ministère, la manifestation eut lieu et, le soir, quelques incidents éclatèrent çà et là. Le lendemain 23, la Garde nationale manifesta son mécontentement aux cris de « Vive la Réforme ! A bas Guizot ! Le roi comprit enfin la gravité de la situation : il demanda à Guizot sa démission. Tout danger semblait écarté.

Révolution de 1848. Chute de la royauté

Le soir même, un hasard modifia du tout au tout la situation. A la suite d'une échauffourée, les soldats tirèrent et tuèrent seize manifestants. Les républicains surent exploiter cet incident. Les cadavres, entassés sur un chariot, furent promenés toute la nuit dans les divers quartiers de la ville, au milieu des appels à l'insurrection. *Le 24 février au matin, Paris était en état de révolution.* Aux cris de «Vive la République», le peuple occupa l'Hôtel de Ville et menaça les Tuileries. Louis-Philippe abdiqua en faveur de son petit-fils, le *comte de Paris*[1], puis, comme Charles X, il gagna l'Angleterre.

Dans l'après-midi du 24, la duchesse d'Orléans vint à la Chambre pour se faire accorder la régence au nom de son fils, qui avait dix ans. Mais les républicains n'entendaient pas se laisser frustrer à nouveau de leur victoire. Ils envahirent la salle des séances et exigèrent la République. Les députés n'essayèrent pas de résister. Le soir-même, un *Gouvernement provisoire* était établi et *le lendemain, 25 février 1848, La France était en République.*

---

1. Le fils aîné de Louis-Philippe, le *duc d'Orléans* s'était tué en 1842 dans un accident de voiture. Il avait pour fils aîné le comte de Paris, né en 1838.

L'Œuvre de la Monarchie de Juillet

L'éducation politique du pays

Pendant les dix-huit années que dura la Monarchie de Juillet, la France continua son apprentissage de la vie politique qu'elle n'avait pu faire ni sous la Révolution ni sous l'Empire, mais seulement depuis qu'elle vivait sous le régime de la Charte de 1814.

La Chambre des Députés — 459 membres, élus pour cinq ans qui siégeaient de cinq à sept mois par an — remplit honorablement sa tâche. Elle étudia et rédigea les projets de loi de façon souvent remarquable : elle comptait en effet parmi ses membres de nombreux fonctionnaires, versés dans les questions de droit et d'administration. Elle exerça aussi une surveillance très vigilante sur le budget, réduisit le montant de la Dette publique et évita tout déficit. Aussi le cours de la rente fut-il toujours élevé et les classes aisées souscrivirent avec confiance aux bons du Trésor.

Quoique le régime parlementaire n'existât pas en droit, les députés contrôlaient le gouvernement et non pas seulement, comme sous la Restauration, lors de la discussion de l'Adresse ou du budget, mais encore par le moyen, tout récent, de l'*inter-pellation*. On donne ce nom à la demande formulée par un parlementaire d'ouvrir un débat soit sur la politique générale soit sur telle mesure particulière du gouvernement. De fait sinon de droit, le règne de Louis-Philippe marque un progrès, lent mais réel, *vers le régime parlementaire*, tel qu'il commençait alors à être appliqué en Grande-Bretagne.

Développement de la presse

Dans le public, l'éducation politique se fit par la presse. Le nombre des journaux s'accrut considérablement entre 1830 et 1848 et toutes les nuances d'opinion eurent les leurs. Les légitimistes disposèrent de la *Quotidienne* et de la *Gazette de France*; la Gauche dynastique et le Centre gauche du *Siècle* et du *Constitutionnel*; le Centre droit du *Journal des Débats*; les Républicains du *National*, puis de la *Réforme*, plus préoccupée des questions sociales; le «parti catholique» s'exprimait dans l'*Univers*.

Plusieurs nouveautés révolutionnèrent à cette époque l'organisation de la presse. L'emploi des *presses mécaniques*, utilisées à l'exemple de l'Angleterre, permit de très gros tirages; la première *agence de nouvelles*, fondée vers 1832, fut rachetée vers 1840 par *Havas*: grâce à l'emploi de pigeons voyageurs, du télégraphe optique puis électrique, enfin des chemins de fer, l'agence Havas put donner aux différents journaux des nouvelles venues de tous les pays. C'est alors aussi qu'apparut la *presse illustrée*: dès le début du règne, des dessinateurs de premier ordre *Philipon* et surtout *Daumier* ridiculisaient dans le *Charivari* et la *Caricature* le roi ou les députés, et *Henri Monnier* inventait le type de «Joseph Prudhomme» pour railler le bourgeois égoïste et vaniteux[1]. Pour diminuer le prix des journaux et pouvoir les vendre au numéro, deux journalistes, *Emile de Girardin* et *Dutacq*, eurent l'idée en 1836 de faire une très large place aux *annonces*. Enfin, pour attirer le public, les journaux prirent l'habitude, à partir de 1840 environ, de publier des *romans feuilletons*: ils obtinrent la collaboration des plus grands écrivains du temps, Balzac, George Sand, Alexandre Dumas père, Eugène Sue.

En 1841 se fondait en Angleterre un hebdomadaire caricatural qui existe encore *Punch* (c'est à dire *Polichinelle*)

Enrichissement de la bourgeoisie

La bourgeoisie, qui gouvernait et administrait la France sous la Monarchie de Juillet, dirigeait aussi la vie économique et elle s'y enrichissait.

En 1830 le marché de la Bourse portait sur 44 valeurs, en 1817 sur 198. Le nombre des livrets de caisse d'épargne était sept fois plus fort en 1847 qu'en 1830. Le cours de la rente 5 pour 100 monta jusqu'à 125 francs en 1845. Cependant la propriété foncière était encore, bien plus que les titres de rente, la forme la plus recherchée de la richesse : on sait le petit nombre de rentiers.

Cet enrichissement de la bourgeoisie se réalisait parfois au détriment de l'intérêt général. Si la vie économique de la France présentait encore un caractère vieillot et routinier, ce retard était dû en partie à l'égoïsme et à l'étroitesse de vues de la bourgeoisie. Pour créer un outillage moderne, il eût fallu importer de la houille et du fer en grande quantité et à bas prix. Mais les industriels et les maîtres de forges de Lorraine et du Nord, désireux de se réserver le marché intérieur, furent assez puissants dans les Chambres et au gouvernement pour faire maintenir les droits de douane qui excluaient les produits étrangers : aussi la tonne de fer valait-elle 325 francs en France contre 125 en Angleterre, la tonne de fonte 220 francs au lieu de 75.

Pendant ce temps, les salaires des ouvriers baissaient et la misère du peuple des villes formait avec la richesse de la bourgeoisie un contraste profond.

Développement de l'instruction

Les dix-huit années du règne de Louis-Philippe correspondent à un *remarquable développement intellectuel*. En dehors du magnifique épanouissement littéraire et artistique connu sous le nom de *Romantisme*, en dehors de l'essor des journaux et revues, de grands ministres de l'Instruction publique, *Guizot*,

Cousin, Villemain, tous trois universitaires, puis Salvandy, travaillèrent à la diffusion de l'instruction à tous les dégrés.

La grande nouveauté fut la création de l'enseignement primaire public, par la loi Guizot de 1833. A cette date, 25 000 communes étaient sans écoles. Convaincu que l'instruction détournerait les classes populaires des doctrines révolutionnaires, Guizot s'efforça d'assurer à la fois la diffusion d'un minimum de connaissances et la formation morale et religieuse des enfants. D'esprit libéral, il supprima pour l'enseignement primaire le monopole universitaire établi par Napoléon.

L'enseignement secondaire, donné dans les Collèges, fut la plupart du temps d'un niveau très honorable. L'Histoire moderne et les langues vivantes commencèrent à pénétrer dans les programmes; en revanche l'enseignement des sciences y tenait encore très peu de place. Dans quelques villes on créa, pour les élèves qui se destinaient aux carrières industrielles ou commerciales, un enseignement sans latin.

L'enseignement supérieur conserva la forme que lui avait donnée Napoléon Ier. Les cours des Facultés des Lettres n'étaient guère que de brillantes conférences pour le grand public cultivé; du moins les élèves de l'Ecole Normale recevaient-ils une formation intellectuelle plus approfondie. D'autre part, deux écoles d'un niveau très élevé furent créées sous la Monarchie Constitutionnelle : l'Ecole des Chartes (1821), pour former des archivistes et des bibliothécaires, l'Ecole française d'Athènes (1846), pour les jeunes gens qui voulaient se consacrer à l'étude de l'histoire et de la littérature grecques. Enfin, dans les grandes villes de province, se fondèrent de nombreuses Sociétés savantes et académies locales, ainsi que des bibliothèques publiques.

Le Catholicisme. L'action charitable

Le clergé séculier comprenait sous le règne de Louis-Philippe 80 prélats[1], 3 000 curés et 40 000 desservants — le niveau des études religieuses restait assez bas dans les grands séminaires. Les ordres religieux (supprimés en 1792 et dont, on l'a vu, le Concordat ne faisait nulle mention) reparurent, particulière-

[1] Le gouvernement de Louis XVIII et le pape Pie VII avaient créé en France 30 diocèses nouveaux

ment les Bénédictins, reconstitués par *dom Guéranger* à Solesmes, et les Dominicains reconstitués par *Lacordaire*.

Malgré la protection des gouvernements et le grand nombre de «missions» organisées dans toute la France, la propagande catholique n'avait guère eu de succès sous la Restauration. Les bourgeois libéraux et les ouvriers reprochaient à l'Eglise son hostilité aux Principes de 1789 et l'appui qu'elle donnait aux ultras. Les débuts du règne de Louis-Philippe furent marqués, on l'a vu, par de violentes manifestations anticléricales.

De nombreux Catholiques, surtout des jeunes gens, ecclésiastiques ou laïcs, essayèrent de reconquérir au catholicisme les masses. Les uns se consacrèrent à *l'action charitable*. C'est ainsi qu'en 1833 un jeune laïc, *Ozanam*, créa, avec quelques-uns de ses camarades étudiants, la *Société de Saint-Vincent de Paul* : elle comptait en 1848 une centaine de groupements, appelés «conférences». Les *Petites Sœurs des Pauvres*, la *Société Saint-François-Xavier* se fondèrent pour venir en aide aux malades. Au moment où, de toute part, les systèmes dits «socialistes» proposaient de modifier l'organisation sociale pour la rendre moins injuste, les catholiques ne restèrent pas en arrière. L'un deux, *Buchez*, conseillait la création de coopératives de production ouvrières qui supprimeraient le salariat. On comprend dès lors la sympathie que beaucoup de travailleurs témoignaient à l'Eglise en 1848.

La Mennais et le catholicisme libéral

De son côté, le prêtre breton *La Mennais* (1782-1854), d'abord ultra-royaliste, avait, dès avant la Révolution de Juillet, conseillé à l'Eglise de se rallier aux partis libéraux. Avec ses deux amis, un aumônier, *Lacordaire*, et un jeune laïc de vingt ans, *Montalembert*, il fonda à la fin de 1830 un journal, *L'Avenir*, auquel il donna pour devise «Dieu et liberté». Aussi ardent démocrate qu'ardent ultramontain, La Mennais voulait sceller *l'alliance du catholicisme et de la démocratie*. Il demandait le suffrage universel, la liberté de la presse, la liberté d'association, la suppression du monopole universitaire et même l'abolition du Concordat qui, selon lui, rabaissait évêques et curés au rang de fonctionnaires d'un Etat laïque.

Les *catholiques libéraux* — c'est le nom sous lequel sont connus La Mennais et ses partisans — furent tout de suite très vivement attaqués par les évêques français, tous conservateurs, de tendance gallicane et partisans du Concordat. *L'Avenir* dut suspendre sa publication au bout d'un an et lorsque ses trois fondateurs firent appel au jugement du pape Grégoire XVI, celui-ci condamna leurs doctrines par l'encyclique *Mirari vos* (1832). Lacordaire, Montalembert et la plupart des autres se soumirent. La Mennais, accentuant encore ses théories dans les *Paroles d'un croyant*, fut personnellement condamné par une nouvelle encyclique et quitta l'Eglise (1834).

Apologétique et enseignement

D'autres catholiques essayèrent de regagner le public cultivé par le moyen de l'*apologétique*, c'est-à-dire de la défense de la religion contre les attaques de ses adversaires. Le plus célèbre fut l'ami de La Mennais, *Lacordaire*, qui devint dominicain. Il prêcha avec un éclatant succès à Notre-Dame de Paris et en province. Parmi les journaux catholiques, le plus important était l'*Univers*, dirigé par *Veuillot*, polémiste partial et souvent insultant, mais d'une verve et d'une puissance singulières.

L'Eglise tenta enfin de s'attacher les jeunes générations en développant un *enseignement secondaire catholique*. Les Jésuites possédèrent en France jusqu'à 74 établissements d'instruction et, dans chaque diocèse, le petit séminaire faisait concurrence au collège. D'autre part, Montalembert fit campagne pour obtenir la «liberté de l'enseignement», c'est-à-dire la suppression dans l'enseignement secondaire du monopole universitaire. Le gouvernement y était disposé, mais la Chambre des Députés y mettait trois conditions : elle voulait imposer aux professeurs de l'enseignement privé des grades que l'Eglise jugeait d'un niveau trop élevé ; elle voulait que les petits séminaires fussent contrôlés par les Inspecteurs de l'Etat, enfin elle voulait interdire tout enseignement aux congrégations non autorisées — en fait aux Jésuites.

Contre ces exigences les catholiques protestèrent. Certains d'entre eux lancèrent contre l'Université des attaques d'une extrême violence. Les universitaires Michelet, Quinet, Cousin répondirent en dénonçant les Jésuites et le débat émut l'opinion publique à un point tel, que Guizot se vit contraint de demander au pape *Grégoire XVI* (1831-1846) la fermeture de quelques établissements de Jésuites. De son côté, Montalembert, membre de la Chambre des Pairs, tenta de porter la question sur le plan politique et d'organiser un *parti catholique*, dont le seul mot d'ordre serait : liberté de l'enseignement. Ses efforts furent vains. Tout au plus avait-il affaibli le régime de Louis-Philippe en dressant contre lui bon nombre de catholiques laïques et en lui enlevant l'appui d'une partie des évêques.

Développement de l'empire colonial

En 1830, la France n'avait plus que très peu de colonies : les îlots de *Saint-Pierre et Miquelon* près de Terre-Neuve, la *Martinique* et la *Guadeloupe* dans la mer des Antilles, la *Guyane*, quelques comptoirs sur la *côte du Sénégal, cinq villes* dans l'Inde, enfin l'*île Bourbon* (aujourd'hui La Réunion) dans l'océan Indien. La Guadeloupe, la Martinique et l'île Bourbon étaient les plus riches et la métropole continuait à leur appliquer le *système de l'exclusif :* elles achetaient à la France les denrées alimentaires et les produits fabriqués dont elle avaient besoin et lui vendaient le café et le sucre. Comme sous l'Ancien Régime, les colonies dépendaient du Ministère de la Marine.

La Monarchie de Juillet accrut le domaine colonial. Elle fonda des comptoirs en Afrique sur le *golfe de Guinée* et à l'embouchure du fleuve *Gabon*, annexa près de Madagascar les *Mayotte* et *Nossi-Bé*, étendit le protectorat français en Océanie sur les îles *Marquises* et l'Ile *Tahiti*. Le gouvernement voulut aussi supprimer l'esclavage (la *traite*, c'est-à-dire le transport des esclaves africains dans les Antilles était interdite depuis 1815) ; mais il échoua devant l'hostilité des colons.

Enfin la Monarchie de Juillet commença la conquête de l'Algérie.

Les débuts de la conquête de l'Algérie

L'Algérie faisait officiellement partie de l'Empire turc. A sa tête était un *dey* qui avait sous ses ordres les trois beys d'Oran, de Médéa et de Constantine. La population comprenait des Berbères et des Arabes, tous musulmans, et un certain nombre d'Israélites.

Le prétexte de la conquête de l'Algérie fut un incident futile. Au cours de négociations à propos de fournitures de blé faites jadis au Directoire, le dey s'emporta jusqu'à frapper l'ambassadeur français de son chasse-mouches (1827), puis il fit tirer sur un navire qui venait lui demander des excuses. Polignac, qui cherchait un succès militaire pour augmenter son prestige en France, fit occuper Alger (juillet 1830). Moins d'un mois plus tard, Charles X était renversé.

La France allait-elle rester en Afrique ? La majorité de l'opinion publique y était opposée — à l'exception des commerçants de Marseille. Louis-Philippe, absorbé par des difficultés de toutes sortes, désireux de garder de bons rapports avec l'Angleterre qui a toujours vu avec méfiance l'expansion coloniale de la France, se décida à occuper tout au plus quelques villes sur la côte : Oran, Bougie, Bône, Mostaganem. C'est ce qu'on appela l'*occupation restreinte*. Dès qu'on dépassait les murailles de ces villes on se heurtait aux chefs des tribus arabes.

L'un de ces chefs était *Abd-el-Kader*. Fils d'un saint personnage, réputé lui-même pour sa piété et sa bravoure, Abd-el-Kader avait été proclamé *émir* par les tribus de la région de *Mascara* dans l'Oranie. Les Français signèrent avec lui un traité d'amitié (1834) et l'aidèrent à imposer son autorité aux autres tribus. Bien plus, désireux de se décharger sur lui de la lourde tâche d'administrer le pays, ils lui reconnurent en 1837 la possession des provinces d'Alger et d'Oran, à l'exception des régions côtières, à condition qu'il admît la suzeraineté de Louis-Philippe.

Tranquilles de ce côté, les Français se retournèrent vers l'Algérie orientale et *enlevèrent la ville de Constantine* (1837), après un échec très meurtrier (1836)[1]. Pour donner un débouché maritime à la ville, ils créèrent le port de *Philippeville*. Puis ils consolidèrent les régions déjà occupées, y fondèrent des

---

Une première tentative des Français contre Constantine en 1836 avait échoué

postes militaires, y établirent des colons, y ouvrirent des routes, y desséchèrent les marais.

Brusquement, en 1839, prenant pour prétexte que les Français s'étaient avancés dans une zone qui lui était réservée, Abd-el-Kader se jeta sur la riche plaine de la *Mitidja*, au sud d'Alger, et la mit à feu et à sang.

Bugeaud contre Abd-el-Kader

Le gouvernement de Louis-Philippe comprit alors qu'il était impossible de faire sa part à Abd-el-Kader, qu'il fallait anéantir sa puissance et *conquérir l'Algérie entière*. Ce fut l'œuvre du général *Bugeaud*, nommé gouverneur de l'Algérie en décembre 1840.

Bugeaud finit par disposer de plus de 100 000 hommes. Depuis le début de la conquête, des corps nouveaux avaient été créés dans l'armée d'Afrique, composés soit de Français (*zouaves*, chasseurs à pied, chasseurs d'Afrique), soit d'indigènes (fantassins comme les *tirailleurs*, cavaliers comme les *spahis*). Entouré de bons généraux, *Lamoricière*, *Changarnier*, *Bedeau*, *Cavaignac*, Bugeaud employa de nouvelles méthodes de guerre : il allégea l'équipement des soldats, remplaça les voitures par des bêtes de somme, mit l'artillerie à dos de mulet. Les troupes furent divisées en *colonnes mobiles*; elles pourchassèrent l'ennemi par une incessante offensive et, pour l'affamer, firent le vide devant lui, incendiant les villages, raflant les troupeaux. Les deux adversaires se montraient également impitoyables.

En 1843 la *Smala*, c'est-à-dire le camp d'Abd-el-Kader avec sa famille, ses serviteurs, ses troupeaux, fut enlevée par le *duc d'Aumale*, l'un des fils de Louis-Philippe. Quand Abd-el-Kader obtint l'appui du sultan du Maroc, les troupes marocaines furent battues par Bugeaud sur les rives de l'*Isly* (1844), pendant qu'une escadre française, commandée par le prince de Joinville, bombardait les ports marocains de Tanger et de Mogador. Abd-el-Kader réussit encore quelques meurtrières surprises comme à *Sidi Brahim*; mais, traqué sans relâche, il dut finalement se rendre au général Lamoricière (1847)[1].

Abd-el-Kader avait reçu de Lamoricière la promesse d'être transporté dans une ville d'Orient En fait il fut interné en France jusqu'en 1852, où il fut libéré Il s'établit alors en Asie Mineure, puis en Syrie

Organisation de l'Algérie

Une ordonnance de 1845 avait divisé l'Algérie en trois provinces (Alger, Oran, Constantine), chacune divisée en territoire civil, territoire mixte et territoire arabe. Le premier, officiellement pacifié, était administré à la française par des fonctionnaires civils ; les deux autres étaient administrés par des officiers et les indigènes y gardaient leurs lois.

L'Algérie était une colonie d'un type tout à fait nouveau. D'une part les Européens y arrivèrent de plus en plus nombreux, attirés par l'espoir d'y être installés sur les terres les plus fertiles. La moitié d'entre eux seulement était composée de Français : en 1847, sur près de 110 000 colons, on comptait 48 000 Français, 31 000 Espagnols, 16 000 Italiens et Maltais. D'autre part il existait en Algérie, ce qui ne se trouvait pas aux Antilles, une population *libre* de deux millions d'indigènes. Comment organiser la colonisation, quel statut donner aux indigènes, quels liens créer entre ces deux populations si différentes et pourtant appelées à vivre côte à côte ?

Les Français du temps de Louis-Philippe ne savaient comment résoudre ces problèmes, si nouveaux et si délicats. Bien des systèmes furent tentés. Alors que Lamoricière voulait favoriser les grandes sociétés capitalistes, seules assez riches, disait-il, pour mettre le pays en valeur, Bugeaud les voyait d'un assez mauvais œil ; il savait qu'elles pensaient surtout à s'emparer de dizaines de milliers d'hectares, quitte à ne pas toujours les coloniser. Il aurait préféré la *colonisation militaire* à la manière des Romains : après qu'une région aurait été soumise, des sous-officiers et des soldats s'y établiraient et, aidés par l'Etat, la cultiveraient. Bugeaud ne fut pas suivi par le gouvernement.

Plus intéressantes étaient ses vues sur la manière de traiter les indigènes : d'abord les soumettre, fût-ce au prix de mesures impitoyables ; mais, une fois la soumission obtenue, les laisser s'administrer eux-mêmes sous le contrôle de l'autorité française, particulièrement des *bureaux arabes*[1], les protéger contre

---

[1] Les bureaux arabes étaient composés d'officiers français qui parlaient l'arabe et étaient au fait de toutes les questions indigènes.

ceux qui voudraient les dépouiller de leurs terres, améliorer leur sort matériel et moral et les rallier ainsi à la France. Bugeaud avait démissionné en 1847 et aucune mesure n'était décidée touchant l'organisation de l'Algérie, quand la Révolution de 1848 renversa la Monarchie de Juillet.

L'Angleterre et son Empire

I. — Le Royaume-Uni en 1815

Le régime politique. Le Roi

En 1815 le *Royaume-Uni de Grande-Bretagne et d'Irlande*[1]
était une Monarchie constitutionnelle. Cependant il n'existait
pas de *constitution écrite*, encore que certains textes comme la
Grande Charte de 1215, la *Revendication du Droit de 1628*, le
Bill des Droits de 1689, l'*Acte d'Établissement de 1701* eussent
une valeur constitutionnelle. Les libertés politiques reposaient
avant tout sur la *tradition*.

*Le roi possédait des attributions à la fois très étendues et mal
délimitées, qui constituaient la prérogative royale.* Il choisissait, parmi les parlementaires, les ministres avec lesquels il
gouvernait. Ceux-ci ne pouvaient se maintenir au pouvoir s'ils
n'avaient pas la confiance des Chambres, mais il leur fallait
aussi celle du roi. *Le régime parlementaire, au sens strict du
mot, n'existait donc pas dans l'Angleterre de 1815.* Le roi avait
le droit de dissoudre la Chambre et d'ordonner de nouvelles

---

[1] L'union de l'Angleterre et du Pays de Galles avec l'Écosse en 1707 avait constitué la
Grande-Bretagne, l'union de la Grande-Bretagne et de l'Irlande en 1800 avait créé le
Royaume-Uni de Grande-Bretagne et d'Irlande.

élections. Enfin il nommait à un grand nombre de fonctions publiques, accordait des pensions, des monopoles économiques : ce «patronage» faisait partie de la prérogative.

Le Parlement

Depuis le XIVe siècle, le Parlement se composait de deux Chambres, la Chambre des Lords et la Chambre des Communes. La Chambre des Lords, environ 360 membres, comprenait d'une part des *lords spirituels*, c'est-à-dire 30 prélats anglicans, à la tête desquels étaient les deux archevêques de Canterbury et de York ; d'autre part des *lords temporels :* ceux-ci étaient des nobles laïques soit Anglais et siégeant à titre héréditaire, soit Écossais ou Irlandais et désignés pour la session ou à vie par les grandes familles protestantes d'Écosse et d'Irlande. Le roi pouvait créer des lords nouveaux.

La Chambre des Communes était élue pour sept ans. Le régime électoral n'avait rien d'uniforme[1]. Les députés anglais représentaient 40 *comtés* et 203 *bourgs*[2]. Dans les comtés le droit de vote ou «franchise électorale» appartenait aux propriétaires fonciers jouissant d'un revenu de 40 shillings, c'est-à-dire deux livres sterling (soit 50 francs germinal). Dans les bourgs ou municipalités, le régime électoral était d'une extrême diversité, tantôt presque universel, tantôt très étroit. On votait à haute voix et les électeurs subissaient presque toujours l'influence d'un «patron», c'est-à-dire d'un riche propriétaire du voisinage qui leur imposait son candidat. Le cas était particulièrement fréquent dans les bourgs sans importance, appelés *bourgs de poche*. La liste des bourgs n'avait pas été modifiée depuis le XVIIe siècle. On y trouvait en 1815 des villages presque abandonnés, appelés *bourgs pourris* qui continuaient à élire deux députés, tandis que des villes comme Manchester, Birmingham, Sheffield, Leeds, dont l'importance était récente, n'avaient pas de représentants.

Un régime aristocratique

Le régime social conservait en 1815 un caractère très aristocra-

---

[1] Sur les 658 députés que comprenait la Chambre en 1815, 45 représentaient les deux millions d'Écossais, 100 les six millions d'Irlandais, 24 le pays de Galles et 489 l'Angleterre (Angleterre et Galles comptaient alors 11 millions d'habitants)

[2] Sans compter les deux *Universités* d'Oxford et de Cambridge.

tique, mais ce fait n'était pas dû à l'existence de la noblesse[1]. Les nobles anglais étaient en effet égaux aux autres citoyens devant la loi et devant l'impôt ; le travail ne les faisait pas déroger ; enfin ils formaient une caste largement ouverte aux roturiers riches. Si l'inégalité était extrême dans l'Angleterre de 1815, c'était le fait non de la noblesse mais de la religion et de la richesse.

L'anglicanisme était partout, sauf en Ecosse, religion d'État[2] et, d'après le *Bill du Test* (1673), il fallait, pour exercer une fonction publique, communier selon le rite anglican. Le clergé anglican tenait les registres de l'état civil et percevait la dîme même sur les non-anglicans. En Angleterre, les protestants qui n'étaient pas anglicans étaient désignés par le nom de *dissidents* ou *non-conformistes*. Ils étaient tolérés. Au contraire, le catholicisme restait interdit en droit, sauf en Irlande : en fait les catholiques pouvaient partout célébrer leur culte.

Les membres de l'aristocratie gouvernaient le pays puisqu'ils siégeaient au Parlement ; en même temps ils l'administraient : c'est parmi eux, en effet, qu'étaient choisis les *sheriffs*, les *lords lieutenants* et les *juges de paix* qui, dans les comtés, exerçaient gratuitement des fonctions de justice, de police, d'assistance, de répartition des taxes, etc.

En revanche, une partie des classes populaires se trouvait placée hors du droit commun. En cas de besoin, on embarquait de force les marins sur les navires de guerre : c'était la *presse*. Quiconque était inscrit sur les listes d'*indigents* ne pouvait, en vertu de la *loi des Pauvres*, changer de domicile ni refuser le travail qu'on lui imposait ; or, faute d'un salaire suffisant pour vivre, nombreux étaient en 1815 les journaliers agricoles et les ouvriers en chômage contraints de s'inscrire sur ces listes et réduits à une demi-servitude.

Les partis politiques

Deux partis, les *tories* et les *whigs* se disputaient la prépondérance au Parlement et le pouvoir ministériel. Ces partis

[1] Sont *nobles* en 1815 : d'une part ceux qui sont *lords* (avec le titre de baron, vicomte, comte, marquis ou duc) ; d'autre part ceux qui portent le titre de *baronnet* ou de *chevalier* ; enfin ceux qui font partie d'un des quatre ordres honorifiques suivants : Jarretière, Chardon, St Patrick, Bain. — La noblesse des lords et celle des baronnets est héréditaire, en faveur du seul fils aîné. Les nobles autres que les lords, portent devant leur prénom le titre de *sir*. Les femmes de tous les nobles ont droit au titre de *lady*

[2] En Écosse c'était l'Église presbytérienne (c'est-à-dire calviniste) qui était religion d'État

étaient des *coteries aristocratiques*, dirigées par quelques très riches grands seigneurs. Ils étaient séparés plutôt par des oppositions de personnes que par des programmes nettement définis. Cependant les tories insistaient plus que les whigs sur l'importance de la prérogative royale et des privilèges de l'Église anglicane.

Il y avait un troisième parti, à peine représenté au Parlement : c'était le parti *radical*. Apparus vers 1760, les radicaux voulaient le suffrage universel, l'égalité religieuse, la suppression de l'esclavage aux colonies. Pourchassés comme « jacobins » depuis 1792, ils allaient reprendre leur action après 1815.

Les progrès de l'agriculture

La population continuait à croître rapidement. Cette augmentation, jointe à la difficulté croissante, après la rupture de la paix d'Amiens, d'importer le blé étranger, avait contraint les propriétaires anglais à obtenir des rendements plus élevés. L'utilisation généralisée des navets et des plantes fourragères permit, sur nombre de points, de supprimer la jachère. Les progrès dans l'art du drainage eurent pour conséquence la mise en valeur de régions jadis marécageuses.

Mais ces perfectionnements techniques étaient incompatibles avec le droit de vaine pâture et l'existence de communaux. Les grands propriétaires n'hésitèrent pas à clôturer leurs champs et à s'approprier les communaux ; souvent même ils contraignirent le petit cultivateur à leur vendre sa terre. Ainsi s'expliquent la *concentration des propriétés* entre les mains de quelques milliers de personnes très riches et la *disparition du petit propriétaire* qui tomba au rang de fermier ou même de journalier. Dans le même temps, le développement de l'industrie urbaine dans des usines où l'on utilisait des machines porta un rude coup à l'industrie familiale, qui jusqu'alors apportait au paysan un supplément indispensable de ressources.

La révolution industrielle

En même temps qu'elle évoluait vers la grande propriété, la

Grande-Bretagne évoluait vers la *grande industrie*. C'est là dans son histoire un fait capital.

L'invention de machines pour améliorer la filature et le tissage, la substitution de la houille au charbon de bois pour traiter le minerai de fer et obtenir la fonte, l'usage de la technique du *puddlage*[1] pour la production de l'acier, enfin la mise au point par Watt de la *machine à vapeur* — toutes ces inventions avaient préparé de 1730 à 1785, l'avènement de ce qu'on appelle la *Révolution industrielle*.

L'industrie toute nouvelle du coton, qui n'était pas liée, comme celle de la laine, à des règlements traditionnels, employa tout de suite les machines. L'industrie métallurgique connut aussi un vif essor. Le maître de forges, *Wilkinson* construisit en 1779 le premier pont métallique, en 1787 le premier bateau en fer.

Pour transporter le charbon de la mine à l'usine on creusa de nombreux *canaux* — en 1850 il n'y avait guère de ville anglaise qui fût distante de plus de 25 kilomètres d'une voie navigable. Pour amener le charbon de la mine au canal le plus proche, on utilisait des *chemins de fer*, c'est-à-dire des rails sur lesquels roulaient des wagons tirés par des chevaux. Au début du XIXe siècle on pensa à remplacer les animaux par des machines à vapeur : l'ingénieur *Stephenson* mit au point sa *première locomotive à vapeur*, en 1814.

En face de la «vieille et joyeuse Angleterre» agricole du Sud et du Sud-Est, se dressa le «pays noir» industriel du Nord et du Nord-Ouest. Une classe nouvelle de *grands patrons d'industrie*, possédant de gros capitaux, se constitua. Mais, à l'opposé, se développa une *plèbe ouvrière*. Jadis l'État protégeait officiellement les travailleurs ; maintenant il les livrait à l'arbitraire des patrons, tout en continuant à leur interdire de former des syndicats ou de faire grève. Et cette plèbe allait s'accroître de tous les petits paysans qui émigraient vers les villes.

La question d'Irlande

La question d'Irlande, très complexe, était d'ordre à la fois *religieux*, *agraire* et *politique*.

[1] Pour fabriquer de l'acier on peut soit ajouter un peu de carbone a du fer soit enlever du carbone a de la fonte C'est ce deuxième procédé qu'on appelle *puddlage* A partir de 1785 il remplaça le premier procédé. seul utilisé jusque-la

A l'exception des habitants de l'Ulster, province du nord-est de l'île, peuplée au XVIIe siècle par des colons écossais et protestants, la population irlandaise était d'origine celtique et de religion catholique. Catholiques, les Irlandais se trouvaient exclus des fonctions publiques ; ils avaient obtenu le droit de vote en 1793, mais ils n'étaient pas éligibles ; tous les pouvoirs locaux étaient aux mains des protestants. Quoique catholiques, les Irlandais payaient la dîme à l'Église anglicane.

Les Irlandais catholiques avaient été en masse expropriés au XVIIe siècle et réduits à cultiver comme *tenanciers*, pour le compte de grands propriétaires anglais, les terres qu'ils avaient jadis possédées. Ils étaient, pour la plupart, dans une condition misérable et précaire ; les champs étaient souvent minuscules, les procédés de culture très arriérés et il suffisait d'une mauvaise récolte de pommes de terre — leur principale ressource — pour affamer les paysans et les ruiner ; enfin le propriétaire pouvait les congédier à son gré sans indemnité. Aussi bon nombre d'Irlandais émigraient-ils chaque année aux États-Unis.

Jusqu'en 1800, il y avait eu à Dublin un Parlement irlandais, composé d'ailleurs uniquement de protestants. Mais, à la suite de plusieurs tentatives de révolte encouragées par la France, le ministre Pitt avait imposé à l'Irlande l'*acte d'Union* (1800). Depuis lors, les Irlandais envoyaient, comme faisaient les Écossais depuis 1707, des députés au Parlement anglais de Westminster. Mais tandis que l'Écosse, en s'unissant à l'Angleterre, avait été traitée sur un pied d'égalité, l'Irlande avait été traitée comme une possession britannique : le pouvoir était exercé à Dublin par un vice-roi d'Irlande, qui recevait ses ordres d'un membre du Cabinet, le Secrétaire d'État pour l'Irlande.

Ce régime imposé aux Irlandais ne fut jamais accepté par eux. En 1815, ils demandaient donc l'abolition des lois d'exception contre les catholiques, — la propriété des terres qu'ils cultivaient, — un gouvernement national.

Caractère de l'évolution politique

Ces antagonismes économiques, sociaux, nationaux amenèrent souvent des troubles d'une extrême violence. A plusieurs reprises, l'Angleterre parut au bord de la révolution et même de la révolution sociale. Pourtant elle ne connut ni révolutions, ni coups d'État ; les changements se sont opérés par *évolution lente* et *réformes progressives*.

Ce résultat l'Angleterre le dut à l'*opportunisme de ses conservateurs :* tandis que Charles X et Louis-Philippe, par leur intransigeance, causaient la chute de leur dynastie, les gouvernements anglais, même les plus conservateurs, surent toujours céder à temps, parfois même entreprendre et faire aboutir les réformes demandées par l'opposition.

II. — La crise économique et sociale. Les réformes religieuses et la réforme électorale

Crise économique et sociale

Après vingt-deux ans de guerre, le retour à l'état de paix, en 1815, s'accompagna d'une très grave *crise économique et sociale*, qui atteignit presque toutes les classes de la nation.

Dès 1814 *le prix du blé s'effondra*, d'abord parce que la récolte de 1813 avait été très bonne, puis parce que les importations étaient à nouveau possibles. Les propriétaires aisés eux-mêmes furent très durement touchés par cette chute des prix : ils avaient souvent engagé de grosses dépenses pour introduire dans leurs champs des techniques agricoles nouvelles, d'autre part ils étaient lourdement frappés par les impôts, surtout par la taxe pour le soulagement des pauvres. Ils déclarèrent que l'agriculture serait ruinée si on ne leur permettait pas de vendre leur blé à un «bon prix», c'est-à-dire à un prix élevé. Le Parlement, dont tous les membres étaient des propriétaires, vota en 1815 une loi interdisant toute importation de blé aussi longtemps que le *quarter* (deux hectolitres) ne dépasserait pas le prix de 80 shillings.

Le bon prix pour les grands propriétaires, c'était le pain cher pour le peuple. Or, *la situation des ouvriers s'aggravait.* La guerre terminée, les industriels ne purent écouler leurs stocks de marchandises, d'autant que les pays étrangers se fermaient, par des tarifs douaniers élevés, aux exportations anglaises. Les ouvriers furent réduits à des salaires de famine ou même au chômage, — au moment où soldats et marins démobilisés constituaient une main-d'œuvre supplémentaire. Le nombre des «indigents» s'accrut, l'émigration vers le Canada et l'Australie augmenta.

Agitation radicale et réaction

Les radicaux profitèrent de cette crise économique pour déchaîner une violente agitation contre les tories, qui étaient au pouvoir presque sans interruption depuis 1783. Ils organisèrent des *meetings*, c'est-à-dire des réunions publiques en plein air, avec défilé de manifestants portant des pancartes aux devises suggestives.

Le gouvernement fit voter des *lois d'exception* sur les réunions politiques et sur la presse ; des chefs radicaux furent arrêtés. Puis, la situation économique s'améliorant, l'agitation se calma.

Réformes économiques et religieuses

A partir de 1822, l'influence prépondérante passa à un ministre d'esprit modéré, *Canning*. Bourgeois d'origine, mal vu par l'aristocratie, il s'appuyait sur les industriels et les marchands et était prêt à accorder quelques réformes.

Canning *abaissa les droits de douane* sur les objets fabriqués étrangers puis sur le blé en introduisant le système de *l'échelle mobile*. Au lendemain de sa mort fut votée la loi sur les blés de 1828[1].

Les ouvriers obtinrent, non sans de nombreuses restrictions, le *droit de coalition et de grève* (1825) ; la sévérité atroce du code pénal fut un peu adoucie et le régime affreux des prisons amélioré.

---

[1] Voici l'économie de cette loi. Toute importation de blé est interdite tant que le *quarter* de blé anglais n'atteint pas 63 shillings. A partir de ce prix, on peut importer, mais en payant un droit de douane élevé. Plus le prix du blé anglais monte, plus s'abaissent les droits de douane, jusqu'à ce que, à partir de 73 shillings, l'importation soit libre.

Enfin Canning prépara l'*abolition des lois d'exception dirigées contre les non-anglicans*. Ces mesures furent votées immédiatement après sa mort. *Le bill du Test fut aboli* (1828), en
sorte que les dissidents purent accéder aux fonctions publiques.
En revanche, le roi *George IV* (1820-1830), la majorité des
tories, les masses protestantes étaient hostiles à toute réforme
en faveur des catholiques, tant par haine des Irlandais qui
devaient en être les principaux bénéficiaires, que par crainte
d'une influence possible du Saint-Siège dans la vie politique de
l'Angleterre. Il fallut une vigoureuse campagne, menée par
l'agitateur irlandais *O'Connell*, pour venir à bout de ces résistances. Bien que légalement inéligible puisqu'il était catholique, O'Connell se fit élire député par un comté de l'Irlande
(1828). Le ministre de l'Intérieur *Robert Peel*, qui avait d'a-
bord combattu la réforme, céda pour éviter la guerre civile.
L'acte d'émancipation des Catholiques (1829) proclama, sauf
sur quelques points, l'égalité des protestants et des catholiques
devant la loi.

La réforme électorale de 1832

La question religieuse réglée, la question de la *réforme électorale* passa au premier plan. La campagne fut menée par une
coalition qui réunisssait O'Connell, les radicaux, quelques
whigs comme *John Russell* et même quelques tories. Les
masses populaires s'agitaient de nouveau, une mauvaise récolte
et un hiver rigoureux ayant aggravé la misère. Mais Wellington,
Premier ministre depuis 1828, se montra d'une intransigeance
absolue.

Il affirma que «s'il lui incombait le devoir de donner à un
pays quelconque un Parlement..., il n'osait affirmer qu'il for-
merait un Parlement pareil à celui que l'Angleterre possédait
aujourd'hui ; car la nature humaine ne peut pas, d'un seul
coup, atteindre une telle hauteur. Mais il ferait tout ce qui
serait en son pouvoir pour constituer un Parlement capable, en
quelque mesure, de produire les mêmes résultats. Non seulement donc il n'introduirait pas un bill de réforme, mais, en ce
qui le concernait, tant qu'il occuperait un poste quelconque
dans le gouvernement du pays, il croirait de son devoir de

s'opposer à tous les projets que, dans cet ordre d'idées, d'autres pourraient introduire. »

Ce fut la révolution française de 1830 qui assura le succès de la campagne réformiste. Devant l'agitation révolutionnaire qui se développait en Angleterre même, une majorité se forma à la Chambre contre Wellington ; il fut renversé et *lord Grey* arriva au pouvoir. Celui-ci présenta un projet de réforme qui, pourtant très modéré, fut repoussé. Grey fit alors dissoudre la Chambre des Communes et les nouvelles élections donnèrent pour la première fois depuis cinquante ans, la *majorité aux whigs*. Le bill de réforme fut alors voté par les députés, mais il fut repoussé par les Lords. Pour triompher de la mauvaise volonté du nouveau roi *Guillaume IV* (1830-1837) et des Lords, il fallut la crainte que l'agitation dans la rue ne tournât à la révolution. La réforme électorale fut enfin votée par la Chambre des Lords en juin 1832.

Caractères de la réforme

La réforme modifia le régime existant sur deux points principaux : la *répartition des sièges de députés et l'extension de la franchise électorale*.

D'une part on enleva aux bourgs pourris et à quelques autres bourgs 143 sièges de députés qui furent « redistribués » entre les comtés et les villes nouvelles, telles que Manchester et Birmingham. La représentation du pays restait encore très inégale ; telle paroisse du Sud avec 6 000 âmes avait ses deux députés, tout comme les grandes villes de l'Ouest. Mais, si la prépondérance de l'Angleterre rurale subsistait, elle se trouvait entamée par l'*entrée au Parlement de l'Angleterre industrielle*.

D'autre part, on attribua la franchise électorale[1] : dans les bourgs à quiconque occupait un immeuble d'un loyer d'au moins 10 livres sterling ; — dans les comtés à quiconque possédait ou occupait un bien d'un revenu variant, selon les cas, de 10 à 50 livres. Le nombre des électeurs s'accrut de moitié. Le régime était fondé sur la fortune, comme en France, mais il était beaucoup plus large qu'en France puisque, pour une population d'environ 14 millions d'habitants, l'Angleterre et le Pays de Galles comptaient 652 000 électeurs, tandis que la

---

[1] Ces conditions électorales s'appliquaient à l'Angleterre et au Pays de Galles. La réforme électorale fut ensuite appliquée, avec des modalités différentes, à l'Écosse et à l'Irlande.

France en avait moins de 170 000 pour 32 millions et demi d'habitants. D'autre part, le régime électoral anglais avait pour base le chiffre du loyer ou du revenu foncier au lieu du chiffre d'impôts. Comme en France en 1831, ce fut la bourgeoisie surtout qui profita de la Réforme électorale ; les *masses populaires restaient exclues de la vie politique*. Enfin il ne faut pas croire que la loi de 1832 ait supprimé le «patronage» et ses conséquences : les grands propriétaires restèrent très influents dans les comtés, le vote ne devint secret qu'en 1872, les pratiques de «corruption électorale» continuèrent longtemps encore.

III. — L'agitation ouvrière — Le libre-échange (1846)

Conséquences de l'émancipation des catholiques

Après l'acte d'émancipation de 1829, le catholicisme connut en Angleterre une véritable renaissance. Il reçut même un appui inattendu d'un petit groupe d'ecclésiastiques anglicans de l'Université d'Oxford, dont le plus connu était *Newman*. Les membres de ce *mouvement d'Oxford* reprochaient à l'État d'exercer sur l'Église une tutelle humiliante et de laisser en fonction des ecclésiastiques qui avaient abandonné les dogmes fondamentaux du christianisme.

Eux-mêmes voulaient au contraire réintégrer dans l'anglicanisme, comme avait fait deux siècles plus tôt l'archevêque Laud au temps de Charles Ier, certaines conceptions catholiques. En fait plusieurs d'entre eux finirent par se convertir au catholicisme, tel Newman (1845).

Devant ces progrès du catholicisme, *le pape Pie IX rétablit en Angleterre la hiérarchie épiscopale*, qui avait disparu à la fin du XVIe siècle : il divisa l'Angleterre en douze diocèses, à la tête desquels il plaça un archevêque catholique de Westminster (1850).

Conséquences de la réforme électorale

L'une des conséquences les plus notables de la réforme électorale de 1832 fut d'augmenter l'importance relative de la

Chambre des Communes et, par contrecoup, *d'instaurer en Angleterre le régime parlementaire.*

Une autre conséquence fut la *transformation du régime administratif.* D'une part les privilèges de l'aristocratie foncière et du clergé anglican furent réduits par la création d'une administration composée de membres élus, et d'autre part le gouvernement central commença à exercer un contrôle sur les pouvoirs locaux. La *loi des Pauvres* de 1834 décida que désormais les secours à domicile seraient considérablement réduits et les chômeurs contraints à venir travailler dans des dépôts de mendicité ou *workhouses,* où ils étaient traités très durement. La «taxe des pauvres» payée par les propriétaires fut ainsi allégée. L'administration des workhouses fut confiée à des conseils élus, sous la direction d'un *Comité de la Loi des Pauvres* siégeant à Londres.

Dans les principales villes l'administration fut confiée à des *conseils municipaux élus.* On créa un *état civil laïc.* Enfin, sans aller jusqu'à fonder un enseignement public, l'État vota du moins une *subvention* en faveur des sociétés privées d'enseignement primaire qui accepteraient de laisser inspecter leurs écoles, et il organisa un service *d'inspection des écoles.*

Les agitations

Toutes les réformes accomplies depuis 1815 — à l'exception des réformes religieuses — n'étaient que des demi-mesures, des réformes partielles qui ne donnaient pas satisfaction aux vœux des partis extrêmes et des masses populaires. Aussi l'agitation continua-t-elle, souvent violente.

Il y eut une *agitation irlandaise,* car les Irlandais avaient encore à améliorer leur condition politique et sociale.

Il y eut une *agitation ouvrière,* car si la bourgeoisie continuait à s'enrichir, en revanche la condition des ouvriers empirait.

Il y eut enfin une *agitation libre-échangiste,* car si l'aristocratie foncière, très influente encore, voulait maintenir le régime protectionniste, la bourgeoisie industrielle et marchande, dont la puissance croissait de jour en jour, avait tout intérêt au libre-échange.

Simultanées, non point successives, ces trois sortes d'agitations ne se sont pas cependant confondues. Elles atteignirent leur paroxysme sous le gouvernement conservateur de Robert Peel (1841-1846).

L'agitation irlandaise

Satisfaits d'avoir obtenu en 1829 l'égalité de droits politiques avec les protestants, les Irlandais restaient toujours hostiles à l'Acte d'Union de 1800. O'Connell forma une *Association pour l'abrogation de l'Acte d'Union* et le rétablissement d'un Parlement à Dublin.

Dans la seule année 1843, il organisa et présida trente-sept meetings. Le tribun catholique apparaissait maître du pays ; on l'appelait le «souverain sans couronne» de l'Irlande. Afin d'intimider le Parlement, il annonça, pour le 5 octobre, aux portes de Dublin, un meeting où devait venir un million de personnes. Le Gouvernement fit arrêter O'Connell et prit des mesures pour empêcher le meeting. Découragé, O'Connell se retira de la lutte et mourut peu après (1847).

C'était le moment où, à la suite d'une récolte désastreuse de pommes de terre, la *grande famine* venait de s'abattre sur l'Irlande. En cinq années (1846-1851) elle tua un million d'Irlandais et en contraignit plus d'un million à émigrer aux États-Unis.

L'agitation irlandaise continua, mais incohérente et brutale. Un petit parti révolutionnaire — la *Jeune Irlande* — qui réclamait l'indépendance complète et la République tenta un soulèvement en 1848. Les chefs furent arrêtés et déportés. Affamée, dépeuplée, l'Irlande, pour quinze ans, n'eut plus l'énergie de lutter.

L'agitation ouvrière. Robert Owen

L'agitation ouvrière ne devait pas avoir plus de succès. Elle était la conséquence de la misère où les progrès de l'industrie avaient jeté les travailleurs. Contraints de peiner, dans des conditions atroces d'hygiène, jusqu'à quinze heures par jour pour des salaires dérisoires alors que le pain coûtait cher, sans défense contre l'avidité et la dureté des patrons, toujours hantés par le spectre de la maladie, du chômage et du *work-house*, les ouvriers connaissaient un sort affreux. Déçus par la réforme de 1832, pour laquelle ils avaient lutté sans en obtenir aucun avantage, ils se détournèrent de la politique et se rallièrent au programme d'Owen.

Robert Owen, industriel philanthrope et théoricien socialiste, s'était proposé de libérer les travailleurs de leur servitude. En 1833, il entreprit de les grouper tous, même les journaliers agricoles, dans un syndicat monstre, la *Grande Union nationale du travail*. Le but était la suppression du patronat et du salariat par l'institution de *coopératives ouvrières de production*.

Le gouvernement et les industriels, effrayés par ce mouvement qui leur semblait mettre en péril l'ordre politique et social, s'unirent pour le briser. On appliqua aux membres de l'*Union* toutes les rigueurs des lois contre les «conspirations». Le procès le plus retentissant fut celui des *six journaliers du comté de Dorset*, condamnés à sept ans de déportation (1834). Les ouvriers, déjà indignés par la dureté de la nouvelle Loi des pauvres, répondirent par une manifestation monstre dans les rues de Londres et quelques tentatives de grève. Mais, faute de ressources, le mouvement s'arrêta bientôt ; la *Grande Union* se disloqua.

Dès lors, l'action politique retrouva des partisans, surtout parmi les travailleurs les plus misérables. N'était-il pas nécessaire pour obtenir la réforme sociale, de conquérir au préalable la majorité au Parlement, donc de faire d'abord la réforme politique ? Le mouvement chartiste commença.

Le mouvement chartiste

Après entente entre radicaux et ouvriers, un programme fut adopté qu'on appela la *Charte du peuple*, d'où le nom de *mouvement chartiste* donné à cette campagne de réformes. Les revendications principales étaient : *suffrage universel*, *scrutin secret*, *Parlement annuel*, *indemnité parlementaire*. L'agitation s'étendit sur dix années, de 1838 à 1848.

Les Chartistes employèrent la tactique des *meetings* monstres et des *pétitions* envoyées au Parlement. L'agitation fut marquée en 1839 par des grèves, quelques actes de violence, et même une tentative d'émeute dans le Pays de Galles. En effet, si les uns ne voulaient utiliser que la «force morale», d'autres, comme l'Irlandais *O'Connor*, faisaient appel à la «force physique». Cependant quelques arrestations suffirent à briser le mouvement. Il recommença en 1843, sans plus de succès et la «journée» révolutionnaire que tenta O'Connor, le 10 avril 1848 échoua piteusement.

Les seules mesures prises en faveur des ouvriers entre 1830 et 1848 furent les quelques lois arrachées au Parlement par un tory au grand cœur, *Ashley* (devenu, à la mort de son père en 1851, *lord Shaftesbury)*. Mais ces lois (1833, 1842, 1844) ne touchaient que les enfants et les femmes qui travaillaient dans les manufactures de coton et dans les mines. Ashley obtint en 1847 le vote d'une loi qui réduisait à 60 heures par semaine le travail des femmes et des jeunes gens dans un certain nombre de manufactures, mais cette loi ne s'appliquait pas aux travailleurs à domicile, dont la situation était en général affreuse. *Aucune loi ne protégeait encore l'ouvrier adulte.*

L'agitation libre-échangiste. Cobden

L'agitation ouvrière avait donc échoué comme l'agitation irlandaise. Seule, la *campagne pour le libre-échange* aboutit à un résultat positif. C'est qu'elle eut pour soutiens les industriels et les commerçants dont les progrès économiques de l'Angleterre avaient augmenté prodigieusement le nombre et la puissance. L'industrie de la laine et surtout celle du coton, l'extraction de la houille et du fer, la métallurgie, étaient en plein essor. Vers 1840 se fondèrent les premières grandes Compagnies de navigation. La *Banque d'Angleterre* était la seule au monde dont les billets fussent acceptés partout comme une monnaie d'or : quelques banques privées jouissaient aussi d'un prestige international, telle la *banque Rothschild[1]*.

[1] C'est à une banque privée anglaise que le gouvernement de Louis XVIII s'était adresse en 1815 pour payer les dettes de guerre de la France. Les cinq freres Rothschild, fils d'un banquier de Francfort, dirigeaient des banques à Francfort, Vienne, Naples, Paris et Londres. La plupart des emprunts émis par le gouvernement de Louis-Philippe furent lances par James Rothschild établi à Paris.

Or industriels, commerçants et banquiers voulaient substituer au protectionnisme imposé par les grands propriétaires le régime du libre-échange. De ce régime ils attendaient un double avantage : le *développement du commerce* car, si l'Angleterre supprimait ses droits de douane, les pays étrangers en feraient autant et s'ouvriraient aux exportations anglaises ; — puis le *développement de l'industrie :* le régime du libre-échange permettrait aux industriels anglais d'acheter à meilleur prix les matières premières dont ils avaient besoin ; il amènerait en même temps un abaissement du prix du pain, qui aurait pour conséquence une diminution des salaires à accorder aux ouvriers, — en sorte que les industriels pourraient vendre moins cher et davantage.

L'agitation libre-échangiste eut la chance d'être dirigée par un homme d'une grande valeur, *Richard Cobden*, fabricant de toiles peintes à Manchester. Très pratique, Cobden fit porter tous ses efforts sur un seul point d'abord : l'abrogation de la loi de 1828 sur les céréales. La *Ligue contre la loi sur le blé* siégea à Manchester, le centre de l'industrie cotonnière, et devint une véritable puissance : dans la seule année 1840, elle organisa 800 conférences, répandit plus d'un million de brochures. La Ligue fut toujours soutenue par les sectes dissidentes.

L'abolition de la loi sur le blé

Robert Peel voulait procéder lentement par *réformes partielles*. Il réduisit d'abord les droits de douane (1842) et c'est seulement en 1846, au moment des mauvaises récoltes de blé et de pommes de terre, qu'il se laissa convaincre par les arguments de Cobden.

Malgré l'opposition du gros des conservateurs, dirigé par le député *Disraëli*, Peel proposa l'abaissement immédiat des droits, puis *l'abrogation de tout droit sur le blé à partir de 1849*. Une coalition de conservateurs progressistes, qu'on appela les *peelites*, et de libéraux vota le projet (1846). Au vote de la loi, qui lui paraissait juste, Peel avait sacrifié sa situation de chef du parti conservateur et de Premier ministre — il fut en effet renversé à propos de sa politique en Irlande, quelques jours plus tard. Quant à Cobden, il put, de 1849 à 1852, assister au

triomphe complet du libre-échange, par l'abolition ou l'abaissement de tous les droits de douane et la suppression des Actes de
Navigation du XVIIe siècle[1]. *L'Angleterre industrielle et marchande l'emportait sur l'Angleterre agricole.*

IV. — L'expansion coloniale

L'Empire colonial anglais en 1815

On a vu quels profits les guerres de la Révolution et de l'Empire avaient valus à l'Angleterre. Son domaine colonial s'était
accru des dépouilles prélevées sur la France, la Hollande et
l'Espagne.

Il comprenait quatre groupes principaux de possessions :
dans l'Amérique du Nord les deux provinces du *Canada* et
plusieurs Antilles, dont la plus riche était la *Jamaïque*; en
Afrique quelques comptoirs sur le golfe de Guinée et surtout
l'ancien territoire hollandais du *Cap*; en Asie l'île de *Ceylan* et
une partie de l'*Inde*; en Australie, sur la côte orientale, la
Nouvelle Galles du Sud. Sauf l'Inde et les Antilles, ces régions
étaient encore à peine peuplées, parfois même à peine connues.

A l'égard de ses colonies, l'Angleterre continuait à pratiquer
ce qu'on appelait le *pacte colonial :* le principe en était que les
colonies devaient fournir exclusivement à la métropole les matières premières ou les denrées alimentaires dont celle-ci avait
besoin, et d'autre part acheter exclusivement à la métropole les
objets manufacturés dont elles-mêmes avaient besoin. *Les colonies n'avaient donc ni la liberté du commerce ni la liberté
d'industrie.*

L'histoire coloniale de 1815 à 1848

L'histoire coloniale anglaise de 1815 à 1848 est marquée par
deux faits essentiels. D'une part, *l'ampleur de l'expansion territoriale :* achèvement de la conquête de l'Inde; liaison établie

---

[1] En vertu des Actes de Navigation de 1651, 1660 et 1672, aucune marchandise d'Asie,
d'Afrique ou d'Amérique ne pouvait être importée en Angleterre ou dans une colonie anglaise,
si ce n'est sur un vaisseau construit en Angleterre, possédé par un Anglais et monté par un
équipage en majorité anglais. D'Europe les marchandises pouvaient être importées sur un
vaisseau appartenant au pays d'où elles étaient originaires.

entre l'Inde et la Chine ; extension de la colonisation en Australie, en Nouvelle-Zélande, au Cap et au Canada. Cette expansion s'explique en partie par le *courant d'émigration* qui marqua cette période et qui coïncide avec la pauvreté accrue des ouvriers dans les villes et des journaliers dans les campagnes.

D'autre part, une *politique coloniale entièrement nouvelle :* abolition de l'esclavage ; disparition progressive du pacte colonial ; développement des libertés politiques dans les colonies de peuplement.

L'Inde et ses abords

Aucune des possessions anglaises ne pouvait soutenir la comparaison avec l'Inde. Par ses ressources, celle-ci constituait un prodigieux trésor dont l'exploitation a été l'une des sources principales de la fortune anglaise au XIXe siècle. Cette exploitation appartenait à la *Compagnie des Indes*, fondée en 1600 et contrôlée depuis 1784 par le gouvernement anglais.

Les Anglais avaient commencé la conquête de l'Inde au milieu du XVIIIe siècle. En 1815, ils étaient établis dans toute la région du Gange et dans le Dekkan méridional. Peu après, la maîtrise du reste du Dekkan leur fut assurée par leurs victoires sur les *Mahrattes* (1817). Restait la région du fleuve Indus : le *Sindh* au Sud, puis le *Pendjab* au Nord furent conquis entre 1840 et 1850. Au milieu du XIXe siècle, l'Inde entière appartenait, directement ou indirectement, aux Anglais. Un grand nombre d'États indigènes subsistaient, mais ils étaient étroitement tenus en tutelle.

Il fallait aussi *garantir la sécurité de l'Inde et la sécurité des communications avec l'Inde*. Maîtres de l'île Sainte-Hélène, du Cap, de l'île Maurice, de Ceylan, les Anglais contrôlaient déjà la grande route océanique. En 1839 ils occupèrent *Aden*, débouché de la Mer Rouge ; puis, pour neutraliser la poussée russe vers l'Afghanistan, ils établirent un prince vassal à Kaboul. Mais les Afghans exterminèrent une colonne anglaise (1842) et il fallut *renoncer à l'Afghanistan*. Du moins l'occupation du Pendjab permit-elle de surveiller les débouchés des défilés afghans.

Du côté de l'Est, le Bengale était exposé aux raids des

montagnards de *Birmanie*. Deux campagnes, l'une en 1826, l'autre en 1852, donnèrent aux Anglais la côte birmane avec le port de *Rangoun*. L'Empire britannique débordait sur l'Indo-Chine.

La liaison avec la Chine

L'Inde servit aussi de base à la pénétration anglaise en Extrême-Orient. Sur le détroit de Malacca, où passe la route maritime vers la Chine, les Anglais occupèrent le port de *Singapour* (1819), dont l'importance devait être pour eux comparable à celle de Gibraltar sur la route de la Méditerranée.

La Compagnie des Indes importait en Chine de grandes quantités d'*opium*. Le gouvernement chinois ayant interdit l'usage de l'opium, qui est un poison, ce fut l'origine d'une guerre dite *guerre de l'opium* (1840-1842) entre l'Angleterre et la Chine. La Chine, vaincue, fut obligée d'ouvrir au commerce anglais cinq ports — dont Canton et Changhaï. Elle dut aussi céder, en face de Canton, l'île de *Hong-Kong*, dont les Anglais firent leur entrepôt en Extrême-Orient. L'*ouverture de l'immense marché chinois était une grande victoire commerciale*, une source de profits inespérés pour les industriels et les commerçants anglais.

Australie et Nouvelle-Zélande

Sur la côte orientale de l'Australie, partiellement reconnue en 1770 par le grand navigateur anglais *Cook*, l'Angleterre avait fondé en 1788, près de la ville actuelle de Sydney, un établissement pénitentiaire. La colonie de la Nouvelle-Galles du Sud fut d'abord un pays de forçats. Puis l'on découvrit que le pays convenait à l'*élevage des moutons*, dont la laine serait fort utile à l'industrie anglaise. Les colons libres arrivèrent, agriculteurs ou éleveurs. En même temps, par crainte de la concurrence française, les Anglais occupèrent d'autres points du continent australien. Au milieu du XIXᵉ siècle, la déportation avait cessé et l'on comptait en Australie cinq colonies : cependant la population totale s'élevait à peine à 500 000 habitants.

C'est aussi pour ne pas être devancés par les Français que les Anglais prirent possession de la *Nouvelle-Zélande* (1840).

Les Anglais dans l'Afrique du Sud

Dans l'ancienne colonie hollandaise du Cap, la population comprenait non seulement des Noirs, *Hottentots* et *Cafres* (ceux-ci formant de redoutables tribus guerrières) mais aussi des colons européens, les *Boers*, d'origine hollandaise, quelques-uns descendants de protestants français émigrés après la Révocation de l'Édit de Nantes (1685).

Les Boers avaient de grandes fermes avec des esclaves noirs ; c'étaient des gens rudes, de mœurs puritaines, habitués à l'indépendance. Ils s'accommodèrent mal de la tutelle britannique. Aussi, quand l'Angleterre abolit l'esclavage (1833), décidèrent-ils de quitter la colonie du Cap. Emmenant sur de lourds chariots, attelés de sept ou huit paires de bœufs, femmes, enfants et mobilier, traînant avec eux leurs troupeaux, combattant contre les Noirs, ils partirent vers le Nord-Est ou le Nord. Les uns allèrent s'établir au *Natal*, les autres sur les rives des fleuves *Orange* et *Waal*.

Cependant la colonisation anglaise s'étendait, elle aussi. En 1844 le gouverneur de la colonie du Cap annexa le Natal, ce qui détermina un nouvel exode des Boers. Puis les Anglais arrivèrent sur le fleuve Orange et entrèrent en conflit avec les Boers. Mais le gouvernement de Londres ne soupçonnait pas alors les richesses minières de ces régions (or, diamants) et il reconnut l'*indépendance des deux républiques boers de l'Orange et du Transvaal* (1852-1854).

Le Canada et l'autonomie

Au Canada comme au Cap il y avait déjà, quand les Anglais s'y installèrent en 1763, une population d'origine européenne, les *Canadiens français*. Le gouvernement de Londres leur garantit le respect de leur langue, de leur religion et de leur code ; en echange ils se montrèrent loyaux sujets. Bientôt, à ce *Bas-Canada* des deux rives du Saint-Laurent dont la capitale était

Québec, s'était joint sur la rive septentrionale des Grands Lacs, un *Haut-Canada*, peuplé d'émigrants venus de Grande-Bretagne et de colons américains restés fidèles au roi d'Angleterre. En 1791 chacune de ces deux provinces avait reçu un régime constitutionnel : un gouverneur et un Sénat nommés par le roi d'Angleterre et une Chambre des députés élue[1].

Pendant un demi-siècle, le Canada fut déchiré par d'incessants conflits, d'une part entre les Franco-Canadiens et les colons anglais de plus en plus nombreux, puis surtout entre les Assemblées élues et les gouverneurs nommés par le roi d'Angleterre. Les députés exigeaient qu'on leur reconnût le droit de renverser le ministère. L'agitation aboutit en 1837 à une tentative d'insurrection. Pour pacifier le pays, le gouvernement anglais lui accorda une *très large autonomie* ; le Canada (on avait fusionné les deux provinces) fut désormais gouverné, à la manière anglaise, par un ministère parlementaire choisi par le gouverneur dans la majorité du Parlement canadien (1847). *C'était le premier essai d'un régime politique qui devait s'étendre progressivement à toutes les colonies anglaises de peuplement européen* et transformer le caractère de l'empire anglais.

La nouvelle politique coloniale

Le courant de libéralisme qui se développait alors dans la métropole se manifesta à l'égard des colonies par *l'abolition de l'esclavage*. Cette grande réforme est liée au nom du philanthrope méthodiste *Wilberforce* qui, sans se lasser, lutta pendant près de cinquante ans pour la faire aboutir. La traite — c'est-à-dire le commerce des esclaves que les négriers allaient acheter sur les côtes de Guinée pour les revendre aux États-Unis et dans les Antilles — avait été interdite aux Anglais dès 1807 ; l'esclavage lui-même fut aboli dans les colonies anglaises en 1833. Les propriétaires d'esclaves reçurent une indemnité.

Dans le même temps, *le régime du pacte colonial disparaissait progressivement*. La compagnie des Indes perdit son monopole commercial dans l'Inde (1813), puis en Chine (1833). En 1825 les colonies anglaises d'Amérique purent sous certaines conditions commercer avec l'étranger. Quand les Actes de

[1] En dehors du Canada se trouvaient les *Provinces maritimes* (Nouveau-Brunswick. Nouvelle-Écosse) et *Terre-Neuve*

Navigation furent abolis en 1849, le trafic des colonies ne fut plus soumis à aucune restriction.

Puissance de l'Angleterre vers 1850

Le libéralisme, dont l'Angleterre faisait preuve à l'égard de ses colonies, avait pour base la confiance qu'elle avait en sa supériorité industrielle, commerciale et maritime. Cette supériorité était désormais hors de pair et telle que la concurrence étrangère paraissait sans danger.

Au milieu du XIXe siècle, le Royaume-Uni de Grande-Bretagne et d'Irlande n'avait encore que 27 millions d'habitants, — 9 millions de moins que la France. Mais, grâce à la supériorité de sa flotte qui lui assurait la maîtrise de la mer, il dominait un Empire colonial réparti sur tous les continents, vaste de plus de 20 millions de kilomètres carrés et peuplé de 240 millions d'habitants.

L'Europe de 1830 à 1848

I. — Les révolutions de 1830 en Europe

La France et l'Europe

Au lendemain des journées de juillet 1830, deux questions se posaient : les Puissances appliqueraient-elles le pacte du 20 novembre 1815, qui visait précisément le cas d'une Révolution en France, — d'autre part la France tenterait-elle de recon quérir ses frontières naturelles ?

Mais Louis-Philippe était pacifique et il sut convaincre les souverains de son amour pour la paix.

Il n'empêche que le renversement de Charles X stimula l'action des forces révolutionnaires en Europe. Il y eut en *Allemagne* une agitation nationale et libérale (1832-1833) contre laquelle la Diète prit des mesures semblables à celles qu'elle avait prises en 1819 et 1820. En *Italie*, des soulèvements écla tèrent dans les États de l'Église et les duchés de Parme et de Modène. Les troupes autrichiennes intervinrent et comme elles voulaient, sur la demande du pape *Grégoire XVI*, rester à Bologne, Casimir Perier fit occuper le port pontifical d'*Ancône* jusqu'à leur départ.

Beaucoup plus graves furent les révoltes de Belgique et de Pologne.

La révolution belge

Depuis 1815, la Belgique se trouvant unie à la Hollande dans le royaume des Pays-Bas, dont le roi était *Guillaume Ier*, de la maison d'Orange. Pendant ces quinze années, elle avait joui d'une grande prospérité économique. Mais les libéraux reprochaient à Guillaume Ier de gouverner de façon autoritaire, le clergé se plaignait de voir les fonctionnaires hollandais protestants surveiller l'enseignement catholique ; tous les Belges enfin jugeaient insuffisante la place qui leur était laissée dans le gouvernement, l'administration et l'armée. *En 1828 catholiques et libéraux belges, longtemps ennemis, s'unirent pour une action commune.*

Un mois après les Trois Glorieuses, l'insurrection éclata à Bruxelles (25 août 1830). Les notables belges ne demandaient que la séparation des deux pays sous un même roi. Sur le refus de Guillaume Ier, un Gouvernement provisoire se constitua, proclama l'*indépendance de la Belgique* (4 octobre) et convoqua un *Congrès national*.

Le roi des Pays-Bas se tourna vers les trois Puissances absolutistes. Peut-être auraient-elles répondu à son appel, mais le gouvernement français affirma catégoriquement le *principe de non-intervention :* «Si les Prussiens entrent en Belgique, déclara Louis-Philippe, c'est la guerre, car nous ne le permettrons pas.». D'autre part, la révolution de Pologne empêcha le tsar d'intervenir.

Indépendance et neutralité de la Belgique

Une Conférence, comprenant des délégués des cinq Puissances, se réunit a Londres, reconnut l'*indépendance* de la Belgique, proclama sa *neutralité,* fixa ses limites. Le Congrès national choisit pour roi un prince allemand *Léopold de Saxe Cobourg (1830-1831)*

Le roi de Hollande refusa d'accepter le fait accompli. Il essaya de reconquérir la Belgique et il fallut une *double intervention de l'armée française*, en 1831 et 1832, pour le contraindre à céder. Du moins sut-il obtenir en faveur de la Hollande un remaniement des frontières belges et il obtint de garder, à titre personnel, la partie orientale du Luxembourg. En revanche, l'indépendance et la neutralité de la Belgique furent placées *sous la garantie des Puissances*.

La création de la Belgique est *un des événements les plus importants* de l'histoire de l'Europe au XIXe siècle. D'une part, une Belgique neutre protégeait désormais notre frontière du Nord ; mais, d'autre part, *La France renonçait solennellement à ce qui avait été le but séculaire de sa politique nationale, l'acquisition de la Belgique*. Par là se trouvait réalisé au contraire un des vœux constants de l'Angleterre.

La révolution polonaise

Un mois après que les Belges avaient proclamé leur indépendance, les Polonais s'insurgeaient à Varsovie (29 novembre 1830).

Les traités de 1815 avaient constitué un royaume de Pologne, avec Varsovie pour capitale, uni à la Russie par la simple communauté de souverain. Alexandre Ier lui accorda une *Diète*, chargée de voter les impôts et les lois, et aussi une armée distincte de l'armée russe. Mais les patriotes étaient mécontents que la Lithuanie fût restée en dehors du nouvel État ; les libéraux se plaignaient aussi que la Diète fût réduite à un rôle insignifiant.

Les nouvelles des révolutions de France et de Belgique et surtout la décision de Nicolas Ier d'envoyer des troupes polonaises contre les Belges furent le signal de la révolte. *Les Polonais s'insurgèrent non seulement pour leur propre liberté, mais pour la défense des libertés européennes*. Ils proclamèrent l'*indépendance de la Pologne*, puis l'union de la Pologne et de la Lithuanie (janvier 1831).

Écrasement de la Pologne

La situation de la Pologne rendait presque impossible une intervention en sa faveur, sinon au prix d'une guerre européenne. L'opinion publique française s'enflamma en vain pour la cause des Polonais. Le gouvernement de Louis-Philippe se borna à des démarches diplomatiques : elles n'eurent aucun résultat.

Réduits à leurs propres forces, les Polonais succombèrent après une résistance acharnée (septembre 1831). L'insurrection vaincue, la Pologne fut réunie sinon officiellement, du moins en fait, à l'Empire russe et soumise à un régime de dictature militaire.

L'Europe divisée

A la suite de ces événements, l'Europe parut divisée en deux camps. D'un côté, les trois souverains absolutistes de Russie, d'Autriche et de Prusse ressuscitaient une Sainte-Alliance réduite et affirmaient le droit d'intervention. D'autre part, l'Angleterre et la France, officiellement amies depuis l'avènement de Louis-Philippe, représentaient les idées libérales. Une crise de succession ayant éclaté en Espagne et en Portugal, elles soutinrent les jeunes reines Isabelle et Maria contre les prétendants absolutistes don Carlos et don Miguel.

En fait l'entente franco-anglaise était très fragile. Elle n'était populaire ni en France ni en Angleterre. Le gouvernement de Londres voulait ouvrir le marché français aux exportations britanniques, mais la France restait attachée au protectionnisme. L'Angleterre voyait aussi d'un mauvais œil l'expansion française en Algérie. Enfin le ministre anglais des Affaires Etrangères, *Palmerston*, susceptible et rancunier, ne songeait qu'à faire triompher partout, et de façon provoquante, les intérêts britanniques. On s'en aperçut à propos des affaires d'Orient.

II. — Les affaires d'Orient — Méhémet-Ali

Méhémet-Ali et Mahmoud II

La question d'Orient se posa dans cette période à deux reprises sous la forme d'un conflit turco-égyptien entre Méhémet-Ali et Mahmoud II.

Marchand albanais devenu officier turc, puis pacha d'Egypte (1805), *Méhémet-Ali* s'était débarrassé des Mamelouks en les faisant massacrer (1811). Puis, avec l'aide d'Européens, surtout des Français, il entreprit de faire de l'Egypte, un État riche et fort. Il introduisit la culture du *coton*, organisa une armée et une flotte à l'européenne, reprit sur des mulsulmans hérétiques une partie de l'Arabie, conquit le Soudan oriental, enfin intervint contre les Grecs insurgés (1825-1828).

Méhémet-Ali avait perdu sa flotte à Navarin et avait dû évacuer la Morée, que le sultan lui avait promise. En compensation, il réclama le gouvernement de la Syrie. Mahmoud refusa (1832). L'armée égyptienne occupa la Syrie, envahit l'Asie mineure, écrasa l'armée turque à *Konieh*, poussa ses avant-gardes jusqu'à la mer de Marmara.

Le sultan, affolé, implora l'aide du tsar : « Au risque d'être étouffé plus tard, disait-il, un homme qui se noie s'accroche même à un serpent ». Nicolas Ier envoya une escadre dans le Bosphore, et 15 000 hommes en occupèrent les deux rives. C'était la *mainmise de la Russie sur les Détroits*.

Inquiètes, l'Angleterre et la France décidèrent le sultan à conclure immédiatement la paix. Mahmoud céda à Méhémet-Ali le gouvernement de la Syrie (1833).

Puis il dut accepter le traité de *Unkiar-Skelessi* que le tsar lui imposa pour une durée de huit années : Nicolas Ier promettait au sultan les troupes nécessaires à la défense de la Turquie ; en échange, le sultan s'engageait à fermer les Détroits au cas où la Russie serait en guerre avec une autre Puissance : ainsi la flotte russe de la mer Noire serait à l'abri de toute attaque.

Deuxième guerre de Syrie. La crise de 1840.

Palmerston s'inquiétait des progrès de l'influence russe en Turquie, de l'influence française en Égypte et de la domination égyptienne en Syrie, qui lui semblait menacer la route de terre vers l'Inde. Il obtint du sultan un traité de commerce avantageux pour l'Angleterre, puis la cession du port d'*Aden* en Arabie. au débouché de la mer Rouge (1838 et 1839).

Encouragé par l'ambassadeur anglais. Mahmoud tenta en 1839 de reconquérir la Syrie. Mais ses troupes furent battues à nouveau et lui-même mourut brusquement.

Sur les conseils de Palmerston, les ambassadeurs des cinq Grandes Puissances engagèrent le sultan à s'en remettre entièrement à leur médiation. On plaçait le sultan sous la tutelle de l'Europe pour l'enlever à la tutelle russe et le protéger du danger égyptien. Restait à régler les conditions de la paix turco-égyptienne. Or, tandis que Thiers, alors Président du Conseil. et très favorable à Méhémet-Ali, essayait de réconcilier secrètement le pacha et le sultan. Palmerston s'entendit à l'insu de la France, avec l'Autriche, la Prusse et la Russie pour imposer à Méhémet-Ali des conditions très dures (juillet 1840).

Qu'allait faire la France ainsi mise à l'écart? Allait-elle, pour l'Égypte. entrer en guerre avec les autres Puissances? Thiers ne reculait pas devant un conflit : du moins il le laissait croire. Il était soutenu par une opinion publique surexcitée. qui espérait y trouver l'occasion de reconquérir la rive gauche du Rhin. *Une guerre générale parut imminente.*

Mais. le premier moment de colère passé. Louis-Philippe s'apaisa. Il remplaça Thiers par Guizot, plus pondéré. laissa la flotte austro-anglaise bombarder les ports syriens, menacer Alexandrie et contraindre Méhémet-Ali à se soumettre (fin 1840).

Résultats de la crise

La crise orientale se termina en juillet 1841 de la façon suivante :

1) Méhémet-Ali garda l'Égypte à titre héréditaire ; mais rendit au sultan toutes ses autres possessions. Syrie. Arabie et Crète. Palmerston triomphait : l'Égypte était gravement affaiblie et la route de terre vers l'Inde était dégagée.

2) Par la *Convention des Détroits*. conclue entre les cinq grandes Puissances et la Turquie. le sultan s'engagea à *interdire le passage des Détroits à tout navire de guerre étranger. tant que la Turquie serait en paix.* Ainsi l'Angleterre n'aurait pas à

craindre une attaque brusquée de la flotte russe dans la Méditerranée orientale, et les navires russes continueraient à être en sécurité dans la mer Noire. Le tsar ne demanda pas le renouvellement du traité d'Unkiar-Skelessi.

3) Une autre conséquence de la crise et non la moindre fut la violente *explosion de patriotisme germanique dirigée contre la France en 1840*.

4) Enfin, malgré les efforts de Louis-Philippe et de Guizot pour ranimer l'Entente Cordiale quand Peel arriva au pouvoir, les rapports franco-anglais furent en général tendus. La futile *affaire Pritchard*, où l'opposition reprocha âprement à Guizot d'avoir humilié la France devant l'Angleterre en est la preuve[1]. Les visites officielles de la reine Victoria en France (1843) et de Louis-Philippe en Angleterre (1844) ne réussirent pas à améliorer la situation. Quand, après la chute de Peel (1846), Palmerston revint aux Affaires Étrangères, plus irascible et plus provoquant que jamais, la brouille devint complète. On le vit bien dans l'affaire des *mariages espagnols :* la jeune reine Isabelle épousa un candidat patronné par la France, pendant que sa sœur épousait un fils de Louis-Philippe. Dans toute l'Europe, la politique de l'Angleterre et celle de la France se heurtaient âprement. Pendant ce temps, les revendications libérales et nationales agitaient dangereusement l'Italie, l'Allemagne et l'Autriche.

III. — Aspirations libérales et nationales (1840-1848)

L'agitation en Italie

L'Italie avait payé ses tentatives de soulèvement en 1831 par une aggravation de l'absolutisme. Cependant l'agriculture et l'industrie textile étaient en progrès dans le Nord et en Toscane, les premiers chemins de fer apparaissaient.

L'Italie offrait aussi le spectacle d'une vie intellectuelle active. Elle s'enorgueillissait du poète *Leopardi*, du romancier

---

[1] La France venait d'établir son protectorat sur l'île de Tahiti, dans l'Océan Pacifique quand éclata une émeute indigène, en partie fomentée par *Pritchard*, ancien missionnaire devenu consul anglais dans l'île. Pritchard fut arrêté par les Français et expulsé. L'opinion en Angleterre se déchaîna contre la France et le cabinet de Londres prit une attitude menaçante. Guizot exprima les regrets de son gouvernement, offrit une indemnité pour Pritchard mais garda Tahiti.

Manzoni. Écrivains et historiens se plaisaient à rappeler la grandeur de l'Italie dans le passé ; ils voulaient «ressusciter» leur patrie et la relever de l'état d'abaissement politique et national où elle était tombée. C'est ce mouvement d'idées et de réformes, commencé dès la seconde moitié du XVIIIe siècle, que l'on appelle le *Risorgimento*, c'est-à-dire : la résurrection.

Sur les moyens d'atteindre le but, les avis différaient. Un ardent patriote, conspirateur incorrigible, *Mazzini*, rêvait de déchaîner la révolution dans la péninsule, pour en expulser les Autrichiens et les rois, et fonder une république italienne. Mais toutes les insurrections qu'il tenta échouèrent. Aussi la majorité des patriotes se contentaient-ils d'un programme plus modeste : chasser les Autrichiens du Lombard-Vénitien, établir un régime libéral dans tous les États, enfin les réunir en une confédération sous la direction du pape ou du roi de Sardaigne. Leurs idées furent exposées dans deux livres très lus, *La Primauté morale et civile des Italiens* (1843) par l'abbé Gioberti, *Les Espérances de l'Italie* (1844) par le comte Balbo. Gioberti proposait de mettre le pape à la tête de l'Italie, et Balbo le roi de Sardaigne. Mais tous deux étaient d'accord pour reconnaître que le succès du mouvement national dépendait de la maison de Savoie.

L'avènement, en 1846, après la mort de Grégoire XVI, du pape *Pie IX*, qui accorda une amnistie et quelques réformes, puis les velléités libérales du grand-duc de Toscane, enfin les sentiments antiautrichiens du roi de Sardaigne *Charles-Albert* (1831-1849) éveillèrent chez les Italiens d'immenses espérances.

L'agitation en Allemagne

Malgré les efforts de la Diète, les désirs de réformes se répandaient aussi en Allemagne. Professeurs d'Université et hommes d'affaires demandaient l'institution du jury et de la garde nationale et un minimum de libertés politiques. Ils voulaient aussi créer une *unité allemande*, tout en laissant subsister les différents États. L'Union douanière, que la Prusse venait de réaliser avec un certain nombre d'États allemands, n'était qu'un début. Il fallait y ajouter l'unité des poids et mesures et des monnaies, un code unique, une organisation militaire commune. Il fallait surtout réaliser *l'unité politique* : au lieu d'une Diète, incapable et inutile, un *gouvernement fédéral*, composé d'une Chambre élue et d'un ministère responsable devant elle. Les *ambitions territoriales* de l'Allemagne, éveillées en 1813, s'exprimaient dans un chant, vite devenu célèbre : «Deutschland über alles», «L'Allemagne au-dessus de tout».

Pour réaliser cette œuvre d'unification et d'expansion, la plupart des patriotes mettaient leur espoir dans la Prusse. Elle avait une population presque entièrement allemande, tandis que l'Autriche comptait une majorité de non-Allemands ; elle était bien administrée par des fonctionnaires laborieux ; son économie était prospère et elle était à la tête de l'Union douanière ; enfin elle possédait une bonne armée. Son roi *Frédéric-Guillaume IV* (1840-1861) avait un profond sentiment de la patrie allemande. Mais les libéraux lui reprochaient son refus d'accorder une constitution.

Le problème des nationalités dans l'Empire d'Autriche

Dans l'Empire d'Autriche, *deux peuples, les Allemands et les Hongrois, étendaient leur autorité sur d'autres nationalités sujettes.* Les Allemands dominaient les Tchèques, les Polonais, les Slovènes et les Italiens. Les Hongrois dominaient les Slovaques, les Roumains de Transylvanie et les Croates. Mais, de leur côté, les Hongrois eux-mêmes auraient voulu jouir d'une plus large autonomie à l'intérieur de l'Empire. Si l'on excepte les deux minorités latines (Italiens et Roumains) il existait donc un double conflit fondé sur les revendications, d'une part des Hongrois à l'égard des Allemands, d'autre part des Slaves à l'égard des Allemands et des Hongrois.

La Hongrie avait une place privilégiée à l'intérieur de l'Empire. A Budapest, l'empereur n'était que roi. La haute noblesse était en partie germanisée, mais le reste de la population, surtout la petite noblesse, était profondément attaché à la nationalité magyare. Sans vouloir faire de la Hongrie un état indépendant, elle demandait que la Chancellerie hongroise qui, de Vienne, gouvernait la Hongrie, devînt un ministère responsable devant la Diète de Presbourg. Son porte-parole était un député, *Kossuth*, journaliste de talent.

Quant aux Slaves, ils commençaient à prendre conscience de leur nationalité. Des érudits, philologues et historiens, étudiaient les vieux manuscrits et les anciennes coutumes des Slaves; des écrivains slaves publiaient des journaux, des poèmes, des romans, des pièces de théâtre dans leur langue nationale. Tels furent chez les Tchèques et Slovaques les historiens *Safarik* et *Palacky* et le poète *Kollar*; chez les Croates le journaliste *Gaj*.

Or, faire droit aux revendications nationales des Slaves, c'était faire éclater cette mosaïque de peuples artificellement réunis qu'on appelait l'empire d'Autriche; c'était, pour le gouvernement de Vienne, consentir à un suicide.

Les transformations économiques

Prédominance de l'agriculture

En 1848, comme dans les siècles précédents, l'agriculture restait la grande richesse de l'Europe. Mais *les méthodes de travail n'avaient guère changé depuis le Moyen Age.* L'outillage ne s'était pas modifié; l'usage des nouvelles charrues ainsi que l'application de la machine à vapeur au labourage et au battage sont postérieurs à 1850. Il n'est pas encore question d'engrais chimiques. Il faudra l'arrivée en grand des laines d'Australie, après 1850, pour que l'élevage du mouton se transforme en Europe, en vue de la production de la viande. Les industries agricoles n'en sont de même qu'à leur début : le sucre de betterave ne donne encore en 1850 que 13 % de la consommation sucrière.

Cependant, les techniques inaugurées à la fin du XVIIIᵉ siècle se généralisent lentement : elles permettent de produire davantage, sinon encore à meilleur marché.

En France les landes occupent en 1840 la même superficie qu'en 1789. Cependant, la jachère ne represente plus de 25 % des terres arables et comme, après 1830, beaucoup de communaux sont vendus ou affermés à des particuliers, il en résulte entre 1815 et 1850 une augmentation de plus de 20 % des superficies ensemencées en céréales, tandis que celles consacrées à la pomme de terre doublent dans le même temps. L'accroissement de prairies artificielles permet l'élevage d'un troupeau ovin et bovin beaucoup plus considérable, pendant que l'importation de races anglaises dans l'ouest du pays marque le début d'une extension et d'une modification de l'élevage des bœufs et des porcs. L'usage plus abondant du fumier de ferme amène un relèvement des rendements, de l'ordre de 25 % pour le froment.

Conséquences politiques et sociales

Cette primauté de l'agriculture avait des répercussions sociales. *La forme la plus estimée de la richesse est toujours la possession de la terre* ; c'est au profit des propriétaires que fonctionnent les institutions du type aristocratique et monarchique ancien, et aussi les nouveaux régimes réprésentatifs à base censitaire. Maîtres du pouvoir politique, les producteurs agricoles imposent des systèmes de douanes protectrices ou même des prohibitions, qui ont pour objet de leur réserver le marché national : tout au plus acceptent-ils *l'échelle mobile.*

En France la monarchie de Juillet marqua son intérêt pour l'agriculture par la création du *Conseil général de l'Agriculture* en 1831, des *Comices agricoles* en 1832, du *Ministère du Commerce et de l'Agriculture* en 1839, d'*Inspecteurs généraux de l'agriculture* en 1841 ; le gouvernement accorda des subventions aux sociétés d'agriculture et des primes aux producteurs ; il forma des agronomes à l'*École de Grignon*, devenue École d'État depuis 1836.

Mais le caractère encore arriéré de la production agricole la soumettait aux risques des crises dues à de mauvaises conditions atmosphériques. L'alimentation restait une des préoccupations graves des gouvernements. D'autre part, l'argent venant avant tout du travail agricole et servant pour une bonne part surtout à assurer l'alimentation des familles, *une crise agricole se transformait tout de suite en une crise industrielle* par l'arrêt des disponibilités et des achats ; les textiles étaient immédiatement atteints, puis le bâtiment et les industries lourdes. La grande crise économique, qui précéda et en partie détermina la révolution de 1848, eut son prélude dans une crise agricole en 1846.

Caractère routinier du commerce

Au lieu qu'aujourd'hui le commerce est un mouvement *continu* d'échanges, il avait en 1815 un caractère périodique. *Les transactions ne se faisaient qu'à certains jours et en certains lieux.*

Les ménagères s'approvisionnaient une fois par semaine au *marché local* et l'on ne trouvait pas encore, sauf dans les grandes villes, de magasins au sens actuel du mot. Le commerçant qui, dans sa boutique, vend au détail des marchandises qu'il a achetées en gros, n'apparaît guère avant 1830. De temps à autre passait le *colporteur* ambulant.

Les négociants achetaient et vendaient dans les *foires* qui se tenaient une ou deux fois l'an, pendant une ou deux semaines. Elles avaient un caractère régional, national ou même international : les vendeurs y apportaient à grands frais leurs marchandises, car on n'achetait pas encore, comme aujourd'hui, sur échantillons. Les foires de *Beaucaire* en France, de *Francfort-sur-le-Main* et de *Leipzig* en Allemagne, de *Moscou* et de *Nijni-Novgorod* en Russie, de *Medina del Campo* en Espagne eurent de l'importance jusqu'en 1850. Elles disparurent alors, tuées par le chemin de fer. Mais, dès le règne de Louis-Philippe, était apparu un personnage nouveau, dont l'activité diminuait le rôle des foires : c'était le *commis voyageur*, qui parcourait dans sa carriole toute une région, montrant ses échantillons et prenant les commandes.

Le commerce extérieur se faisait surtout par mer. Il était encore faible, celui de l'Angleterre excepté. En France, Marseille était le port le plus important de beaucoup ; ensuite venaient Le Havre et Bordeaux.

L'Industrie. Primauté de la Grande-Bretagne

La Grande-Bretagne jouit alors d'une primauté incontestée

dans presque tous les secteurs de l'industrie. Elle produit la moitié de la houille et la moitié de la fonte utilisées dans le monde. L'usage de la fonte au coke, du puddlage, des laminoirs, montre que, dans la métallurgie, sa technique dépasse celle des autres pays d'Europe et lui permet d'obtenir les prix de revient les plus bas[1]. La perfection de ses machines à travailler la laine et le coton[2] assure également à l'Angleterre la première place dans l'industrie textile. C'est le coton surtout qui a bénéficié de la technique nouvelle et l'industrie cotonnière a très affaibli celle du lin des Flandres. Pourtant l'industrie de la laine reste la plus fructueuse. En revanche, l'Angleterre dédaigne le travail de la soie, qui devient une spécialité lyonnaise avec persistance des métiers à main et du travail d'artisan. Aussi les hommes d'affaires du continent s'inspirent-ils de l'exemple de l'Angleterre, — pendant que les capitalistes anglais s'intéressent à toutes les entreprises industrielles du continent.

L'Allemand Alfred *Krupp*, métallurgiste à Essen, les Français *de Wendel*, magnat de la sidérurgie lorraine, *Schneider*, qui venait de prendre ia direction du Creusot, vont tous trois visiter les usines d'Angleterre Inversement, le premier grand chantier naval pour le lancement de bateaux en fer destinés à la navigation sur le Rhin est fondé à Ruhrort par des Anglais, avec un personnel anglais : c'est seulement après 1840 qu'il passe en des mains allemandes. Les capitaux, le matériel, les ingénieurs et les ouvriers britanniques jouent également un grand rôle dans la construction des chemins de fer continentaux : ce sont des terrassiers anglais et irlandais qui construisent en 1841 la ligne Paris-Rouen.

Les moyens de transports traditionnels

L'industrie nouvelle ne pouvait se contenter des moyens de transports traditionnels. Les voies navigables ne constituaient pas, sauf exception, un réseau harmonieusement réparti sur le territoire national. Les routes étaient peu nombreuses et mal

1 Vers 1848 l'Angleterre produit environ 40 millions de tonnes de houille par an, pendant que la France et la Belgique en produisent cinq millions et demi chacune En France 5 hauts fourneaux sur 6 fonctionnent encore au bois C'est pourtant en France qu'a été construit le premier *marteau-pilon*

2 L'exportation de ces machines demeura d'ailleurs interdite jusqu'en 1842

entretenues ; d'ailleurs la traction animale ne permettait d'acheminer que des tonnages insignifiants de marchandises, à une vitesse dérisoire et à un prix élevé.

Ainsi le développement de l'industrie, comme d'ailleurs celui de l'agriculture, dépendait-il de l'amélioration des moyens de transport. De nouvelles routes furent construites. En France on ouvrit un très grand nombre de *chemins vicinaux*, qui permirent de relier à la grand'route royale ou départementale des milliers de villages jusque-là isolés. Le procédé du macadam, inventé par l'Écossais *Mac-Adam*, se généralisa après 1820 et se perfectionna encore par le cylindrage en 1834.

On a vu que la Grande-Bretagne avait fait un gros effort pour aménager ses rivières navigables et creuser des canaux. De son côté, la Monarchie de Juillet améliora les conditions de navigabilité de certains fleuves comme la Loire et ouvrit au trafic le canal de Bourgogne, le canal des Ardennes, le canal de la Sambre à l'Oise. Tous ces progrès cependant étaient peu de chose en face de la création des chemins de fer.

Les chemins de fer

Le chemin de fer, au sens actuel du mot, résulte de l'association de deux inventions : le rail et la locomotive. L'Angleterre fut, ici encore, initiatrice. Mais la puissance motrice de la locomotive fut décuplée quand le Français *Seguin* eut inventé la chaudière tubulaire (1827). C'est également Seguin qui eut l'idée de substituer aux rails de fonte utilisés par les Anglais, les rails de fer et d'utiliser des traverses en bois au lieu de dés en fer. Peu après 1830, le chemin de fer commença à servir au transport des voyageurs.

La construction des voies ferrées se heurta naturellement à l'opposition intéressée des compagnies de canaux, des entreprises de roulage et de diligences, des aubergistes, des marchands de chevaux. Beaucoup de bons esprits croyaient que la France ne pourrait se procurer les quantités de fer et de charbon nécessaires à des travaux de métallurgie aussi considérables, à une époque où les tarifs douaniers en empêchaient toute importation ; qu'elle ne trouverait pas non plus les ressources nécessaires au financement de l'entreprise, qu'elle manquerait d'ingénieurs et de contremaîtres compétents, qu'il serait enfin impossible de nourrir et de loger un si grand nombre d'ouvriers travaillant pendant des années sur la voie ferrée. D'ailleurs beaucoup de contemporains ne croyaient pas à l'avenir des chemins de fer.

Le principal défenseur du projet de loi de 1842 sur la construction des chemins de fer en France avouait lui-même que «les chemins de fer ne pouvaient être considérés que comme un luxe, le beau luxe d'une civilisation avancée.» Le grand savant Arago affirmait que «le transport des soldats en wagon les efféminerait.» La Faculté de Médecine de Munich représenta au roi de Bavière que l'usage de la vapeur provoquerait des maux de tête chez les voyageurs et les spectateurs et qu'il faudrait protéger ces derniers par de hautes barrières élevées le long des voies.

En Angleterre et aux États-Unis, la construction des voies ferrées fut confiée à des compagnies privées qui durent se procurer par leurs propres moyens les capitaux nécessaires. En Belgique et en Prusse l'État se chargea lui-même de la construction. En France la *loi de 1842* associa l'État aux compagnies privées : l'un prenant à sa charge l'achat des terrains, les travaux d'art, la construction de la voie et des gares, — les autres posant les rails et fournissant le matériel roulant. L'État restait propriétaire du tout, qui lui serait rendu au bout de 99 ans.

Le grand public, tant en Angleterre qu'en France, s'engoua pour la construction des chemins de fer et couvrit tous les emprunts, très avantageux d'ailleurs, qui lui furent proposés. Mais les difficultés de la construction se révélèrent plus considérables qu'on ne l'avait pensé. Dans les deux pays, beaucoup de Compagnies firent faillite, de nombreuses banques déposèrent leur bilan : ce fut le début de la crise financière qui marqua les années 1846-1848.

En 1848, l'Angleterre conservait son avance: elle possédait 6 350 kilomètres en exploitation, alors qu'il y en avait 3 500 en Prusse et moins de 1 900 en France. Seules, l'Angleterre et la Belgique avaient des réseaux cohérents; partout ailleurs on n'avait que des lignes isolées, ou même de simples tronçons, d'objectif politique plus encore qu'économique. C'est seulement entre 1850 et 1860 que les chemins de fer commenceront à bouleverser la vie économique et sociale.

Les transports maritimes

Sur mer aussi, les transports se modifient. *Le bateau à vapeur a précédé de quelques années la locomotive.* On utilise d'abord la *roue à aubes*, puis, à partir de 1840 environ, l'*hélice*. Cependant les bateaux à vapeur ne l'emportent pas tout de suite sur les voiliers, surtout sur le nouveau type de voilier que les Américains mettent au point en 1845, le *clipper :* la courbure de son étrave, l'inclinaison de ses mâts, son énorme voilure lui permettent d'atteindre la vitesse de 20 kilomètres à l'heure. En même temps les progrès de l'océanographie permettent de mieux utiliser les vents et les courants. La durée de la traversée New York-Le Havre diminue de moitié : 18 jours au lieu de 35. Ce sont les clippers qui apportent en Europe le thé de Chine ou de Ceylan après avoir contourné l'Afrique. A la même époque, vers 1840, apparaissent les premiers *vaisseaux en fer*, mais l'avantage qu'il offrent de présenter moins de résistance à l'eau et surtout d'avoir, à volume égal, une capacité beaucoup plus grande que les bateaux en bois ne joue pas encore en leur faveur. Déjà, cependant, naissent ou vont naître les grandes Compagnies de navigation : en Angleterre la *Royal Mail*, la *Cunard* et la *Péninsulaire et Orientale* (toutes trois vers 1840), le *Lloyd autrichien* de Trieste (1836), en Allemagne la *Hamburg-Amerika* (1847), en France les *Messageries maritimes* (1851).

Protection ou libre-échange

L'Assemblée Constituante s'était en partie ralliée à la thèse de la liberté du commerce. Mais, sitôt la guerre déclarée à l'Angleterre (1793), *le protectionnisme reparut partout* et, la paix rétablie en 1815, les grandes Puissances y restèrent rattachées. En Angleterre seulement, les efforts de Cobden réussirent à faire voter l'*établissement du libre-échange* (1846).

Pendant ce temps une tentative originale obtenait en Allemagne un franc succès. Chacun des 39 États de la Confédération germanique avait ses douanes et l'on imagine les difficultés que cet état de chose causait au commerce. Sur l'initiative de la Prusse, une grande partie de ces États[1] formèrent une Union douanière, ou *Zollverein, marché commun de 24 millions d'habitants*, tout prêt à absorber les produits d'une industrie en progrès. Le libre-échange comptait des adeptes en Allemagne, mais aussi des adversaires décidés : ceux-ci pensaient qu'il ne fallait pas renoncer au protectionnisme avant que l'Allemagne ne fût une grande puissance industrielle — ce qu'elle n'était pas encore.

Les imperfections de l'organisation financière

Les progrès de l'industrie et l'importance prise par les Travaux publics auraient nécessité des capitaux extrêmement abondants. Or, c'est dans le domaine de l'organisation financière que l'ancien régime économique était le plus en retard. Rien ne le montre mieux que le rôle encore presque insignifiant joué par les billets de banque et par les sociétés anonymes.

Seuls, les billets émis par la Banque d'Angleterre étaient reçus dans toute l'Europe au même titre que la monnaie d'or. Mais la Banque se livrait parfois à des opérations imprudentes et, en 1837, elle manqua de faire faillite. La Banque de France était beaucoup plus prudente, mais elle jouait un rôle incomparablement moins important. Les billets qu'elle émettait n'avaient guère cours qu'à Paris. En province on comptait, en 1848, neuf banques d'émission : mais leurs billets ne circulaient que dans le département où ils avaient été émis. Là où il n'y avait pas de banque locale, la Banque de France créa des succursales, une quinzaine en tout. En fait, les particuliers n'utilisaient presque jamais les billets de banque. Les paiements se faisaient donc en espèces. Or *la quantité de monnaie en circulation était faible* · le grand développement économique qui marque les années 1850-1860 s'explique en partie par l'afflux d'or que les mines de Californie et d'Australie, récemment découvertes, jetteront sur le marché mondial.

D'autre part ces banques, si peu nombreuses, au capital si médiocre, n'étaient pas encore organisées en vue de drainer les

1 A l'exception des territoires autrichiens de la Confédération, du Mecklembourg, du Hanovre et des villes de Hambourg, Brême et Lubeck.

épargnes des particuliers, pour les mettre à la disposition des hommes d'affaires. Le système d'association de capitaux connu sous le nom de *sociétés anonymes par actions* commençait seulement à se répandre. Aujourd'hui si un industriel a besoin d'une somme d'un million de francs pour lancer une affaire, il crée une société anonyme qui met en souscription cent mille parts ou *actions* de 10 francs chacune. Comme le prix de chaque action est relativement peu élevé, que le souscripteur peut en acheter autant qu'il veut, une ou des milliers, qu'il peut les revendre à son gré ou les laisser à ses héritiers et qu'il n'est pas personnellement responsable de la mauvaise gestion éventuelle de l'entreprise, les sociétés anonymes sont un moyen de faire appel non seulement aux riches mais à un public extrêmement étendu. Or, en 1848 elles ne jouaient pas encore un grand rôle[1].

Cependant les grandes banques privées prirent, de 1815 à 1848, un essor inconnu jusque-là. Le plus célèbre en Europe était la *banque Rothschild*. Londres était alors la première place financière du monde, devant Francfort, Paris et Amsterdam. En France, ce qu'on appelait sous Louis-Philippe *la Haute Banque* comptait des banques catholiques, protestantes, israélites.

«La Banque, remarquait l'écrivain Stendhal, est à la tête de l'État. La bourgeoisie a remplacé le faubourg Saint-Germain et la banque est la noblesse de la classe bourgeoise.» C'est alors que, dans les romans de Balzac comme dans les pièces de théâtre du Boulevard, apparaît *le type du financier spéculateur* qui met en coupe réglée ses clients et même ses collègues de la Bourse.

La crise économique de 1846-1847

Une grave crise économique secoua l'Europe en 1847. *Elle eut pour préambule une crise agricole*. Déjà, en 1845, une maladie de la pomme de terre réduisit à une effroyable misère les

---

1 Jusque-là on ne trouvait que deux sortes de sociétés financières : 1) les *sociétés en nom collectif*, formées par l'association de quelques personnes qui sont toutes responsables, sur toute l'étendue de leurs biens, des engagements pris par la société ; 2) les *sociétés en commandite* où l'on distingue deux sortes d'associés : les *commandités* qui dirigent la société mais sont, eux aussi, responsables sur toute l'étendue de leurs biens, et les *commanditaires* qui n'ont aucune part à la direction et apportent les fonds, ils ne sont responsables des engagements pris par la société que sur la somme qu'ils ont apportée. Ces commanditaires sont en général très peu nombreux. Dans les sociétés anonymes par actions, il n'y a que des commanditaires.

populations qui comme en Irlande, s'en alimentaient presque exclusivement, et provoqua des disettes et des épidémies en Flandre belge et en Allemagne, où elle tenait une grande place dans la nourriture du peuple. En 1846, une chaleur et une sécheresse excessives compromirent de façon désastreuse la récolte des grains; dès le printemps de 1847 la pénurie se fit sentir dans presque toute l'Europe. Elle se traduisit aussitôt par des désordres populaires dans la France du centre et de l'ouest, en Belgique, dans les pays rhénans et en Wurtemberg, dans plusieurs États italiens, en Galicie enfin. La récolte de 1847 fut excellente. La crise agricole prit fin dès l'été, mais elle avait épuisé les réserves du monde rural et des ouvriers, et imposé aux gouvernements des dépenses qui leur causèrent de graves difficultés financières.

Simultanément des excès de spéculation, particulièrement sur la construction des chemins de fer, provoquèrent la faillite de beaucoup d'entreprises imprudemment lancées; une trop forte production industrielle avait accumulé des stocks qui ne s'écoulèrent pas du fait des difficultés financières de l'agriculture; de là *un brusque arrêt des affaires, des licenciements en masse d'ouvriers*. Le chômage prit des proportions inouïes en Angleterre : 100 000 hommes tombèrent à la charge des maisons d'assistance, des dizaines de milliers d'ouvriers chômèrent dans l'industrie textile. En France, le tiers des métallurgistes et le cinquième des mineurs furent sans travail, les petites industries rurales s'arrêtèrent. Au début de 1848 les ouvriers du Nord, de la Normandie orientale et du Lyonnais étaient dans la détresse; l'industrie linière des Flandres en reçut un coup mortel. Dans l'Allemagne occidentale le renchérissement des denrées dépassa 80 %, alors que les salaires étaient réduits de 15 %. *Un peu partout en Europe, des grèves, des agitations et revendications violentes traduisirent la misère et l'exaspération des ouvriers.* Enfin les banques, obligées de rembourser aux hommes d'affaires leurs dépôts, durent arrêter les crédits, élever les taux d'escompte et se virent au bout de leur disponibilités.

Tout l'organisme économique se trouvait donc, au début de 1848, à l'extrême limite de ses forces.

Les transformations sociales et les systèmes socialistes

un question sur l'examen

Les problèmes sociaux

Les transformations économiques modifièrent, plus ou moins profondément selon les pays, l'organisation traditionnelle de la société. Elles profitèrent largement à une minorité, particulièrement à la haute bourgeoisie ; de l'autre côté elles aggravèrent la condition des travailleurs. Alors se manifesta, plus vivement que dans les siècles précédents, l'antagonisme de deux classes sociales, les «bourgeois» et les «prolétaires».

Le spectacle de cette opulence jointe à cette misère amena de nombreux esprits à penser que la société était mal organisée et qu'il fallait la reconstruire sur des bases plus raisonnables et plus justes. A ces esprits on donna le nom de *socialistes* et, de 1815 à 1848, on vit s'épanouir en Angleterre, en Allemagne et surtout en France une floraison de *systèmes socialistes*.

Le régime capitaliste

Après 1815, *l'aristocratie d'argent*, maîtresse de l'industrie, du commerce, de la banque, accrut son rôle dans l'État. En France les deux premiers ministères de Louis-Philippe eurent à leur tête des banquiers, Laffite et Casimir Perier. La bourgeoisie dirigea la vie politique en Belgique ; elle obtint le droit de vote en Angleterre après la réforme électorale de 1832 ; elle siégea dans les assemblées des États allemands. Partout, elle gouverna au profit de ses intérêts matériels.

La bourgeoisie était passionnément attachée à la *propriété* et à la *liberté économique*. En vertu du droit de propriété privée, il est permis à une entreprise *privée* de posséder des instruments de production (exploitations minières, moyens de transports, etc.), qui jouent parfois un rôle capital dans la vie de la nation. En vertu du principe de la liberté économique, chaque entreprise travaille comme elle l'entend, produisant autant qu'elle le peut, vendant au prix qu'elle juge le plus rémunérateur, dans la seule intention d'augmenter ses bénéfices propres : l'État ne doit limiter en rien la libre initiative des chefs d'entreprise[1]. De cette liberté découle la concurrence que ces entreprises se font entre elles. Cette *libre concurrence* développe l'esprit d'initiative des patrons et a souvent pour conséquence l'amélioration des produits et l'abaissement de leur prix de vente.

Ce régime économique, fondé sur l'importance accordée à la propriété privée, à la liberté économique, à la libre concurrence , est connu sous le nom de *régime capitaliste* ou, plus simplement, de *capitalisme*. Il n'est pas sans dangers : chacun travaillant à sa guise dans le seul dessein de s'enrichir, il y a souvent gaspillage d'efforts, anarchie économique et des crises de surproduction, aussi désastreuses pour le patron obligé de fermer son atelier que pour l'ouvrier jeté au chômage.

Le sort tragique des ouvriers

Parmi les ouvriers, les moins malheureux étaient ceux qui travaillaient comme compagnons dans l'atelier d'un artisan, vivant de la vie du patron et traité par lui presque sur un pied d'éga-

[1] Les industriels et les propriétaires français demandaient cependant à l'État de les protéger, par des droits de douane, contre la concurrence étrangère. Mais, logiquement, le régime de liberté économique exige le libre échange

lité. Beaucoup d'entre eux faisaient, comme sous l'Ancien Régime, leur *Tour de France* et étaient groupés en *compagnonnages*, souvent rivaux les uns des autres.

A côté de ces ouvriers, il y avait ceux qui *travaillaient à domicile*, particulièrement dans l'industrie textile : un négociant leur fournissait le métier et la matière première, puis leur achetait pour un salaire de famine le produit fabriqué. Enfin, peu nombreux encore, étaient les *ouvriers d'usine*, souvent anciens paysans venus à la ville dans l'espoir d'améliorer leur sort. La concentration ouvrière était d'ailleurs faible en 1848 : En France on ne la trouvait qu'autour de Mulhouse, de Lille et Roubaix, de Rouen, de Saint-Étienne.

Jamais sans doute les ouvriers anglais et français ne furent aussi malheureux que dans la période 1815-1848. La cherté du pain, la fréquence des crises économiques, l'usage des machines qui créait souvent le chômage, l'abondance de la main-d'œuvre (surtout des femmes et des enfants) qui faisait baisser les salaires, tout contribua à rendre atroce la misère des ouvriers. Or les travailleurs ne pouvaient pas compter sur l'intervention de l'État en leur faveur. C'est à peine si, à Londres et à Paris, les députés consentirent à voter quelques lois pour protéger les enfants dans les usines ; ils se désintéressaient des adultes.

Abandonnés à eux-mêmes, les ouvriers ne pouvaient rien faire pour améliorer leur sort. En France, il ne leur était permis ni de s'unir pour former des syndicats, ni de faire grève pour obtenir du patron une diminution du nombre d'heures de travail ou un relèvement de salaires.

Ils n'en tentèrent pas moins d'organiser des grèves et parfois avec succès : ils utilisèrent à cet effet les *sociétés de secours mutuel*, fondées dans un certain nombre de métiers pour venir en aide aux compagnons frappés par la maladie ou le chômage, ou bien des *sociétés de résistance*, créées pour résister aux patrons qui voulaient abaisser les salaires. Déjà une femme, *Flora Tristan*, proposait de fédérer tous les ouvriers du monde en une «Union ouvrière». Beaux rêves, que venaient briser les répressions brutales des gouvernements de Londres, Paris et Berlin, ou la phrase de Casimir Perier, après l'échec du soulèvement de Lyon en 1831 : «Il faut que les ouvriers sachent bien qu'il n'y a de remèdes pour eux que la patience et la résignation.»

Les réformateurs sociaux

Cependant en Angleterre, en Allemagne et surtout en France certains esprits s'indignaient à la pensée que la misère des ouvriers s'accroissait au moment même où les affaires prospéraient. Puisque la liberté économique et la libre concurrence étaient génératrices de misère sociale et d'anarchie, il fallait y renoncer et édifier la société économique sur des bases nouvelles. A partir de 1840 environ, ces réformateurs sociaux reçurent le nom de *socialistes*.

Il fallait d'abord *organiser rationnellement la production* des marchandises (ou, comme on dit, des *richesses*) : non seulement la quantité des richesses s'accroîtrait immensément, mais le gaspillage, les disettes, les crises de surproduction disparaîtraient. Ces richesses il fallait ensuite *les distribuer à tous équitablement*, au lieu de les réserver aux riches.

Pour opérer ce bouleversement de la société actuelle, certains socialistes voulaient *faire appel à l'État* et lui confier la direction effective de toute la vie économique. D'autres, au contraire, se méfiaient de l'État, dont ils redoutaient le caractère autoritaire et tyrannique. Ils imaginaient plutôt les hommes groupés en *associations libres de travailleurs* qui s'organiseraient et s'administreraient elles-mêmes.

Du moins les socialistes étaient-ils unanimes — à l'exception de l'Allemand Karl Marx et du petit groupe des partisans de Blanqui — pour *rejeter tout emploi de la violence*. Pénétrés d'optimisme, ils étaient convaincus que le passage de la société actuelle à la société future serait facile et qu'une ère de bonheur allait bientôt s'ouvrir pour l'humanité. Leurs théories avaient un parfum religieux et, même quand ils n'étaient pas chrétiens, ils parlaient avec émotion de la réalisation toute proche du «royaume de Dieu».

La doctrine de Saint-Simon

En France le socialisme a précédé la transformation industrielle, puisque le système de *Babeuf* date du Directoire. Sous l'Empire et la Restauration deux penseurs proposèrent des systèmes de réorganisation politique et sociale : Saint-Simon et Fourier.

Selon *Saint-Simon* (1760-1825), la société actuelle est organisée de façon à la fois anarchique et injuste. D'une part elle attribue le pouvoir à des classes «inutiles» et réduit à une situation subalterne les véritables «producteurs»: d'autre part elle est fondée sur l'exploitation de l'homme par l'homme. A cet état de choses. Saint-Simon proposait de substituer «l'État industriel», où la direction appartiendrait à la «classe industrielle», c'est-à-dire à la «classe occupée des travaux les plus utiles» : savants. artistes. cultivateurs. industriels. commerçants. banquiers. La société nouvelle serait fondée non sur la liberté et l'égalité — pour lesquelles Saint-Simon n'avait que dédain — mais sur l'autorité et la hiérarchie. Elle se donnerait pour tâche d'une part l'exploitation rationnelle des richesses du globe. et d'autre part l'amélioration la plus rapide du sort de la classe la plus pauvre. *La révolution économique se doublait en effet d'une révolution morale et religieuse.* A la fin de sa vie. Saint-Simon prêchait un «nouveau christianisme», qui devait avoir ses dogmes. son clergé. son culte.

Les Saint-Simoniens

Saint-Simon avait trouvé dans la jeunesse intellectuelle quelques disciples enthousiastes. comme *Auguste Comte. Enfantin. Bazard* (un des chefs de la Charbonnerie). Il donnèrent à sa doctrine un caractère nettement socialiste.

Tous les instruments de production (la terre, la capitaux, les mines, les canaux, plus tard les chemins de fer. etc.) seraient enlevés aux particuliers et attribués à la Société. L'État les distribuerait à ceux qui seraient les plus aptes à les utiliser. Chacun serait ainsi placé à la fonction où il pourrait être le plus utile et il serait rétribué selon son travail. Ainsi la production des richesses et leur utilisation seraient organisées rationnellement. L'héritage serait supprimé.

D'autre part les Saint-Simoniens insistèrent. plus encore que leur maître. sur *la nécessité d'une profonde transformation spirituelle*. Dans la «Société industrielle». chacun sera tenu d'adhérer à l'enseignement intellectuel et religieux édicté par l'État. *Le Saint-Simonisme fut ainsi tout ensemble une doctrine collectiviste et une religion*, le tout dans une atmosphère d'autoritarisme et même d'intolérance.

L'École Saint-Simonienne ne garda pas longtemps son unité. Certaines idées religieuses et morales d'*Enfantin*, devenu le chef spirituel de la secte sous le nom de «Père», choquèrent de nombreux disciples. De l'enseignement de Saint-Simon, les Saint-Simoniens conservèrent avant tout l'idée qu'il faut mettre le monde en valeur. Aussi furent-ils souvent de grands hommes d'affaires : ils s'intéressèrent aux chemins de fer, aux exploitations minières, aux entreprises bancaires. Enfantin étudia les travaux publics qu'on pouvait tenter en Algérie et songea très tôt au percement de l'isthme de Suez — qu'un jeune Saint-Simonien, *Ferdinand de Lesseps*, devait réaliser plus tard.

Fourier et Owen

Fourier (1772-1837) était un petit employé de commerce. Dans des ouvrages où les bizarreries et les extravagances côtoient les vues profondes, il proposa un système très différent de celui de Saint-Simon. Nul recours à l'État, ni à une direction autoritaire, quelle qu'elle fût. C'est par l'association, «forme terrestre de l'attraction universelle», que le monde sera régénéré. On y arrivera en créant partout dans les campagnes des *phalanstères* : chacun est une exploitation agricole où vit et travaille une «phalange», groupe d'environ 1 600 personnes, hommes et femmes. Le travail en commun sera attrayant, parce que chacun fera ce à quoi il s'intéresse et d'ailleurs, pour éviter la lassitude, on changera d'occupation plusieurs fois dans la journée. Fourier croyait que les différences de fortune sont voulues par Dieu. On trouvera donc au phalanstère des riches, des pauvres et des personnes aisées, et le confort ne sera pas le même pour tous. Il y avait dans ce système une large part d'utopie. Mais Fourier avait compris l'avenir de l'association et de la coopération.

Il en fut de même pour *Owen*. Esprit à la fois pratique et mystique, ce fils d'artisan devint, très jeune, un des plus riches industriels d'Écosse. Philanthrope sincère, il fit de ses usines des usines modèles, où la journée de travail était réduite, où les ouvriers étaient mieux payés et mieux logés, leurs enfants instruits dans des écoles gratuites. Déçu de ne pouvoir obtenir du Parlement de larges mesures sociales, Owen songea à créer, comme Fourier, des communautés agricoles, mais fondées sur le principe de l'égalité absolue : répartition des produits entre tous les membres selon leurs besoins ; répartition du travail selon l'intérêt général et les talents de chacun. Owen tenta une expérience aux États-Unis : elle échoua (1825-1829).

Sans renoncer au communisme et pour en préparer l'avènement, Owen prêcha alors la création d'*associations ouvrières sous la forme de coopératives de production*, dirigées par les travailleurs eux-mêmes : ainsi le patronat serait aboli. La monnaie métallique serait remplacée par des *bons de travail*, au moyen desquels les ouvriers échangeraient mutuellement leurs produits (1832). Cette tentative échoua, elle aussi. Mais Owen avait donné l'élan au mouvement coopératif anglais — comme aussi au mouvement syndical.

Les communistes

Les autres écoles socialistes reprirent, en les transformant plus ou moins, les idées émises par Saint-Simon, Fourier ou Owen. Elles diffèrent considérablement, d'après le rôle qu'elle attribuent à l'État dans la vie économique.

Le *communisme*, qui ne laisse presque plus d'initiative à l'individu, fut défendu par *Cabet*, dont le roman, *Voyage en Icarie*, parut en 1840.

Louis Blanc

L'intervention d'une «administration centrale» était rejetée par le catholique *Buchez*, par *Louis Blanc* et par les ouvriers qui rédigeaient le journal l'*Atelier*. Ils étaient partisans d'«associations ouvrières», c'est-à-dire de coopératives de production à direction ouvrière. Le salariat disparaîtrait et l'ouvrier toucherait le produit intégral de son travail[1].

---

1 Aux yeux des socialistes le salaire payé par le patron est inférieur à la valeur du travail fait par l'ouvrier. Celui-ci ne touche donc pas le produit intégral de son travail : il est frustré au profit du patron.

Dans son petit livre, l'*Organisation du travail*, Louis Blanc préconisait la formation, au moins dans les industries importantes, d'*ateliers sociaux*, créés avec l'aide de l'État, mais administrés ensuite par les ouvriers eux-mêmes. L'appel à l'État était nécessaire pour que l'atelier social pût se fonder et commencer à fonctionner.

Dans les ateliers sociaux les salaires seront tous suffisants pour que le travailleur puisse vivre décemment, mais il ne seront pas égaux pour tous. Quant aux bénéfices, ils seront divisés en trois parts : une sera distribuée à tous les ouvriers également, une autre sera consacrée aux œuvres d'assistance, la troisième à l'élargissement de l'atelier.

Karl Marx

D'autres formules socialistes germèrent dans les milieux des réfugiés politiques venus d'Europe centrale et orientale, tels les Russes *Herzen* et *Bakounine*, Les Allemands de l'« Association des justes » fondée à Paris, ou enfin *Karl Marx*.

Tandis que les socialistes dont on a parlé jusqu'ici répudiaient la violence, *Karl Marx* (1818-1883) insistait sur l'importance historique et la nécessité primordiale de la *lutte des classes*. Pour hâter l'avènement de la société socialiste, les travailleurs devaient s'organiser et s'unir, arracher à la bourgeoisie le pouvoir politique et réaliser la dictature du prolétariat afin de procéder ensuite à l'appropriation collective des moyens de production. A la demande d'ouvriers communistes de Londres qui lui demandaient de rédiger pour eux un programme, Marx, aidé par son ami *Engels*, écrivit le *Manifeste communiste*. Cette brochure, parue à Londres en avril 1848, passa inaperçue dans le fracas de la Révolution, mais elle devait connaître une immense faveur vingt ans plus tard et devenir le bréviaire des socialistes collectivistes.

Proudhon

Proudhon avait, lui, aussi, un programme social, mais il repoussait le nom de socialiste. Il aimait les paradoxes et les formules provocantes. Il s'était fait brusquement connaître par une bro-

chure *« Qu'est-ce que la propriété ? »* (1840) où il répondait :
« La propriété c'est le vol ». En 1846, dans son *Système des
Contradictions économiques ou Philosophie de la Misère*, il
affirmait avec force la primauté des questions économiques. En
fait, il était un modéré. Ancien prote d'imprimerie, il se posait
en porte-parole et en défenseur non des ouvriers d'usine, mais
des artisans et des petits bourgeois — qu'il aurait voulu fondre
en une classe sociale unique. Individualiste à l'extrême et libéral avant tout, adversaire acharné de toute institution d'autorité et d'unité, que ce fût l'Église ou l'État, et de toute
intolérance, qu'elle vînt des révolutionnaires ou des gouvernements, il prêchait « l'anarchie », c'est-à-dire l'absence de gouvernement, ou tout au moins la réduction au minimum des
pouvoirs de l'État. Il avait pour idéal « la justice », qui serait
réalisée quand des associations groupant les travailleurs s'organiseraient, puis se fédéreraient, pour produire, et ensuite
échanger leurs produits évalués selon la somme de travail qu'ils
auraient exigée. Beaucoup moins que de la production et de la
répartition des richesses, Proudhon se préoccupait de leur
échange. Les procédés traditionnels du commerce lui paraissaient malhonnêtes ; il voulait créer une « banque du peuple »
qui mettrait le crédit gratuit à la disposition des groupements
ouvriers.

La question paysanne

La question ouvrière ne se posait que dans les pays industria-
lisés de l'Europe occidentale. Dans ces pays, en revanche, la
question agraire présentait en général moins d'acuité, sauf en
Irlande que les épouvantables famines de 1845-1846 et les emi-
grations privèrent de la moitié de sa population.

Mais *dans l'Europe centrale au-delà de l'Elbe, en Prusse et
en Autriche, le système féodal subsistait et même en Russie le
servage.* Les droits féodaux et la corvée pesaient toujours sur
les paysans ; même lorsque pour tirer un profit plus grand de
leurs terres, les nobles avaient affranchi certains de leurs pay
sans ils ne leur avaient concédé que des parcelles si misérables
que ceux ci restèrent sous leur étroite dépendance a titre de
fermiers ou bien les dettes contractées près du seigneur les

enchaînaient sans espoir. Il se posait donc, dans toute cette moitié agricole de l'Europe, une *double question juridique et économique*, dont la solution ne pouvait être que l'émancipation des paysans.

La révolution de 1848 s'est faite pour des raisons politiques et non économiques ou sociales. Mais, *éclatant en pleine crise économique, elle eut des répercussions sociales immédiates*, et comme, depuis une vingtaine d'années, les programmes des réformateurs sociaux avaient sans cesse été agités devant l'opinion publique, il était fatal que la Révolution de 1848 posât non seulement la question des réformes politiques et des réorganisations nationales, mais celle d'une refonte de la société.

Le mouvement intellectuel

I. — Le mouvement scientifique — La philosophie

Causes et caractères du progrès scientifique

Les grands progrès scientifiques réalisés dans cette période ont été dus, non seulement au génie inventif des savants, mais encore à une *organisation meilleure du travail* et au *perfectionnement des méthodes*, principalement en France et en Allemagne. Encore au XVIIIᵉ siècle, la plupart des savants étaient des *amateurs;* il n'y avait pas ou presque pas d'enseignement scientifique; les chercheurs ne disposaient que d'un outillage médiocre et de ressources insuffisantes. Cette situation changea en France avec la Révolution : les grandes écoles fondées ou réorganisées par la Convention — Muséum, Ecole Polytechnique — puis les Facultés, réorganisées en 1808, et l'Ecole Normale devinrent des séminaires scientifiques, ou les savants donnèrent un enseignement régulier, formèrent des élèves, disposèrent de bibliothèques, de collections et de laboratoires. Il en fut de même en Allemagne, a partir de 1810 a l'Université de Berlin, puis dans les autres Universités. Les savants furent des lors, pour la plupart, des *professionnels*, généralement des professeurs.

Le trait dominant du progrès scientifique dans la première moitié du XIXe siècle est *l'élaboration des méthodes et des grands principes théoriques*, grâce auxquels se sont constitués les différentes sciences modernes, en étroite liaison les unes avec les autres. La science s'est à la fois *diversifiée* et *unifiée* : diversifiée par la complexité croissante de ses recherches, unifiée par la généralité de ses principes.

D'autre part, *les applications pratiques des sciences se multiplient et* contribuent elles-mêmes au progrès scientifique : on voit s'établir entre l'industrie et la science un fécond échange de services, les découvertes scientifiques ouvrant des voies nouvelles à l'industrie et, réciproquement l'industrie suscitant de nouvelles recherches et de nouvelles découvertes. Mais ce n'est encore qu'un commencement.

Les Mathématiques et l'Astronomie

Les travaux des mathématiciens contribuèrent puissamment au progrès général des sciences et tout d'abord des sciences astronomiques et physiques, en leur fournissant des procédés de calcul, d'expression, de raisonnement de plus en plus variés et rigoureux. *Chaque science tendit à s'exprimer en langage mathématique.*

Les travaux de *Lagrange*, de *Monge* et de *Laplace*, furent continués par les Français *Cauchy* et *Galois*, l'Allemand *Gauss* et le Norvégien *Abel*.

L'astronomie mathématique trouva sa plus complète expression dans l'œuvre magistrale de Laplace, la *Mécanique céleste*, parue de 1799 à 1825. En recourant exclusivement au calcul, *Le Verrier* établit l'existence de la planète Neptune (1846), que l'observation confirma ensuite.

La Physique. Lumière et Chaleur

Rien ne peut se comparer au merveilleux progrès des sciences physiques. Le perfectionnement parallèle des méthodes mathématiques et expérimentales leur permit de réaliser de telles découvertes que la vie de l'humanité et les conceptions de l'esprit humain devaient plus tard en être bouleversées.

Descartes avait pressenti que *tous les phénomènes physiques et en particulier les phénomènes de chaleur étaient des phénomènes mécaniques.* Cette conception féconde permit à l'ingénieur français *Fresnel* (1778-1827) de démontrer que les phénomènes lumineux provenaient de vibrations et se propageaient par ondes (1818). Fresnel fut aussi l'inventeur des lentilles à échelons, que l'on utilisa dans les phares.

Etudiant les phénomènes de chaleur, l'ingénieur *Sadi Carnot* (1796-1832), l'un des fils du Conventionnel, établit le principe qui porte son nom et. d'après lequel un système matériel tend toujours vers l'équilibre des températures. Il devina également le principe de la conservation de l'énergie, que l'Anglais *Joule*, puis l'Allemand *Helmholtz* énoncèrent après lui.

Les progrès pratiques allèrent de pair avec les progrès théoriques. L'Américain *Fulton* mit au point l'invention du *bateau à vapeur* (1807); l'Anglais *Stephenson* celle de la locomotive (1814) et le Français *Seguin* décupla la puissance motrice des machines à vapeur par l'invention de la *chaudière tubulaire* (1827).

L'Electricité

Le point de départ des progrès dans la connaissance des phénomènes électriques fut l'invention de la *pile électrique* par l'Italien *Volta*, vers 1800. En 1820, le Danois *Œrsted* observa qu'un courant électrique déviait une aiguille aimantée. Ce fut l'origine des découvertes d'*Ampère* et d'*Arago* sur l'*électro-magnétisme* et les travaux de l'Anglais *Faraday* sur les phénomènes d'*induction*. Ces découvertes eurent pour conséquence presque immédiate l'invention du *télégraphe électrique* par Gauss (1833), invention bientôt mise au point aux Etats-Unis par *Morse*.

La Chimie

Les travaux les plus importants furent dus au Français *Gay-Lussac* (1778-1850), à la fois physicien et chimiste, aux Anglais *Dalton* et *Davy*, ainsi qu'au Suédois *Berzélius*.

Les savants français et allemands *Chevreul*, *Dumas*, *Liebig* et *Wohler*, fondèrent, à côté de la chimie minérale, la *chimie organique*. Wohler réalisa en 1829 la première synthèse d'un corps organique, l'urée.

Les progrès de la chimie conduisirent à de très nombreuses applications pratiques, dans l'agriculture, dans la pharmacie (découverte de la quinine), dans l'industrie (perfectionnement des industries du verre et du savon, industries nouvelles du chlore, de la soude artificielle, des bougies, etc.). La plus importante des inventions pratiques est la *photographie*. Elle fut l'œuvre de deux Français amateurs, un ancien officier, *Niepce*, un peintre, *Daguerre*. En utilisant l'action de la lumière sur certains corps, Niepce, le premier, réussit à fixer sur une feuille de métal poli l'image des objets obtenue au moyen de la chambre noire (1824). Daguerre perfectionna le procédé et inventa la *daguerréotypie*, première forme de la photographie (1839).

Les Sciences naturelles

En France, le principal foyer des études d'histoire naturelle fut le *Muséum*, où professèrent jusqu'après 1815 les grands savants de l'époque précédente : *Lamarck*, *Cuvier*, *Geoffroy Saint-Hilaire*. Dès le début du siècle, Cuvier avait créé la *paléontologie*, ou science des espèces disparues.

Les travaux de Cuvier sur les fossiles donnèrent une vive impulsion à la *géologie*. Sous la direction de *Dufrénoy* et *Elie de Beaumont*, on dressa en quinze ans (1825-1840) la carte géologique de la France. L'Anglais *Lyell* publia, en 1833, ses *Principes de géologie*, dans lesquels il soutenait que les périodes géologiques n'étaient pas, comme le pensait Cuvier, séparées les unes des autres par des cataclysmes, mais étaient reliées par une évolution continue.

L'étude du passé de la Terre conduisit à l'étude du plus lointain passé de l'humanité : des découvertes multiples, parmi lesquelles celle de *Boucher de Perthes* dans la Somme (1838-

1846), révélèrent l'*homme préhistorique*, dont l'existence fut d'abord violemment contestée.

Les Sciences humaines

L'application des méthodes plus rigoureuses à l'étude des langues, des mœurs, des institutions, des idées, des religions amena la constitution, à côté des sciences physiques, du groupe des *sciences humaines*.

L'Allemand *Bopp* créa la *grammaire comparée* ; il établit la parenté des langues parlées en Europe avec le *sanscrit*, la langue sacrée des prêtres de l'Inde, et conclut à la probabilité d'une souche commune aux peuples de ces pays, désignés sous le nom d'*Aryens* ou Indo-Européens. Le Français *Burnouf* traduisit plusieurs livres sacrés de l'ancienne Perse et de l'Inde. Un autre Français, *Champollion*, déchiffra les hiéroglyphes (1822) et fonda l'*égyptologie*. En Mésopotamie, on retrouva les anciens palais assyriens (1842-1845) ; des savants français et anglais déchiffrèrent les *inscriptions cunéiformes*. On commençait ainsi à connaître directement des civilisations que l'on connaissait jusque-là uniquement par ce qu'en avaient dit les auteurs grecs et latins. En 1846 fut fondée l'*Ecole française d'Athènes*, chargée de diriger des fouilles archéologiques en Grèce.

La curiosité historique se porta également sur les origines nationales et le Moyen Age. Sous l'influence du grand patriote Stein, des savants allemands commencèrent à publier des documents relatifs à l'histoire de l'Allemagne au Moyen Age. En France, *Augustin Thierry* et surtout *Guizot* se reportèrent aux textes originaux, et l'enthousiasme romantique n'empêcha pas *Michelet* de fonder son *Histoire romaine* et les premiers volumes de son *Histoire de France* sur l'étude très attentive des documents de toute sorte.

Dans le domaine de la philosophie, *Auguste Comte* (1798-1857), professeur de mathématiques à l'Ecole Polytechnique, fonda la *philosophie positive ou positivisme*, qui s'en tient aux faits d'expérience et répudie toute métaphysique, c'est-à-dire toute recherche des causes premières. Ancien collaborateur de Saint-Simon, Comte prédisait l'avènement d'un «état positif», caractérisé à la fois par le triomphe de la science expérimentale et une organisation nouvelle de la société. Mais le positivisme ne devait faire école que dans la période suivante. Jusqu'en 1850, les philosophes dont l'influence fut la plus grande furent les Allemands *Schelling* et *Hegel*, qui avaient édifié leur système sous le Premier Empire, et, en France, *Victor Cousin*, dont les théories constituèrent la doctrine officielle de l'Université sous la Monarchie de Juillet.

II. — Le romantisme

Le Romantisme en France

Le Romantisme avait eu pour initiateurs en France Madame de Staël et Chateaubriand.

Il produisit son premier chef-d'œuvre avec les *Méditations poétiques* de Lamartine (1820), bientôt suivies par les *Odes* de Victor Hugo et les *Poèmes* d'Alfred de Vigny. Une sorte de guerre civile — littéraire — s'engagea entre les classiques appuyés par l'Académie française et les romantiques groupés autour de Ch. Nodier, dont le salon s'appelait le *Cénacle*, et d'Emile Deschamps, directeur de la revue *La Muse Française*. Les œuvres qui suscitèrent les controverses les plus passionnées furent la *Préface* que Victor Hugo écrivit pour son premier drame, *Cromwell* (1827); puis le drame d'Alexandre Dumas, *Henri III et sa cour* (1829), et surtout la pièce de Hugo, *Hernani* (février 1830).

Lamartine, Vigny, Hugo, Musset donnèrent à la poésie lyrique un magnifique éclat. *Balzac*, *Stendhal*, *Alexandre Dumas* et *George Sand* renouvelèrent le roman. Le lyrisme romantique s'introduisit jusque dans la philosophie et l'histoire : on peut compter au nombre des chefs-d'œuvre littéraires du romantisme les *Paroles d'un Croyant* (1834) de La Mennais et l'*Histoire de France* que Michelet commença de publier en 1833.

Principales œuvres étrangères

Entre 1820 et 1850, la France fut le principal foyer du romatisme ; mais toute l'Europe fut plus ou moins touchée par ce mouvement.

En Angleterre, ses représentants les plus célèbres furent les poètes *Byron* (1788-1824), *Shelley* (1792-1822), *Keats* (1791-1821) et l'historien *Carlyle* (1795-1881) qui célébra «les Héros», «grands conducteurs d'hommes, modeleurs et créateurs». Mais le romantisme s'atténua pour faire place à un sentiment plus équilibré du réel, dans les œuvres de l'historien *Macaulay* (1800-1859), des romanciers *Thackeray* (1811-1863) et *Dickens* (1812-1870), le plus populaire des écrivains anglais. En Allemagne les principaux poètes romantiques furent alors *Uhland*, *Lenau* (un Autrichien) et surtout *Henri Heine* (1799-1856) qui passa une grande partie de sa vie à Paris. En Italie, *Manzoni* publia en 1825 son roman «Les Fiancés», tandis que *Leopardi*, âme tourmentée, rappelait Byron.

Au Danemark, paraissaient en 1842, les contes d'*Andersen* ; en Russie s'annonçait une magnifique floraison littéraire avec les poètes *Pouchkine* (1799-1837) et *Lermontof* (1814-1841), et le romancier *Nicolas Gogol* (1809-1852).

Le Romantisme dans l'art

Comme la littérature, l'art fut transformé par le romantisme. *Des sources d'inspiration nouvelles* apparurent, particulièrement le Moyen Age et l'Orient. Le Musée des monuments français, créé par Lenoir sous la Révolution, la société des Antiquaires de France, la Société française d'Archéologie, la Commission des Monuments historiques, fondées toutes trois entre 1814 et 1840, permirent de mieux connaître l'art roman et gothique et de ne plus le mépriser, comme faisaient les classiques. Dans le même temps la campagne d'Egypte, la guerre d'Indépendance grecque, la conquête de l'Algérie mirent à la mode les paysages du Proche-Orient et les civilisations de l'Islam.

Tous les arts ne brillèrent pas alors d'un même éclat. L'*architecture* ne témoigna d'aucune originalité : les monuments ne furent que des pastiches, soit de temples antiques, soit d'églises gothiques. Quant aux arts décoratifs ils ne produisirent aucune œuvre de valeur, à l'exception de l'*art du livre*. Les reliures sont souvent ornées d'un portail de cathédrale ; le texte est illustré d'estampes, qui sont soit des bois, soit des eaux-fortes, soit des *lithographies* : on appelle de ce nom un dessin fait au crayon gras sur une certaine sorte de pierre calcaire et reproduit ensuite par la presse sur le papier. Inventé en Bavière vers 1800, ce procédé s'acclimata très vite en France : *Raffet* s'en servit pour illustrer la légende napoléonienne et le républicain *Daumier* l'utilisa pour les caricatures où il raillait férocement le régime politique et social de la Monarchie de Juillet.

La sculpture

Les sculpteurs restèrent souvent attachés aux traditions classiques, tel *Pradier* (1792-1852) dans les *Victoires* du tombeau de Napoléon aux Invalides. Cependant *David d'Angers* (1788-1856) osa vêtir les gens de France en Français, jusque dans ses grandes compositions à l'ordonnance traditionnelle, comme le *fronton du Panthéon* (1837). Les médaillons de bronze où il a fait le portrait de ses contemporains sont sans doute ce qu'il a laissé de meilleur. Très au-dessus de lui se placent *Rude* et *Barye*. Toute la fougue romantique se retouve chez Rude (1788-1855), dans le *Départ des Volontaires*, à l'Arc de Triomphe de l'Etoile (1837). Quant à *Barye*, le premier grand maître animalier, il effara ses contemporains par sa «ménagerie» de frands fauves, tout frémissants de vie.

La peinture

Parmi les arts plastiques, la peinture jouit alors d'une primauté éclatante. Trois grands noms dominent cette période : Géricault, Delacroix, Ingres.

Géricault (1791-1824) est un romantique par l'ardeur de son temperament, par sa passion pour le mouvement, enfin par le realisme avec lequel il represente le laid ou l'horrible. En revanche, il ne s'attache pas plus à la couleur qu'au dessin. Les naufrages du *Radeau de la Meduse* (1819), les courses de chevaux, les portraits de fous sont, avec les cavaliers de l'Empire, ses œuvres les plus célèbres. Mais ce magnifique artiste mourut à 33 ans.

Delacroix (1798-1863), admirateur de Géricault dans la *Barque de Dante* (1822) et de Gros dans les *Massacres de Scio*, est romantique par sa fougue et son sens dramatique (*Mort de Sardanapale ; La Liberté guidant le Peuple*) ; il l'est aussi par le goût de la couleur qui l'oppose à David et à Ingres. Mais il est classique parce qu'il repousse le réalisme : son imagination poétique et sa raison déforment volontairement la réalité pour la montrer plus belle et mieux ordonnée. Aussi n'a-t-il guère traité que des sujets empruntés à la mythologie et à l'histoire ancienne, soit dans ses tableaux, soit dans les fresques dont il décora, sous Louis-Philippe, la Chambre des Députés et la Chambre des Pairs.

Ingres (1780-1867) qui semble symboliser la classicisme, avait d'abord été taxé de « gothique » par les élèves de David et, dans son *Apothéose d'Homère* (1827), il a consenti à donner une place à Shakespeare. C'est surtout à partir de 1840 qu'il se montra dogmatique, intransigeant et adversaire acharné de tout ce qui n'était pas « classique ». Mais, à l'inverse de David qui trouvait le « beau idéal » dans la sculpture romaine, Ingres le trouvait dans les tableaux de Raphaël. Il ne voulait représenter que des formes belles ou au moins séduisantes, le plus souvent au repos ; il accordait peu d'importance à la couleur et s'attachait surtout au dessin. Ses portraits sont ses chefs-d'œuvre les plus indiscutés.

Un peintre, mort jeune à 37 ans, *Chassériau*, semblait devoir réaliser la synthèse d'Ingres et de Delacroix : élève du premier et, comme lui, grand portraitiste, rival du second dans ses fresques à la Cour des Comptes et dans ses tableaux d'Algérie.

Le rôle joué par la *peinture de paysage* est un trait caractéristique de l'époque romantique. Dans ce domaine, l'Angleterre fut l'inspiratrice avec *Constable* et *Turner*, le peintre de la lumière. En France *Corot* (1796-1875) mêle en général la présence de l'homme à la représentation de la nature, au lieu que *Th. Rousseau* et les premiers peintres de *l'école de Barbizon* s'attachent à rendre la nature pour elle-même dans ses arbres, ses étangs, ses animaux.

La Musique

L'Allemagne continua après 1815 d'exercer dans le domaine de la Musique une suprématie incontestable. *Beethoven* (1770-1827) poursuivit la série de ses grandes Symphonies : la dernière, la Symphonie avec chœurs, plus connue sous le nom de Neuvième Symphonie (1823), est un hymne à la Joie où, par un effort surhumain, Beethoven réussit à dominer ses souffrances — surdité presque complète, pauvreté, solitude. *Schubert* (1797-1828) et *Schumann* (1810-1856) sont tout pénétrés de romantisme : ils en ont la sensibilité frémissante, la fougue passionnée, la prédilection pour les légendes populaires. Déjà *Richard Wagner* a fait représenter «Tannhäuser» (1845).

En France, les opéras-comiques de *Boïeldieu* (la *Dame blanche*, 1825) étaient encore dans le goût du XVIIIe siècle, simple et gracieux. Mais le public fut conquis par la virtuosité de l'école italienne, dont le principal maître, *Rossini* (1792-1868), jouit d'une gloire européenne (*le Barbier de Séville*, 1816 — *Guillaume Tell*, 1829). Le romantisme véritable, tout d'inspiration, est représenté surtout par le Polonais *Chopin* (1810-1849), réfugié à Paris, qui écrivit des compositions pour piano, tels ses *Nocturnes*, — et le Français *Berlioz* (1803-1869) dont l'originalité puissante fut d'abord incomprise (*La Damnation de Faust*, 1846).

Ces générations ont porté dans la vie intellectuelle l'élan qui avait jeté leurs devancières dans la lutte pour la liberté et dans l'expansion militaire. La Révolution de 1848 leur dut son haut idéal, ses illusions généreuses — tout ce qui a fait à la fois sa grandeur et sa perte.

Les Etats-Unis d'Amérique
de 1783 à 1865

I. — La constitution de 1787

Les Etats-Unis en 1783

Après le traité de Versailles (1783), qui mit fin à la guerre d'Indépendance des treize colonies anglaises de l'Amérique du Nord situées au sud du Canada, la situation de ces colonies, devenues l'*Union des Etats-Unis d'Amérique*, était la suivante.

Au point de vue territorial, l'Union avait pour limites l'Atlantique à l'Est et le Mississippi à l'Ouest ; elle était séparée du Canada par les Grands Lacs et une ligne mal déterminée ; au Sud elle n'atteignait nulle part la côte du golfe du Mexique. Dans cette immense région, grande quatre fois comme la France, on distinguait d'une part, en bordure de l'Atlantique, les *treize Etats* et d'autre part, à l'intérieur, au-delà des Alleghanys, ce qu'on appelait les *Territoires de l'Ouest*, domaine de chasse des Indiens.

Au point de vue politique, chacun des treize Etats formait une petite republique avec sa Constitution particulière. Presque partout, le pouvoir législatif était confié à *deux Chambres* et le pouvoir exécutif à un *gouverneur élu* soit par les Chambres, soit par le peuple. Le droit de vote était réservé aux hommes libres pouvant justifier d'un certain revenu, variable selon les Etats. Depuis 1781, les 13 Etats étaient unis en une *Confédération* et la gestion de leurs intérêts communs était confiée à un *Congrès*, formé de délégués des Etats.

Au point de vue social, l'opposition était grande entre les Etats du Sud et les Etats du Nord. Dans les Etats du Sud, comme la Virginie, les Carolines, il y avait une *aristocratie* de grands propriétaires, souvent anglicans, qui possédaient des plantations de tabac, de riz ou d'indigo, exploitées au moyen d'esclaves noirs. Dans les Etats du Nord, comme le Massachusetts, la société était plus démocratique, formée en majorité de petits cultivateurs, gens rudes, indépendants, de mentalité puritaine : à Boston, la grande ville du Nord, on n'avait pas encore osé monter un théâtre. Les Etats du Centre, comme celui de New York, avaient une population de marchands et de colons de toutes origines et de toutes sectes religieuses : Hollandais, Anglais, Irlandais et Allemands.

La population de l'Union, en 1783, était d'environ *trois millions et demi d'habitants*, dont plus d'un demi-million de nègres esclaves — ceux-ci presque uniquement dans les Etats du Sud, à climat tropical.

La période critique

La guerre fut suivie d'une crise grave, à la fois économique et politique. L'argent manquait, et il y avait de lourdes dettes à payer ; les différents Etats ne s'entendaient pas sur la réglementation du commerce extérieur et intérieur. Il y eut des mutineries de soldats, des séditions populaires, des menaces de sécession, des difficultés avec l'Angleterre et l'Espagne.

Tout le mal venait de ce que *le gouvernement fédéral était trop faible*. Quelques patriotes obtinrent qu'une *Convention*, c'est-à-dire une assemblée constituante, se réunît à Philadelphie pour le fortifier (1787). Après bien des discussions, souvent très âpres, on finit par se mettre d'accord sur une série de compromis. La nouvelle Constituante fédérale fut ensuite ratifiée par les différents Etats, non sans vives résistances, et elle entra en vigueur en 1789.

Caractères de la Constitution fédérale

La *Constitution fédérale de 1787* est restée jusqu'à nos jours la Constitution des Etats-Unis — à peine a-t-elle été complétée par divers amendements qui n'en ont pas modifié les traits essentiels. De *caractère pratique*, faite de *compromis* destinés à concilier les intérêts opposés, elle a créé des institutions assez *souples* pour convenir aux situations les plus diverses.

La Constitution ne donnait aux autorités fédérales qu'une part restreinte de la souveraineté, principalement le pouvoir exclusif de déclarer la guerre et de négocier des traités, d'entretenir une armée et une marine, de battre monnaie, de faire des emprunts, de réglementer le commerce avec l'étranger et entre les Etats de l'Union, de lever des impôts pour couvrir les dépenses fédérales et de faire les lois nécessaires pour «la défense commune et la prospérité générale». *Hors de ce domaine réservé, les Etats restaient souverains dans les limites de leur territoire.*

L'organisation du gouvernement fédéral était fondée sur le principe de la *séparation des pouvoirs :* le pouvoir législatif était confié à un *Congrès*, le pouvoir exécutif à un *Président*, le pouvoir judiciaire à des *Cours fédérales.*

Les trois pouvoirs fédéraux

Le *Congrès*, qui exerçait le pouvoir législatif fédéral, se composait de deux assemblées, le *Sénat*, la *Chambre des Représentants.* La composition du Sénat était fondée sur le principe d'égalité entre les Etats : chaque Etat y avait deux représentants, nommés pour six ans par la législature de l'Etat. La composition de l'autre Chambre était fondée sur le principe de la représentation proportionnelle ; chaque Etat y avait des représentants élus pour deux ans, en nombre proportionnel au nombre de ses habitants — y compris les esclaves noirs comptés pour trois cinquièmes de leur nombre réel. La façon dont étaient nommés les représentants d'un Etat au Sénat et à la Chambre était laissée au libre choix de l'Etat.

Le *Président des Etats-Unis*, qui exerçait le pouvoir exécutif fédéral, était élu pour quatre ans par un *collège d'électeurs présidentiels.* Chaque Etat avait droit à autant d'électeurs qu'il y avait de représentants au Congrès. Les électeurs nommaient, en même temps que le Président, un *Vice-Président*, qui le remplaçait en cas de destitution, de mort ou de démission. Le Président était — et il l'est toujours resté — le chef réel du gouvernement des Etats-Unis.

Le pouvoir judiciaire fédéral était confié à une *hiérarchie de tribunaux fédéraux*, au sommet de laquelle était placée la *Cour Suprême.* Cette Cour était composée de juges nommés par le Président d'accord avec le Sénat, et en fait *inamovibles.* Elle était chargée de juger les litiges entre les Etats, les procès auxquels soit le gouvernement fédéral, soit un Etat de l'Union était partie, enfin tous les cas de droit que pouvait faire surgir l'application de la Constitution et des lois fédérales. Elle était la gardienne de la Constitution et des droits des citoyens.

Les rapports et l'équilibre des pouvoirs

La Constitution américaine témoigne du souci non seulement de séparer les trois pouvoirs fédéraux, mais encore de définir leurs rapports de telle sorte *que ces pouvoirs soient en état de se faire contrepoids.*

Le pouvoir législatif appartient au Congrès qui ne peut être dissous. Mais tout projet de loi voté par le Congrès doit être soumis à la ratification du Président qui possède un droit de *veto suspensif.*

De même le pouvoir exécutif fédéral appartient au Président. Les ministres ne dépendent que de lui, ne peuvent pas être membres du Congrès, ne peuvent même pas y être entendus : *les Etats-Unis n'ont jamais adopté le régime parlementaire.* Mais les nominations des hauts fonctionnaires fédéraux, les traités conclus avec les Etats étrangers ne sont valables qu'après ratification du Sénat.

Enfin les juges fédéraux, comme le Président, comme toutes les autorités fédérales, peuvent être mis en accusation devant le Sénat par la Chambre des Représentants.

334 / *Les Révolutions*

La Grande Charte de l'Ouest

Pendant que la Convention de Philadelphie réglait la question fédérale, l'ancien Congrès, avant de se séparer, votait l'*ordonnance de 1787*, qu'on appelle «la grande Charte de l'Ouest».

Toutes les régions au nord-ouest de l'Ohio étaient reconnues comme *domaine fédéral*. Elles seraient découpées en *territoires* : chacun d'eux, librement ouvert à la colonisation, pourrait se constituer en *Etat* distinct dès qu'il aurait atteint un certain chiffre de population blanche et il serait alors admis dans l'Union sur un pied d'égalité absolue avec les anciens Etats[1]. Les principes posés pour cette région furent appliqués par la suite à tous les territoires acquis et colonisés par l'Union. *La colonisation a donc eu pour effet la formation d'Etats nouveaux, unis et semblables aux anciens; elle a contribué à fortifier le caractère de démocratie politique qui caractérise dès le début la République des Etats-Unis.*

II. — La période d'organisation (1789-1829). Fédéralistes et Républicains

La période d'organisation

A partir de la mise en vigueur de la Constitution, on peut distinguer dans l'histoire des Etats-Unis une première période, dont le caractère essentiel est d'être une *période d'organisation*.

A l'intérieur, les faits principaux de cette période sont l'opposition des partis fédéraliste et républicain, l'organisation des principales institutions fédérales, le commencement du peuplement des territoires de l'Ouest jusqu'au Mississippi, enfin la création d'un outillage industriel et commercial.

A l'extérieur, les faits principaux sont l'achat de la Louisiane (1803) et de la Floride (1819), la guerre contre l'Angleterre ou seconde guerre d'Indépendance (1812-1814), la déclaration de Monroë (1823).

[1] Jusqu'au moment où le *territoire* devenait *Etat*, son administration était contrôlée par le Gouvernement fédéral.

Fédéralistes et républicains

Pour appliquer la Constitution, deux partis se formèrent qui l'interprétaient chacun dans un esprit différent : les *fédéralistes* et les *républicains*.

Les fédéralistes voulaient «l'interprétation large» de la Constitution, de façon à fortifier le plus possible le gouvernement fédéral. Leur opinion n'était partagée que par une minorité, mais cette minorité comprenait les classes riches, éclairées, influentes. Le parti fédéraliste était donc, par son recrutement même, un parti aristocratique. Il eut pour principal chef un avocat de New York, *Hamilton*, grand admirateur des institutions anglaises. Washington, bien qu'il s'appliquât à rester en dehors des luttes de partis, avait des préférences marquées pour le fédéralisme.

Les républicains voulaient au contraire «l'interprétation étroite» de la Constitution, de façon à réduire le moins possible la souveraineté des Etats. Ils avaient pour eux la masse du peuple et étaient par suite démocrates. Leur principal chef était un grand planteur du Sud, d'ailleurs de manières très simples, *Jefferson*, admirateur de la Révolution française, populaire pour avoir rédigé la Déclaration d'Indépendance en 1776.

Les fédéralistes dominèrent jusqu'en 1801, le républicains de 1801 à 1829. Le débat porta à la fois sur la politique étrangère et sur le droit du gouvernement fédéral à régler certaines questions économiques.

Gouvernement des fédéralistes

Washington avait été élu à l'unanimité président de l'Union en 1789. Réélu en 1793, il n'accepta pas de l'être une seconde fois en 1797. De là est venu l'usage, sans valeur légale mais qui s'est maintenu jusqu'en 1940, de *ne jamais élire plus de deux fois de suite le même président*.

Cette période de douze ans (1789-1801; fut marquée par une œuvre féconde d'organisation. Le Gouvernement fédéral n'existait que sur le papier ; il fallait tout créer, armée, justice et surtout finances. Pour relever le crédit de l'Union, *Hamilton*, devenu ministre des Finances, fit décider que la République reconnaîtrait toutes les dettes antérieures des Etats-Unis et même les dettes particulières à chaque Etat. L'établissement de *taxes douanières* fournit au gouvernement fédéral un revenu régulier assez important pour permettre bientôt le remboursement de la dette. Malgré l'opposition des républicains, Hamilton constitua une *banque fédérale*, qui reçut pour vingt ans le monopole de l'émission des billets. En 1793, fut mise en circulation une *monnaie nationale* dont l'unité fut le *dollar*[1]. Le gouvernement fédéral s'installa dans une ville spécialement créée pour lui et à laquelle on donna le nom de *Washington*[2] (1800).

Gouvernement des républicains

Cependant les républicains reprochaient au gouvernement fédéraliste sa partialité en faveur de l'Angleterre, ses dépenses exagérées, sa politique d'emprunts et d'armements qui favorisait les banquiers et les négociants au détriment des cultivateurs. En 1801, les électeurs présidentiels choisirent pour Président *Jefferson*.

Jusqu'en 1829, les principaux chefs du parti républicain se succédèrent à la présidence. Ils appartenaient comme Jefferson et Washington à la classe des grands planteurs de Virginie. La vie politique conserva un *caractère aristocratique* et d'ailleurs les républicains au pouvoir gouvernèrent comme les fédéralistes. En 1820, le président Monroë fut réélu sans concurrent : ce fut «*l'ère des bons sntiments*».

La seconde guerre d'Indépendance

La principale difficulté que rencontra d'abord le gouvernement républicain fut la conduite à tenir à l'égard de la France et de l'Angleterre, engagées depuis 1793 dans une lutte acharnée.

---

[1] Le dollar valait 5 francs germinal.
[2] Le terrain où fut bâtie la ville de Washington avait été cédé au gouvernement fédéral par l'Etat de Maryland. Il ne fait partie d'aucun Etat et constitue le *District fédéral*

Washington, tout en restant neutre, s'était rapproché de l'Angleterre et son successeur avait failli rompre avec le Directoire en 1798. Mais les prétentions des Anglais au sujet des vaisseaux neutres amenèrent de nombreux conflits entre les mains des deux pays, et finalement la guerre éclata (1812).

Cette guerre, que les Américains ont appelée la *seconde guerre d'indépendance*, dura environ trois ans. Les succès et les revers se balancèrent de part et d'autre. Les Américains tentèrent en vain de conquérir le Canada et les Anglais de s'emparer de la Nouvelle-Orléans.

La paix fut signée en décembre 1814. En apparence, la guerre se terminait sans résultats. Cependant elle eut des conséquences profitables pour l'Union : elle avait montré à l'Europe qu'il fallait compter avec les Etats-Unis et, d'autre part, elle avait provoqué l'*essor de l'industrie américaine*, obligée de fournir au pays les produits qu'il importait auparavant d'Angleterre.

L'expansion territoriale

Pendant ce temps, le territoire de l'Union s'agrandissait considérablement, d'abord par des achats de territoire à la France et à l'Espagne, puis par le peuplement de l'Ouest.

Un premier accroissement fut dû à l'acquisition de la *Louisiane* en 1803. La rétrocession de ce territoire faite par l'Espagne à la France avait vivement inquiété Jefferson. Mais, dès la rupture de la paix d'Amiens, Bonaparte offrit aux Américains de la leur vendre. Pour la somme de 12 millions de dollars, l'Union acquit, avec le delta du Mississippi, un immense territoire (1803). *L'Ouest reculait jusqu'aux Montagnes Rocheuses, jusqu'au Pacifique même*, où le premier poste américain fut fondé en 1811 à l'embouchure de la rivière Columbia.

Après la Louisiane, ce fut le tour de la *Floride* espagnole. Sous prétexte de guerroyer contre les Indiens, le général *Jackson* en entreprit la conquête. L'Espagne vendit la Floride à l'Union (1819).

La colonisation de l'Ouest

Plus encore que par ces achats, c'est par la colonisation de l'Ouest que l'Union s'agrandit. «Il semble. écrivait un Américain en 1817. que la vieille Amérique soit en train de se disloquer et de se transporter vers l'Ouest.» Le *peuplement progressif des territoires de l'Ouest*. qui commence en effet dans cette période. est resté jusqu'à nos jours un des traits essentiels de l'histoire et de la géographie américaines.

Le flot des émigrants en quête de terres se porta d'abord vers la région comprise entre les Alleghanys et l'Ohio. Puis. l'*Ohio devint la grande route de l'émigration*. route peu sûre tout d'abord. car les tribus indiennes ne se laissèrent pas déposséder sans luttes.

Dans cette vaste étendue de prairies et de forêts à peine habitées. les émigrants menaient une vie primitive. tout occupés à défricher le sol et à le mettre en culture. Chaque famille devait se suffire à elle-même. fabriquer son pain et ses vêtements. L'argent était rare et le plus souvent les échanges se faisaient en nature. Mais cette vie rude fortifiait les corps. développait l'énergie et la hardiesse des caractères. D'autre part il n'y avait plus là de distinction possible entre «aristocrates» et «gens du peuple». De là le caractère démocratique et égalitaire de cette nouvelle Amérique. celle des *hommes de l'Ouest*. En 1829. l'Union s'était agrandie de onze Etats et comptait 12 millions d'habitants.

Peuplement et mise en valeur s'accompagnèrent d'une *lutte sans merci contre les tribus indiennes* — on disait les *Peaux Rouges*. Désireux de mettre le pays en valeur. les colons repoussèrent les populations indigènes dans les régions les moins fertiles. Il n'y avait plus aux Etats-Unis. en 1860. que 300 000 Indiens sur une population de 31 millions d'habitants. au lieu que. dans l'Amérique espagnole. Indiens et métis forment. aujourd'hui encore. une grande partie de la population.

L'essor économique

La vitalité de la jeune République américaine se manifestait par le développement rapide de son activité économique. par la création de l'outillage nécessaire pour exploiter des ressources qui se révélaient inépuisables.

Les Blancs du Sud avaient compris l'importance de la culture qui devait faire leur fortune : celle du *coton*, particulièrement depuis qu'on avait mis au point, en 1793, une machine à égrener le coton. Partout où le sol et le climat convenaient au coton, on renonça aux autres cultures. Pour exploiter ces plantations, il fallait des *esclaves*. Comme la traite avait été interdite par le Congrès à partir de 1808, certains Etats, la Virginie, le Maryland, pratiquèrent *l'élevage des Noirs*.

Cependant, les Etats du Nord commençaient à connaître la *grande industrie* textile et métallurgique. Son premier essor fut, on l'a vu, le contrecoup de la guerre de 1812 et, dès le début, l'industrie américaine se caractérisa par l'emploi intensif des *machines*. Mais il fallait lutter contre la concurrence de l'industrie anglaise : malgré l'opposition des Etats du Sud, partisans du libre-échange, ceux du Nord obtinrent du Congrès à plusieurs reprises le *relèvement des taxes douanières*.

Dans un territoire aussi vaste que celui de l'Union, *le problème des communications* était d'intérêt vital, au double point de vue économique et politique. Sur cette question encore, le Nord et le Sud s'opposèrent : les commerçants et industriels du Nord, soutenus par les colons de l'Ouest qui voulaient exporter leurs produits agricoles par les ports atlantiques, demandaient que le gouvernement fédéral prît à sa charge les travaux nécessaires à la création d'un vaste réseau de routes et de voies navigables. La construction du *canal de l'Erié* (1817-1825) qui unit l'Atlantique aux Grands Lacs, l'Est au Nord-Ouest, fut le point de départ de la fortune de New York. L'invention du *bateau à vapeur* par l'Américain Fulton (1807), et celle des *chemins de fer* permirent de réaliser dans la période suivante des progrès décisifs.

Les Etats-Unis et l'Europe

Les Etats-Unis prenaient conscience de leur force croissante. Ils le manifestaient en élevant le ton dans leurs rapports avec l'Europe. L'acte le plus caractéristique à cet égard fut la *déclaration de Monroë* (1823), solennelle affirmation de principes qui contenait en germe toute la politique extérieure américaine jusqu'au début du XXᵉ siècle.

L'année suivante, le successeur de Monroë, *Adams*, inaugurant sa présidence, pouvait s'enorgueillir des progrès accomplis par la jeune République et il les résumait en ces termes :

«Depuis trente-six ans que le pacte national est établi, un peuple de quatre millions d'habitants s'est élevé à douze. Un territoire, borné par le Mississippi, s'étend d'une mer à l'autre. L'Union s'est augmentée d'autant de nouveaux Etats que ceux qui composaient la nouvelle fédération. Les forêts ont succombé sous les coups de la hache. Les hommes de la campagne ont fertilisé le sol. Notre commerce a couvert toute la mer. Nos artisans ont étendu le pouvoir de l'homme sur la nature. La liberté et la loi ont fait les mêmes progrès. Tel est le tableau non exagéré de notre position sous un gouvernement fondé sur le principe républicain.»

III. — La période démocratique (1829-1860)

Faits essentiels

L'arrivée de Jackson à la présidence (1829) marque le début d'une période nouvelle, dont le trait capital est la rapidité de l'évolution dans le sens démocratique.

Les faits essentiels de cette période sont : à l'intérieur, le gouvernement d'un parti nouveau, le *parti démocrate* ; la découverte de grandes richesses minières et le développement de l'*immigration* ; l'opposition croissante entre le Nord et le Sud, particulièrement au sujet de l'esclavage ; — à l'extérieur, l'achèvement de l'expansion territoriale par la *guerre du Mexique*.

Formation du parti démocrate

En raison même de leur origine, les *États de l'Ouest devinrent le foyer d'un mouvement démocratique.* Ils avaient tout de suite adopté le suffrage universel et porté au pouvoir des hommes nouveaux, ambitieux, sans préjugés, tel *Jackson*, successivement ouvrier, maître d'école, avocat, député et général.

De l'Ouest, le mouvement gagna très vite les vieux États de l'Est ; les uns après les autres ils revisèrent leur Constitution dans le sens démocratique et adoptèrent le suffrage universel. Le contrecoup s'en fit bientôt sentir dans la vie politique fédérale. Les élections de 1824 mirent fin à l'«ère des bons sentiments» et manifestèrent l'existence d'un nouveau et bruyant parti, les *démocrates*. S'appuyant sur les masses populaires, ils attaquaient surtout la bourgeoisie industrielle, marchande et financière, devenue dans le Nord-Est la classe la plus influente ; ils se déclaraient hostiles à la politique fédérale de grands travaux, aux monopoles commerciaux, aux tarifs protecteurs et surtout à la Banque fédérale — dont ils obtinrent finalement la suppression en 1833.

Les Démocrates au pouvoir

Le parti démocrate avait pour lui l'Ouest ; il fut soutenu aussi par les grands planteurs du Sud, partisans du libre-échange afin de vendre plus facilement en Europe le coton et le tabac. Grâce à leur appui, Jackson devint en 1829 président des États-Unis. Les démocrates devaient garder le pouvoir presque sans interruption jusqu'en 1861.

Sous le «règne» du général Jackson (1829-1837), les mœurs politiques se modifièrent. Pour satisfaire ses partisans, Jackson pratiqua le *système des dépouilles*, qui consistait, après les élections, à distribuer toutes les fonctions publiques fédérales aux membres du parti vainqueur. La politique devint par suite une carrière lucrative et l'on vit se multiplier les *politiciens professionnels*. Les démocrates imposèrent également pour les élections présidentielles deux usages nouveaux, encore en vigueur de nos jours : désormais le candidat de chaque parti à la Présidence fut désigné par une *Convention nationale*, formée de délégués élus par tous les membres du parti. En même temps la nomination, dans chaque État, des électeurs présidentiels, jusque-là réservée à une minorité de citoyens riches, passa également au peuple. De la sorte le Président devint, contre le vœu des auteurs de la Constitution, l'élu de la Nation. Les campagnes pour l'élection présidentielle devinrent de plus en plus bruyantes et passionnées.

La guerre du Mexique

L'événement le plus important de la politique extérieure des démocrates fut la *guerre du Mexique* (1846-1848), qui eut pour résultat un nouvel accroissement territorial. La guerre eut pour origine la question du *Texas*.

Le *Texas*, vaste territoire presque désert et dont les limites étaient mal définies, faisait partie du Mexique. Comme le sol y était favorable à la culture du coton, des colons américains vinrent s'y établir. Ils proclamèrent bientôt l'*indépendance du Texas* (1836), puis demandèrent l'*entrée du Texas dans l'Union*. Le Congrès la vota en décembre 1844. Cette mesure amena la guerre avec le Mexique (1846). Vaincu, le Mexique dut céder, outre le Texas, les deux immenses provinces du *Nouveau-Mexique* et de la *Californie* (1848).

Les Américains avaient acquis, d'autre part, à la suite de négociations difficiles avec l'Angleterre, une partie du territoire contesté de l'*Orégon*, au nord de la Californie (1846). De la sorte, vers 1850, les États-Unis avaient à peu près atteint sur le continent américain les limites qu'ils ont conservées jusqu'à nos jours.

Les mines d'or. L'immigration

A peine la Californie venait-elle d'être conquise qu'on y découvrait l'*or* dans la région voisine de San Francisco, alors un village (1848). Aussitôt, par terre — dans des chariots percés de meurtrières pour se défendre contre les Indiens — et aussi par mer en doublant le Cap Horn, les immigrants affluèrent. Dès 1850, la Californie était assez peuplée pour former un État de l'Union.

La découverte de l'or fut un nouveau stimulant pour l'immigration étrangère. Le flot *croissant de l'immigration d'Europe en Amérique* est peut-être le fait le plus caractéristique de cette période. Jusque vers 1830, les immigrants avaient été peu nombreux, 9 000 en moyenne par an ; l'Amérique, en effet, était encore peu connue, les moyens de transport maritimes étaient lents, rares et coûteux. L'établissement de services réguliers de bateaux à vapeur (1840), la connaissance de l'extraordinaire variété de ressources qu'offrait le territoire américain, l'accroissement de la population et les crises économiques et politiques en Europe (en particulier la grande famine en Irlande), eurent pour effet de grossir rapidement le nombre des immigrants, Irlandais, Allemands, Écossais, Scandinaves, etc. En vingt ans (1840-1860), grâce en partie à ce prodigieux afflux, la population des États-Unis passa de 17 à 31 millions d'habitants.

État matériel des États-Unis

Tous les voyageurs étrangers qui ont visité les États-Unis à cette époque ont admiré la rapidité avec laquelle ce pays neuf s'éveillait à la vie moderne. Sans doute, ce développement rapide n'allait pas sans crises ; l'excès de la spéculation provoqua à deux reprises, en 1837 et 1857, des *débâcles financières.* Mais ces crises mêmes étaient le résultat d'une prospérité telle, qu'elle donnait le vertige aux spéculateurs.

Cette prospérité se manifestait par la *croissance rapide des villes* anciennes ou nouvelles : New York passait de 200 000 habitants en 1830 à 870 000 en 1860 ; Chicago, petite bourgade vers 1830, avait plus de 100 000 habitants en 1860.

Dans le Sud, qui, depuis l'entrée du Texas dans l'Union, débordait largement vers le Sud-Ouest, l'hégémonie du coton s'affirmait de plus en plus. Là où il n'était pas cultivé, on trouvait des champs de canne à sucre, de tabac ou de riz. Dans l'Ouest, c'est-à-dire entre les monts Alleghanys et le Missouri, les céréales prédominaient, particulièrement le maïs et le blé ; à partir de 1850 l'emploi des machines agricoles se généralisa — moissonneuses, inventées par *Mac Cormick*, batteuses, faucheuses, semoirs mécaniques. On améliora le bétail par des croisements avec des races anglaises ; d'immenses abattoirs s'élevèrent à Cincinnati et à Chicago. Les produits de l'Ouest ne descendirent plus, comme jadis, le Mississippi pour arriver à New York par le détour de La Nouvelle-Orléans ; ils s'exportèrent directement vers l'Est en empruntant les canaux, puis les chemins de fer. Devant la concurrence de l'Ouest, les fermiers de l'Est renoncèrent à la culture des céréales et se consacrèrent à la production des légumes, des fruits, du beurre et du fromage.

Les progrès de l'*industrie* dépassèrent encore ceux de l'agriculture. Dans les vieux États atlantiques (Massachusetts, New York, Pennsylvanie) les fabriques de cotonnades et de lainages se multiplièrent ; les usines métallurgiques — où depuis 1840 l'anthracite remplaçait le charbon de bois — fabriquèrent les machines agricoles et le matériel ferroviaire ; les chantiers maritimes construisirent les *clippers* — grands voiliers dont l'élégance et la vitesse faisaient l'orgueil des Américains.

État moral des États-Unis

Les affaires, la lutte pour la vie et la fortune étaient l'occupation essentielle des habitants. Cependant, malgré l'enrichissement et le progrès du luxe, la *ferveur religieuse* était toujours très vive ; comme en Angleterre, la masse de la population observait le respect du dimanche, pratiquait la lecture de la Bible — pour beaucoup la seule lecture —, se pressait aux sermons des prédicateurs de toutes sectes[1].

La vie intellectuelle était plus restreinte, localisée dans quelques villes : Boston d'abord, puis New York en furent les principaux centres. Les premiers auteurs américains de renommée européenne furent *Washington Irving*, avec son «Livre d'esquisses» (1820) et *Fenimore Cooper*, dont les premiers romans (1823-1826) décrivent de façon si vivante la rude vie du pionnier ; puis le philosophe *Emerson*, le poète *Longfellow*, le nouvelliste et critique *Edgar Poe*, le romancier *Hawthorne*. La grande presse à bon marché fit son apparition, de 1835 à 1840, avec le *New York Herald* et la *New York Tribune*.

IV. — L'esclavage — La guerre de sécession

La question de l'esclavage

Cependant ces progrès n'empêchaient pas que l'Union ne courût de redoutables dangers. Entre l'Ouest, le Nord-Est et le

---

[1] Vers 1825 s'était fondée la secte des *Mormons*. Ils s'installèrent finalement dans la région alors déserte des Montagnes Rocheuses qui forme aujourd'hui l'État de l'Utah.

Sud, si différents par leur structure économique et sociale, il y avait de *graves oppositions d'intérêts qui mettaient parfois en péril l'unité même de la nation*. Dès 1813, les États du Nord-Est, que la guerre avec l'Angleterre frappait dans leurs intérêts économiques, menaçaient de faire *sécession*, c'est-à-dire de sortir de l'Union, si le gouvernement fédéral ne signait pas immédiatement la paix. En 1832, la Caroline du Sud annonçait qu'elle ferait sécession si le tarif douanier, alors très élevé, n'était pas abaissé. *La question de l'esclavage aviva ces antagonismes.*

Les Noirs avaient toujours été en petit nombre dans les États du Nord et du Centre, dont le climat et les cultures étaient à peu près les mêmes qu'en Europe ; aussi l'esclavage y avait-il disparu. *Les Blancs du Nord étaient antiesclavagistes*, c'est-à-dire que, tout en admettant l'existence de l'esclavage là où il existait, ils voulaient s'opposer à son extension. Au contraire, le développement des plantations de coton dans le Sud avait eu pour effet le développement de l'esclavage : *aux planteurs du Sud, l'existence de l'esclavage apparaissait comme la condition de toute vie économique.*

Entre le Nord antiesclavagiste et le Sud esclavagiste, il y avait conflit chaque fois que le Congrès devait se prononcer sur l'admission de nouveaux États dans l'Union, ou sur le régime à établir dans les nouveaux territoires annexés à l'Union : les Sudistes voulant qu'on y autorisât l'esclavage, les Nordistes qu'on l'y interdît. La question était d'importance capitale, car, selon la décision prise pour les nouveaux États, la majorité dans le Sénat pouvait passer aux antiesclavagistes ou aux esclavagistes.

Les compromis et la campagne abolitionniste

Tout d'abord l'équilibre entre les deux partis avait été maintenu par un accord conclu en 1820, le *compromis du Missouri* : dans les territoires annexés l'esclavage était autorisé au sud du parallèle 36°30' et interdit au nord. Trente ans plus tard, en 1850, un autre compromis régla la situation de l'esclavage dans les régions cédées par le Mexique. Comme les États-Unis avaient maintenant atteint leurs frontières naturelles, on put croire que la question de l'esclavage était enfin résolue.

Il n'en était rien. D'une part, certains antiesclavagistes faisaient campagne non plus seulement pour limiter l'extension de l'esclavage mais pour *abolir l'esclavage dans toute l'étendue de l'Union*. Ils insistaient sur les souffrances des Noirs mal nourris, menés au fouet, parfois torturés par des maîtres brutaux, comme les esclaves de l'Antiquité. En 1852 parut un roman de Mme Beecher Stowe, *La Case de l'Oncle Tom*, qui décrivait la vie et les souffrances des esclaves noirs : il eut un éclatant succès.

D'autre part, le Sud se jugeait sacrifié économiquement au reste de l'Union. Sans émigrants européens, sans industrie, sans flotte ni banques, il s'irritait d'être, pour son alimentation, ses produits fabriqués et son commerce, dans la dépendance de l'Est et de l'Ouest. Il exigeait du moins de pouvoir étendre la culture du coton, sa seule richesse, partout où celle-ci était possible sur le territoire des États-Unis. Mais, *coton et esclavage étant indissolublement unis*, c'était dire que le Sud demandait l'abolition des compromis de 1820 et 1850. En effet, en 1854, ses représentants au Congrès firent *abolir le compromis du Missouri*. Désormais l'esclavage pourrait être introduit même dans les régions situées au Nord du parallèle 36°30', si la majorité des habitants le demandait.

Le parti républicain. Lincoln. La Sécession

Les antiesclavagistes ripostèrent en fondant un parti politique nouveau qui prit le nom de *parti républicain*[1]. Les républicains n'allaient pas jusqu'à proscrire l'esclavage, mais ils exigeaient qu'il ne pût pas s'étendre là où il n'existait pas encore. Dès lors, des deux côtés, les passions s'exaspérèrent.

Or, en 1860, le parti républicain réussit à faire élire son candidat à la Présidence, un homme de l'Ouest, *Abraham Lincoln*.

Immédiatement la Caroline du Sud fit sécession (décembre 1860) ; son exemple fut suivi par six autres États du Sud. Les sept États séparatistes formèrent une Union nouvelle, les *États confédérés*, se donnèrent une Constitution et se choisirent un

[1]. Rien de commun (sauf le nom) avec le parti républicain de Jefferson.

Président.

Le Gouvernement des États-Unis accepterait-il ou non la sécession ? Aussitôt entré en fonctions (avril 1861), *Lincoln déclara que l'Union des États-Unis était perpétuelle et que les ordonnances de sécession étaient nulles.* Mais il affirma qu'il ne prendrait pas l'initiative des hostilités.

Ce furent les Sudistes qui prirent l'offensive. Quelques semaines plus tard, l'*attaque par les Sudistes du fort Sumter*, forteresse fédérale dans la Caroline du Sud, déchaîna la guerre civile (avril 1861). Quatre autres États se déclarèrent contre le Gouvernement fédéral, portant à onze le nombre des États sécessionnistes. Cependant, quelques États esclavagistes restèrent fidèles à l'Union et à Lincoln.

La guerre de Sécession

La guerre de Sécession, la plus longue et la plus meurtrière du XIXe siècle, devait durer plus de quatre ans (avril 1861 - mai 1865).

Les Nordistes ou *Fédéraux* avaient pour eux la supériorité numérique — 22 millions d'habitants contre 9 dans le Sud, dont plus du tiers d'esclaves — et surtout la supériorité industrielle et maritime. Mais les Sudistes ou *Confédérés* étaient de meilleurs soldats et la plupart des officiers de métier étaient des leurs.

De part et d'autre, l'effort militaire fut gigantesque : les Confédérés levèrent environ un million d'hommes et en perdirent 260 000 ; les Fédéraux en mobilisèrent plus de deux millions et demi, et leurs pertes s'élevèrent à 360 000 hommes. Il fut livré 112 grandes batailles. On se battit aussi sur mer, et c'est alors que les *navires cuirassés* firent leurs débuts.

Pendant deux ans, les Sudistes commandés par le Virginien *Lee*, remportèrent plusieurs victoires. Mais en 1863 Lee, marchant sur Washington, fut arrêté à *Gettysburg*, dans une terrible bataille de trois jours (1-3 juillet 1863), où se joua le sort de l'Union.

Au même moment, le général nordiste *Grant* fit capituler la grande forteresse confédérée de *Vicksburg*, sur le bas Mississippi. La campagne de 1864 fut décisive. Pendant que Grant, devenu général en chef des armées du Nord, obligeait les Confédérés à se replier sur leur capitale, Richmond en Virginie, le général nordiste *Sherman* leur portait le coup de grâce en les prenant à revers par un mouvement tournant à travers la Géorgie et les Carolines. Lee dut capituler (9 avril 1865). Cinq jours après, Lincoln était assassiné par un sudiste fanatique.

Les résultats

Dès 1863, en pleine guerre, Lincoln avait lancé une proclamation affranchissant les esclaves des États rebelles — mais non les autres. La guerre terminée, le Congrès vota, par un amendement à la Constitution que tous les États acceptèrent, l'*abolition de l'esclavage dans toute l'étendue de l'Union* (1865).

D'autre part, la victoire du Nord consacra le principe de la *perpétuité de l'Union*, au nom duquel il avait combattu. La Cour Suprême affirma, quelques années plus tard, que les États-Unis étaient «une Union indestructible d'États indestructibles».

De terribles difficultés restaient encore à surmonter : il fallait relever le pays des ruines que quatre années d'une guerre sauvage y avaient accumulées : il fallait sauver l'unité spirituelle de la nation en réintégrant dans l'Union, à des conditions acceptables pour eux, les États sécessionnistes : enfin et surtout il fallait régler la *question noire*, c'est-à-dire la situation politique, sociale, économique des esclaves émancipés. C'est cet ensemble de problèmes, auxquels les historiens américains donnent le nom de *Reconstruction de l'Union*, que les successeurs de Lincoln allaient avoir à résoudre.

Mais l'Union reconstruite ne devait pas tarder à reprendre, avec plus de vigueur que jamais, sa marche ascendante.

Table des matières